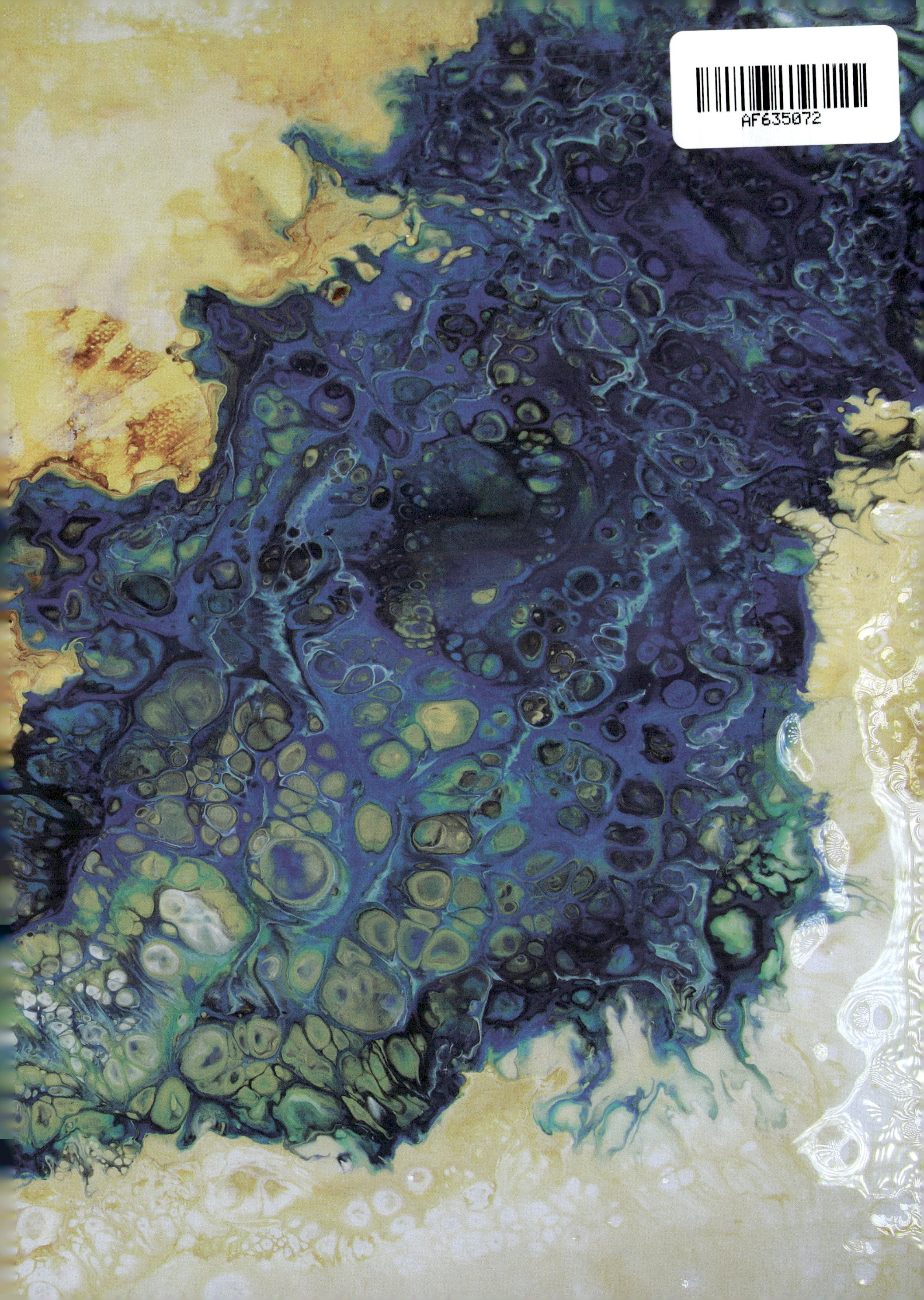

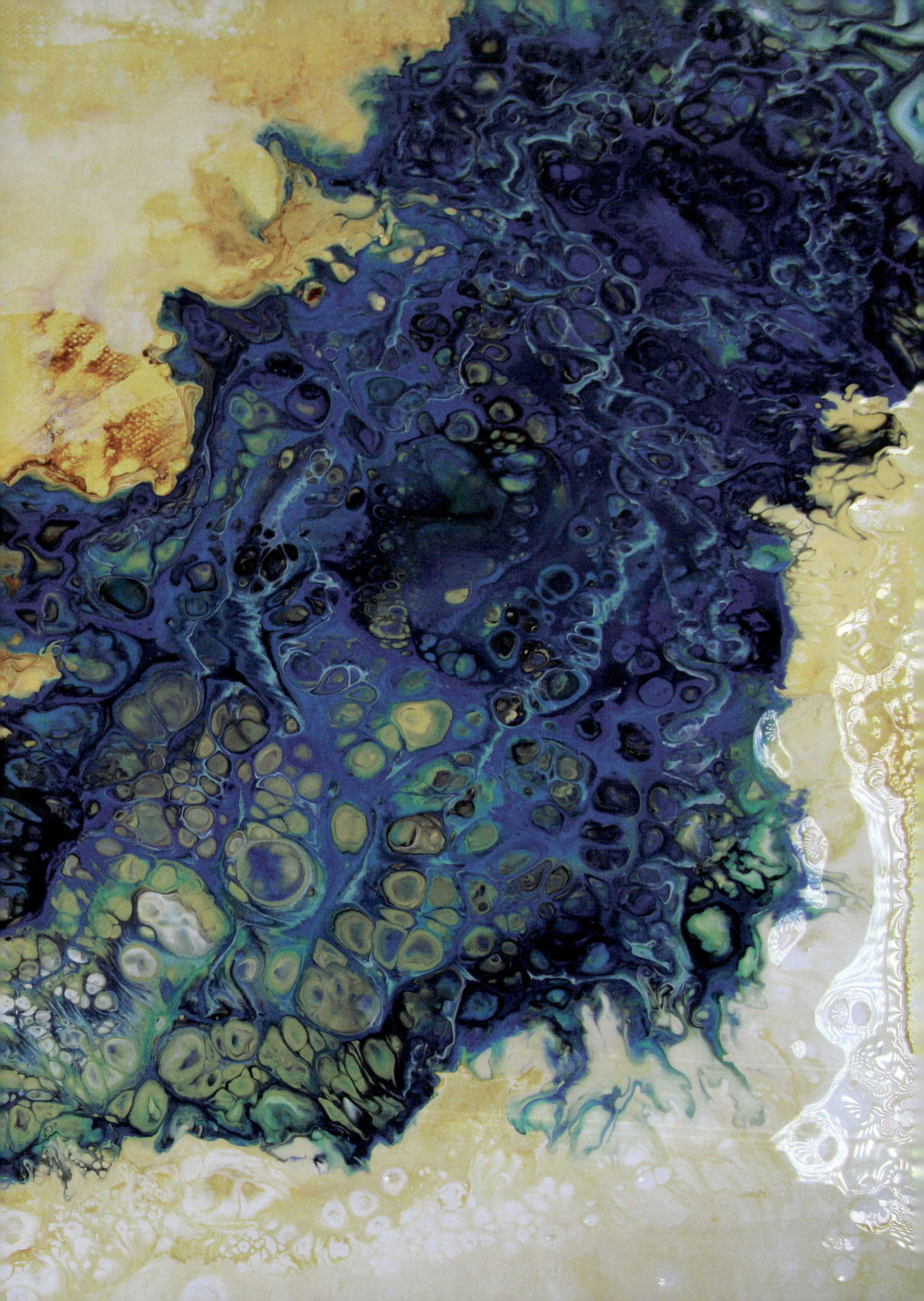

Martin Thomas
Sylvia Homberg

ACRYLIC POURING

Fluid Painting. Das Grundlagenbuch.
Mit Online-Videos.

INHALT

Online-Videos

Die Videos zu diesem Buch stehen in der Digitalen Bibliothek unter www.TOPP-kreativ.de/DigiBib zum Anschauen bereit. Den Freischalte-Code finden Sie im Impressum.

Dieses Symbol zeigt Ihnen, wo ein Video zur Verfügung steht.

LIEBE LESERINNEN UND LESER,

seit einiger Zeit geistert in Deutschland der Begriff „Acrylic Pouring" durch die Kreativszene. Es handelt sich um eine faszinierende Technik, die in den Vereinigten Staaten längst verbreitet ist und mit ihren tollen Effekten nicht nur in der Kunst, sondern auch im Design und in der Möbelindustrie zum Einsatz kommt. Das bunte Farbenspiel, die interessanten Oberflächeneffekte und die unterschiedlichen Gestaltungsmöglichkeiten haben uns so begeistert, dass wir dieses Buch einfach schreiben mussten.

Wir zeigen Ihnen auf den folgenden Seiten alles, was Sie zum Einsteigen ins Pouring wissen müssen – von den Grundlagen über unterschiedliche Techniken bis hin zu abwechslungsreichen Motiven. Lassen Sie sich von den farbenfrohen Ergebnissen überraschen! Wir haben für Sie viel gemischt, gerührt und geschüttet und sind sicher, dass auch Sie das Pouringfieber erfassen wird! Es macht nicht nur alleine, sondern auch zu zweit, mit Ihrer Familie oder Ihren Freunden großen Spaß. Zusätzlich begleiten wir Sie bei jedem Thema mit einem kleinen Online-Video, damit Ihnen die Zusammensetzung und der Einsatz der Materialien noch leichter fallen. Doch nun geht es ans Mischen, Rühren und Schütten!

Wir wünschen Ihnen ganz viel Vergnügen und natürlich jede Menge Erfolg

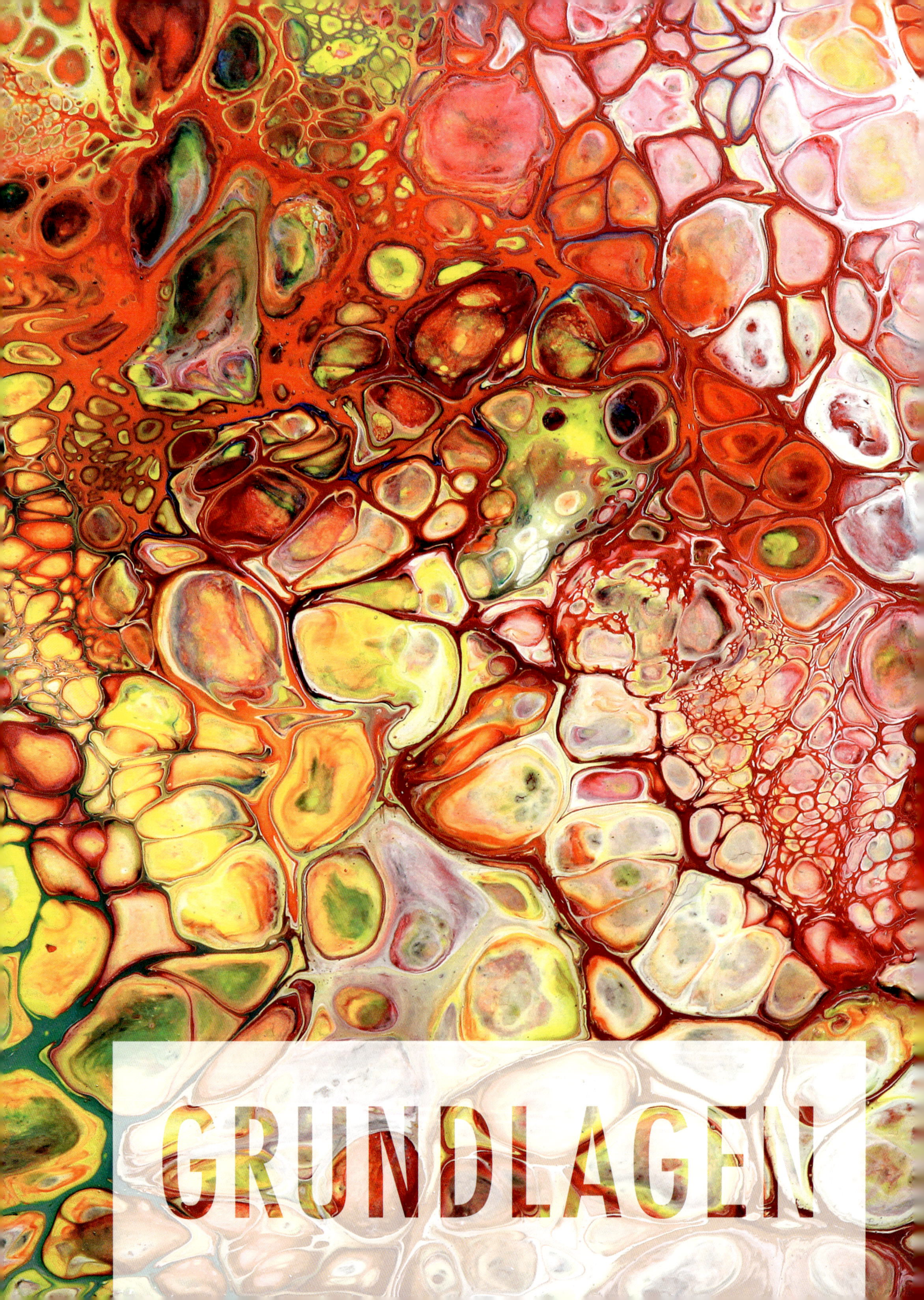

GRUNDLAGEN

Die farbenfrohe Welt des Pourings

Bevor wir loslegen, möchten wir Sie kurz mit ein paar Begriffen vertraut machen, die meist synonym verwendet werden. **„Acrylic Pouring"** wird in diesem Buch im Folgenden kurz **„Pouring"** genannt. Pouring bedeutet Fließen bzw. Gießen und gilt als beliebteste Methode im Bereich „Fluid Art" (flüssige Kunst) bzw. „Fluid Painting" (flüssige Malerei), für die Acrylfarben mit besonders hoher Fließfähigkeit verwendet werden.

Beim Acrylic Pouring werden Acrylfarben – wie der Name sagt – auf einen passenden Malgrund gegossen und durch Kippen und Drehen der Oberfläche in ihrem Farbverlauf, je nach Technik, mehr oder weniger beeinflusst. Neben der geeigneten Farbkombination und der Mischung mit speziellen Verdünnungsmitteln sorgen Öle und andere Zusätze für interessante Zellstrukturen in den Bildern.

Diese Zell- oder Netzstrukturen machen die Faszination beim Pouring aus, die wir Ihnen auf dieser Doppelseite an zwei wunderschönen Beispielen zeigen.
Die **Zellbildung** beruht zunächst auf physikalischen Gesetzen der Farbpigmente, die wir Ihnen aber hier ersparen möchten. Wichtig für uns ist in diesem Zusammenhang jedoch, dass wir verstehen, wie eine Acrylfarbe aufgebaut ist. Sie basiert auf drei Bestandteilen: Farbpigmente, Bindemittel und in der Regel Wasser zum Verdünnen.

In der Herstellung laufen die hochwertigen Künstleracrylfarben über den sogenannten Walzenstuhl, auf dem diese drei Komponenten optimal miteinander vermischt werden, so dass das Pigment in das Bindemittel eingebettet ist. Das Wasser erhöht die Viskosität, macht die Farbe also fließfähiger. Genau in dieser Mischung liegt die hohe Kunst der Farbherstellung, da wir hier ein schweres Teil, das Pigment, im Wasser zum Schweben bringen wollen. Gleichzeitig darf das Pigment vom Wasser nicht aus dem Verbund mit dem Bindemittel ausgeschwemmt werden.

Dazu kommt, dass das Eigengewicht der einzelnen Pigmente sehr unterschiedlich ist. Dies spielt bei der Gestaltung der Bilder eine große Rolle, wie Sie bald sehen werden. Pigmente wie beispielsweise im Titanweiß haben ein relativ hohes Eigengewicht und neigen dazu, sich nach unten abzusetzen. Im Gegensatz dazu ist das auf Ruß basierende Schwarz ein eher leichtes Pigment und sucht den Weg an die Oberfläche. Diese Kenntnisse über „leichte" und „schwere" Farben und ihre Kombinationen machen wir uns beim Pouring zu eigen (siehe Seite 8ff).

Damit das Pigment beim Verdünnen zu einer fließfähigen Farbe nicht ausgewaschen wird, müssen wir den Zusammenhalt zwischen Bindemittel und Pigment verstärken. Genau hier tritt das speziell dafür entwickelte **Pouring Medium** auf den Plan. Es dockt sich quasi an das Pigment und das in der Farbe vorhandene Bindemittel an und gleichzeitig macht es unsere Mischung fließfähiger. Je nach Technik benötigen wir relativ dünne Farben oder teilweise sehr zähe Farben. Aber darauf gehen wir später noch im Einzelnen ein.

Es gibt noch einen anderen Kniff, der für eine interessante Zellbildung und lebendige Bänderungen sorgt. Das Zauberwort heißt **Silikonöl**. Es strebt aufgrund seines Gewichts an die Oberfläche, drückt die Pigmente dabei radial zur Seite und lässt so die Zellen entstehen. Wenn uns das Ergebnis dann immer noch nicht gefällt, können wir mit einem einfachen **Crème-Brûlée-Brenner** für kleine Wunder sorgen. Auch dazu später mehr!

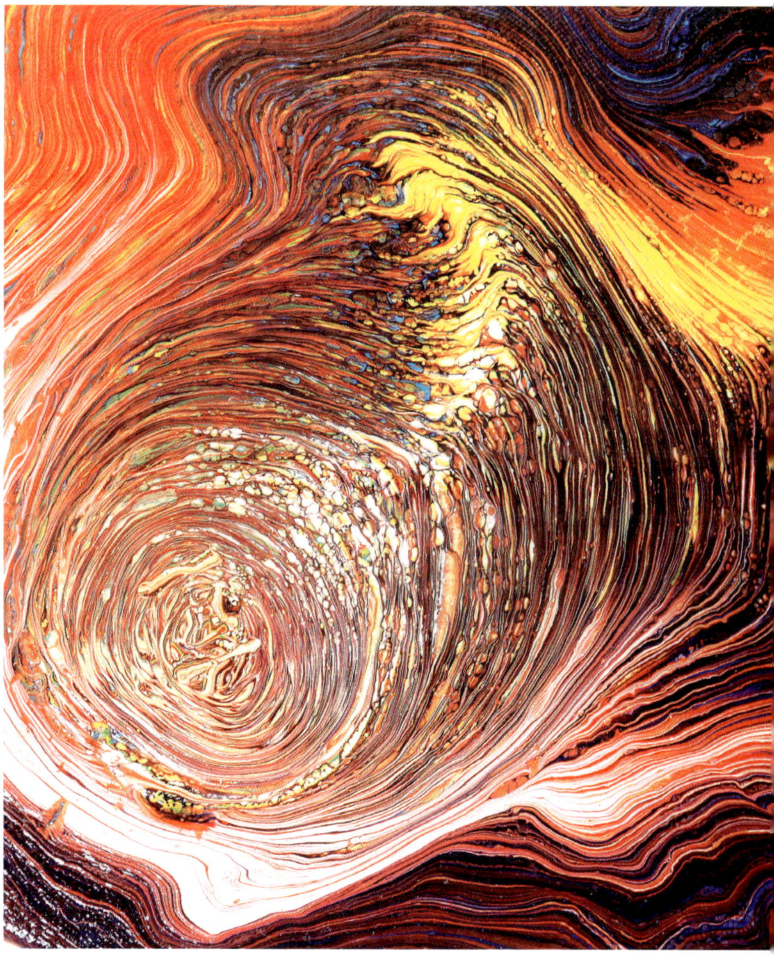

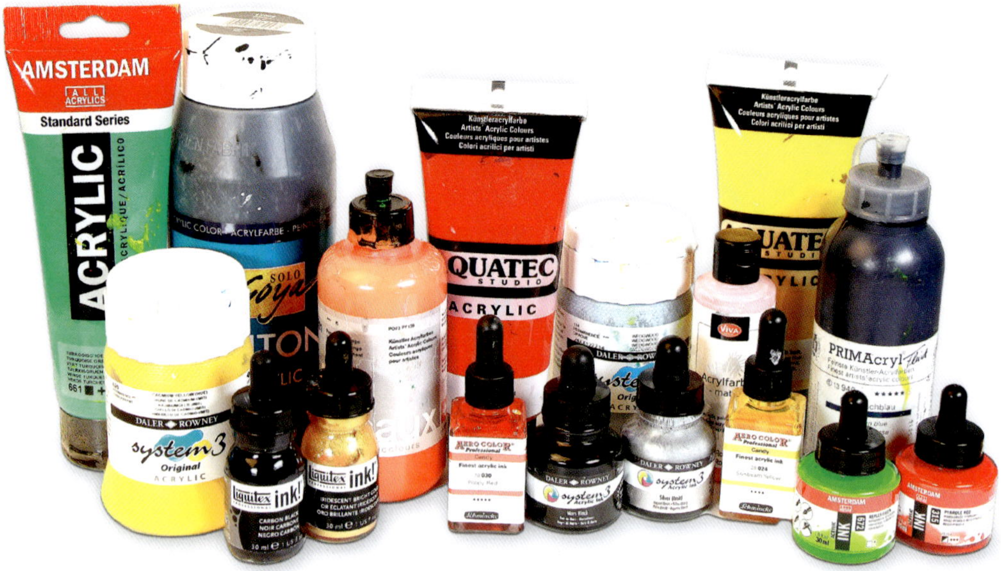

Für die Bilder in diesem Buch haben wir ausschließlich Acrylfarben verwendet. Wir stellen Ihnen hier verschiedene Qualitäten vor und erklären ihre Vorteile, aber auch die Einschränkungen in der Kombination mit Pouring Medium.

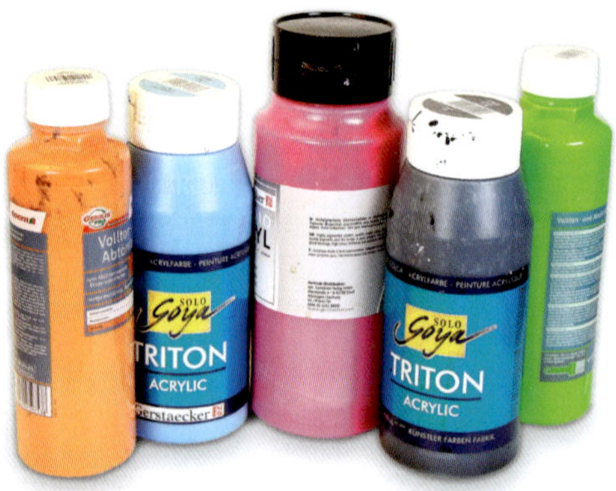

Zum **Grundieren der Leinwand** können Sie kostengünstige Acrylfarben oder sogar einfache Dispersionsfarben aus dem Baumarkt einsetzen. Damit später beim Trocknen keine Risse entstehen, müssen Sie diese Farben sehr stark mit Pouring Medium und einem weiteren Verdünnungsmittel wie destilliertes Wasser oder Tiefgrund verdünnen. Je dünner die aufgetragenen Farbschichten sind, umso geringer ist das Risiko einer Rissbildung. Auch unterschiedliche Trockenzeiten der Farben untereinander können zu Rissen im Bild führen. Daher empfehlen wir Ihnen, möglichst der Produktgruppe eines Herstellers treu zu bleiben, denn damit minimieren Sie das Risiko.

Preiswerte **Hobby-Acrylfarben** besitzen meist keine hohe Pigmentdichte und sind oft mit weißen Pigmentanteilen untermischt. Sie sind in den meisten Fällen nicht über den Walzenstuhl gelaufen und haben deshalb eine schlechtere Verbindung von Pigment und Bindemittel. Für den Einsteiger, der auch einmal auf größere Zellstrukturen oder eine glatte Oberfläche verzichten kann, sind sie trotzdem zu empfehlen. Allerdings verlangt dieser Farbtypus einen größeren Anteil an Pouring Medium, da die Pigmente sonst zu stark ausgewaschen werden.

Hochwertige **Acrylfarben in Künstlerqualität** gehen dagegen bereits im Produktionsprozess eine sehr starke Verbindung zwischen Pigment und Bindemittel ein. Sie verkraften daher eine höhere Verdünnung. Außerdem ist ihre Leuchtkraft aufgrund der hohen Pigmentdichte viel besser.

FARBEN

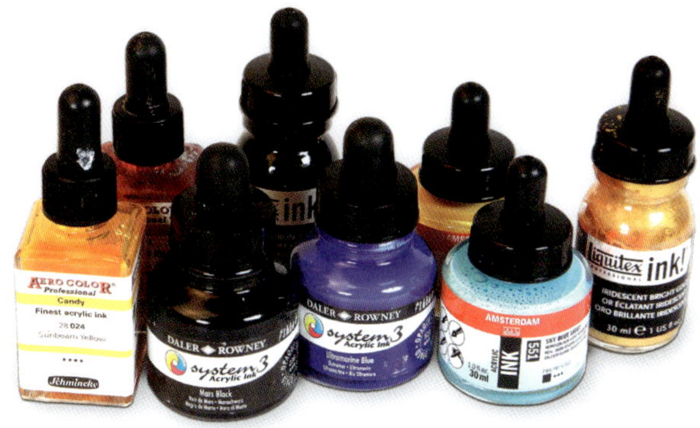

Airbrushfarben oder Acryltuschen haben einen hohen Pigmentanteil und sind daher ausgesprochen sparsam beim Pouring. Da sie ziemlich flüssig sind, dürfen sie nur vorsichtig verdünnt werden. Bei zu starker Verdünnung können feine Schlieren und Netzstrukturen auf der Bildoberfläche entstehen. Das sieht dann aus wie eine leichte Marmorierung oder eine Holzstruktur und kann – sofern gewünscht – durchaus einen besonderen Reiz haben.

Nutzen Sie ruhig die Eigenschaften der unterschiedlichen Farbqualitäten und kombinieren Sie sie in Ihren Bildern. Dadurch entstehen oft ganz eigene Effekte und ein schönes Zusammenspiel.

Unsere Standard-Farbtöne

Das sind die von uns in diesem Buch am meisten verwendeten Farben:

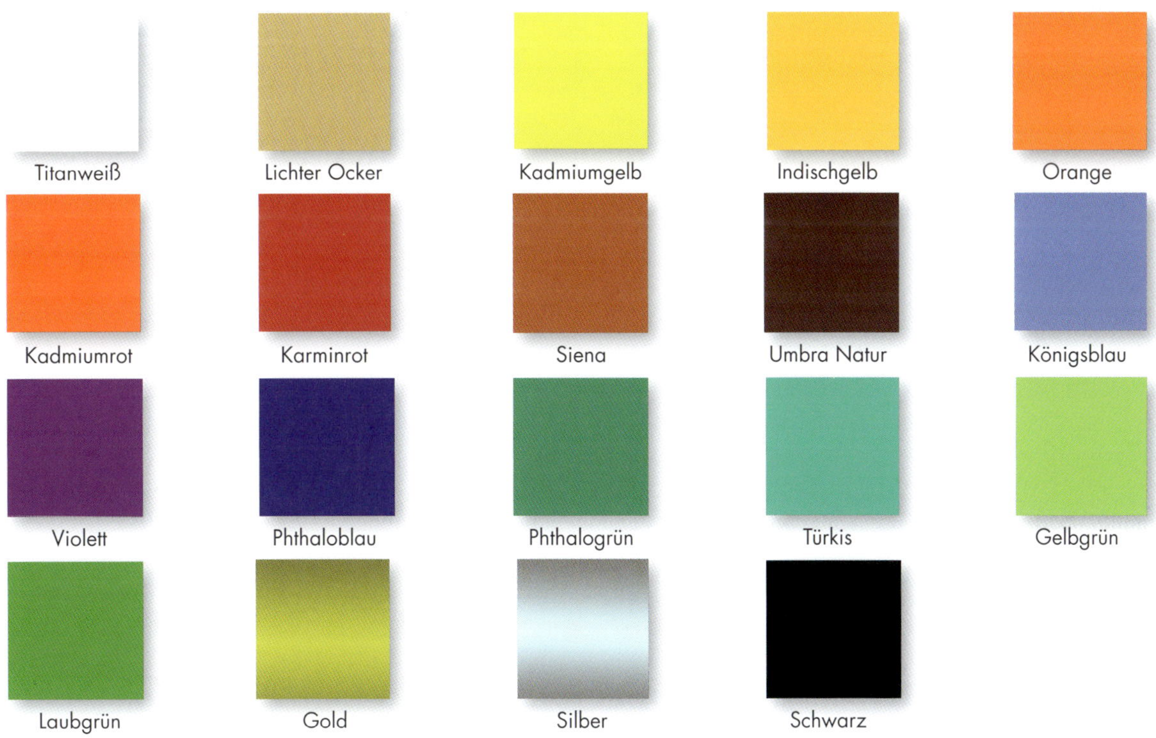

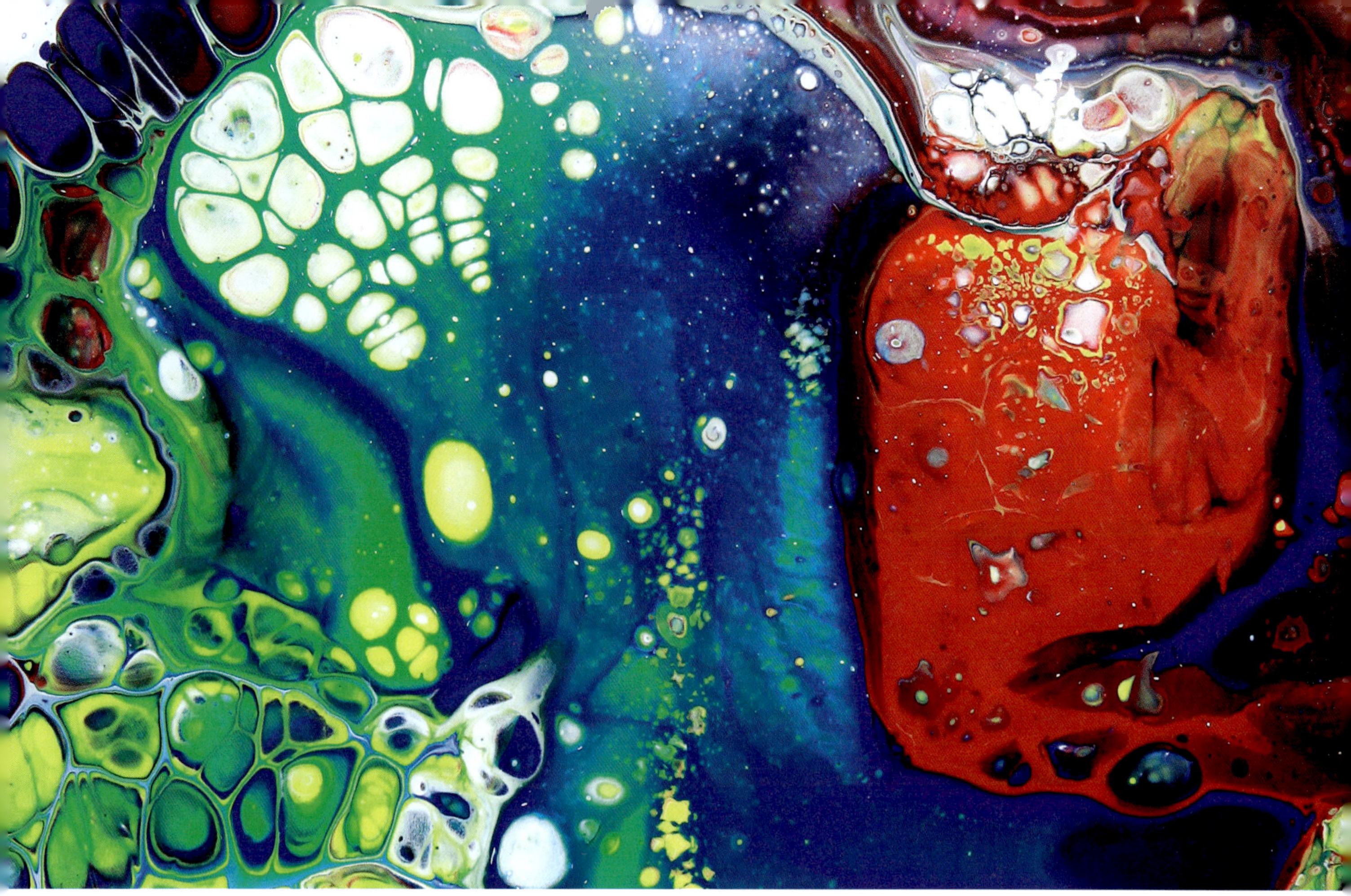

FARBEN

Das Zusammenspiel von gelungenen Farbkombinationen und aufregenden Zellstrukturen spielt beim Pouring eine sehr große Rolle und sorgt für faszinierende Bilder. Doch die richtigen Farbtöne miteinander zu kombinieren, ist nicht ganz einfach. Falsche oder schlecht gewählte Farbkombinationen lassen ein Bild sehr schnell schmutzig wirken. Um dies zu verhindern, sollten Sie einiges beachten, wie beispielsweise die Pigmentdichte.

Dies kann man sehr schön an den Tönen Schwarz und Weiß aufzeigen. Die weißen Farbpigmente sind sehr schwer und setzen sich beim Schütten nach unten ab. Im Gegensatz dazu sind die schwarzen Farbpigmente sehr leicht und suchen den Weg nach oben. Daher gilt: **Benutzen Sie nicht so viele leichte Farbtöne, da diese sonst das Bild zu stark dominieren.**

Wenn Sie mehrere Bunttöne kombinieren, achten Sie darauf, dass sich immer ein heller Buntton neben einem dunkleren befindet. Auch beim Einfüllen in den Schüttbecher, beispielsweise bei einem Flip Cup, empfehlen wir Ihnen, **helle und dunkle Farben im Wechsel** zu verwenden. Dadurch erreichen Sie schöne Kontraste zwischen den unterschiedlichen Farbnuancen.

Die **Deckungsgrade der Farbtöne** sind von Hersteller zu Hersteller unterschiedlich. Aber Sie können sich ganz einfach an den verschiedenen Symbolen auf den Farbbehältern orientieren:

- Hier haben Sie es mit einem lasierenden Ton zu tun. Dazu gehören 90 % der Acrylfarben. Wenn Sie diese Farben auf einen dunklen Hintergrund schütten, müssen Sie etwas Titanweiß unterziehen, um die Deckkraft zu erhöhen.
- Dieser Farbton ist halbdeckend und lässt darunter liegende Farben noch leicht durchscheinen.
- Dieser Farbton ist deckend und wird sehr dominierend im Bild erscheinen.

Seien Sie bei der **Zugabe von Weiß bei lasierenden Bunttönen** vorsichtig und testen Sie die Wirkung vorab an kleinen Farbmengen! Bei **Laubgrün** empfehlen wir beispielsweise keinen Weißanteil hinzuzumischen, da diese Farbe sonst zu schmutzig wird. Auch **Rottöne** vertragen sich nicht unbedingt mit Weiß und werden schnell rosa. Stattdessen empfehlen wir Ihnen neben einen Rotton z. B. einen Gelbton zu setzen, dem etwas Weiß untergemischt wurde. So erzielen Sie eine schöne Kombination.

Vorsicht ist auch bei **Metallictönen** geboten. Sie sinken aufgrund ihres Pigmentgewichts schnell ab und sind daher nur bedingt in der Kombination mit Bunttönen einsetzbar.

Schließlich gibt es noch Farbtöne, bei denen man bei einer zu starken Untermischung aufpassen muss, wie zum Beispiel **Violett** und **Orange**. Sonst entsteht sehr schnell ein schmutziger Braunton.

Wenn Sie unsere Tipps beherzigen, sind Ihnen beim Spiel der Farben keine Grenzen gesetzt. Finden Sie Ihren eigenen Weg und Ihre Ausdrucksform, Farben zu kombinieren.

KOMBINIEREN

Interessante Farbkombinationen

Hier zeigen wir Ihnen einige Beispiele. Alle Farben wurden im gleichen Mischungsverhältnis angerührt, damit Sie die Ergebnisse gut vergleichen können.

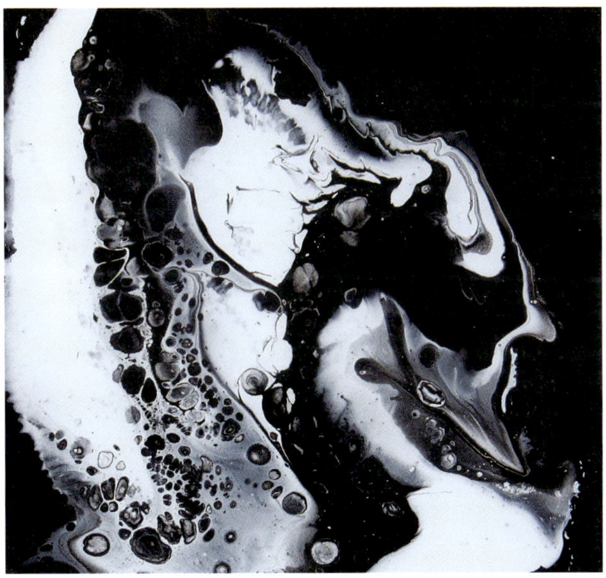

Weiß auf Schwarz
Auf eine noch feuchte, schwarz grundierte Leinwand haben wir angemischtes Titanweiß gegossen. Das Weiß leuchtet brillant und die Zellbildung ist ausgeprägt.

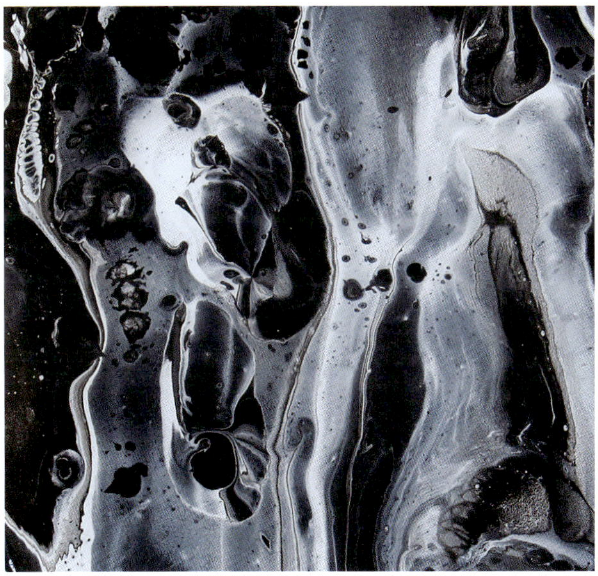

Schwarz auf Weiß
Ganz anders reagiert Schwarz auf einem noch feuchten weißen Untergrund – weniger Brillanz und weniger Zellbildung.

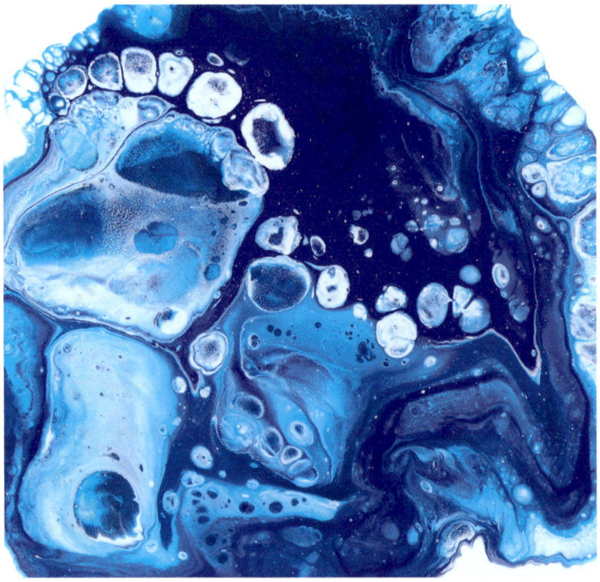

Phthaloblau auf Weiß
Auf die noch feuchte, weiß grundierte Leinwand gießen wir Phthaloblau und freuen uns über eine sehr schöne Zellbildung.

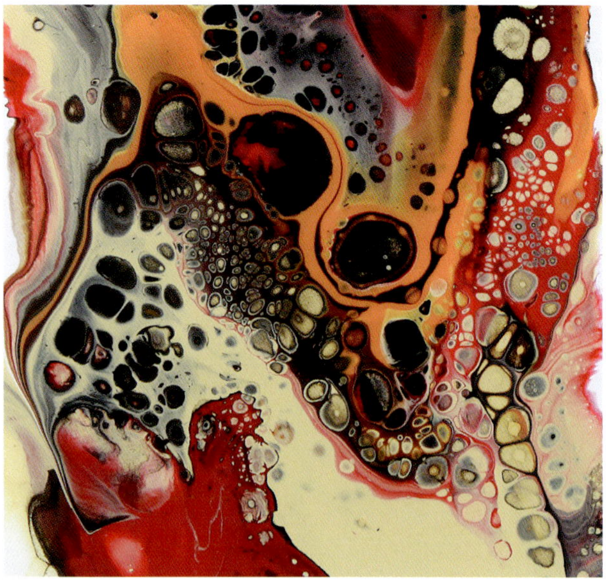

Orange, Rot, Schwarz und Lichter Ocker
Diese Farbmischung basiert auf Orange, Rot, Schwarz und Ocker. Dabei haben wir Ocker und Orange mit Titanweiß abgemischt und in dieser Kombination geschüttet. Der Weißanteil führt zu einer sehr schönen Zellbildung.

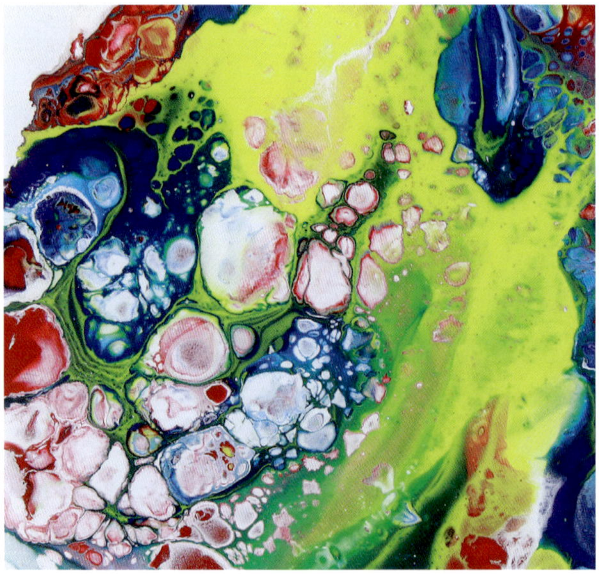

Blau, Gelb, Rot auf Weiß
Hier haben wir nacheinander Phthaloblau, Kadmiumgelb und Karminrot auf einen weißen Untergrund geschüttet. Sie sehen gut, wie schnell die Gelbtöne mit dem Blau reagieren und Grün entsteht. Daher sollte man bei diesen Farbkombinationen immer aufpassen.

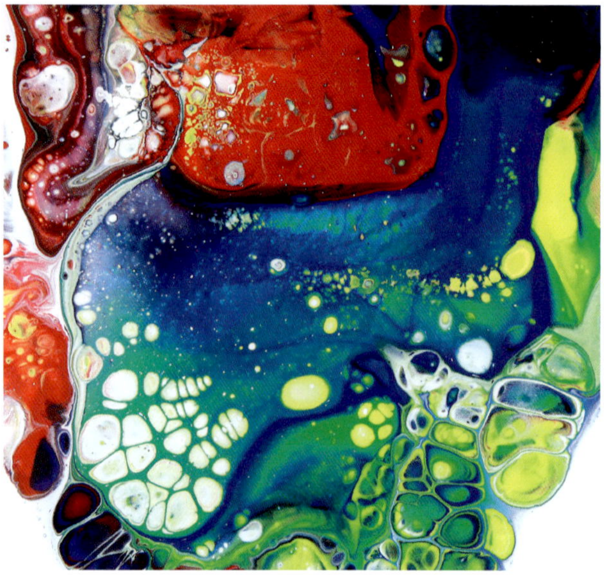

Blau, Rot, Gelb auf Weiß
Bei dieser Variante haben wir die Töne in einer anderen Reihenfolge in den Becher gefüllt und ein ganz anderes Ergebnis erzielt.

Unser Tipp

Seien Sie nicht enttäuscht, wenn ein Bild mal danebengeht. Es liegt oftmals nicht am Mischungsverhältnis, sondern nur an der Reihenfolge der Farben beim Einfüllen in den Schüttbecher. Lassen Sie sich nicht gleich entmutigen, denn auch Profis wie wir mussten Lehrgeld zahlen.

MALGRÜNDE

Für die Pouring-Gießtechniken eignen sich viele verschiedene Malgründe. Sie müssen lediglich die Farben gut annehmen und in der Regel möglichst eben sein. Wir stellen Ihnen hier einige vor.

Leinwand

Bei den Leinwänden gibt es qualitativ sehr große Unterschiede. Bei billigen Keilrahmen sind die Leinwände oft schlecht aufgezogen und neigen dazu, sich an den Kanten zu verziehen. Bei kleineren Bildern bis zum Format 30 cm x 30 cm spielt das keine so große Rolle, sobald Sie jedoch größer arbeiten, stoßen Sie hier schnell an die Grenzen.

Künstlerleinwand

Diese hochwertigen Leinwände verziehen sich nicht und sind auch dank ihrer guten Grundierung für Pouring bestens geeignet. Bei Formaten ab 50 cm empfehlen wir Ihnen, die Leinwand zusätzlich auf der Rückseite mit einem starken Karton zu stabilisieren. So vermeiden Sie, dass sich die Leinwand wegen der großen Farbmenge durchbiegt und eine ungewollte Pfütze ohne Effekte in der Mitte stehen bleibt.

Leinwand von der Rolle

Leinwände gibt es auch als Meterware oder in Blockform. Dazu schneiden Sie die gewünschte Größe von der Rolle ab oder nehmen einen der Leinwandbogen vom Block. Kleben Sie dieses Stück anschließend ganz plan auf ein Brett. Sie haben nach dem Trocknen dann die Möglichkeit, das Bild entweder zu rahmen oder es auf einen Keilrahmen aufzuziehen.

Holzmaltafeln

Sehr gut eignen sich auch Holzmaltafeln aus dem Fachhandel oder furnierte Holzreste sowie ausrangierte Regaleinlegeböden, da sie absolut plan liegen. Ein Nachteil ist jedoch das hohe Eigengewicht.

Weitere Untergründe

Hier können Sie Ihrer Fantasie freien Lauf lassen. Von der kleinen Postkarte aus einem Stück Karton bis zu einer Farbschüttung über alte Möbelstücke, denen Sie damit neues Leben einhauchen, ist alles denkbar. Denken Sie aber daran, dass sich die Farbe zum Beispiel bei einer Kugel immer den Weg nach unten sucht und nicht stehen bleibt, also zum Beispiel ein Streifenmuster entsteht. Spielen Sie mit Ihren Möglichkeiten.

Unser Tipp

Wenn Sie ins Pouring einsteigen, empfehlen wir Ihnen mit kleinen Leinwandformaten zu beginnen, beispielsweise 20 cm x 20 cm oder 30 cm x 30 cm.

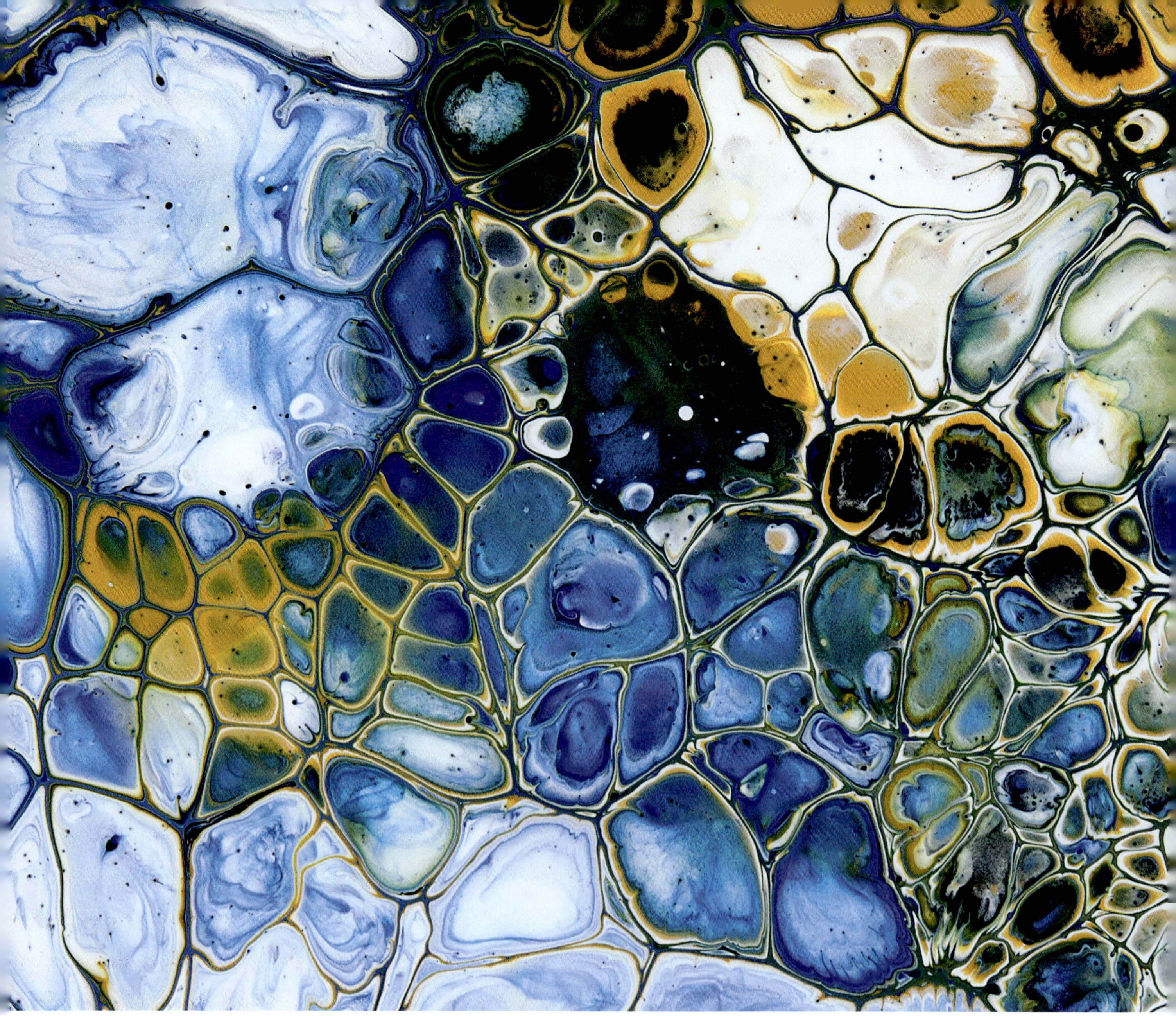

POURING

Damit die Acrylfarben bei den verschiedenen Pouring-Techniken gut aus dem Becher fließen und über den Malgrund gleiten können, müssen sie verdünnt werden. Dafür verwenden wir in der Regel ein spezielles Pouring Medium, das die einzelnen Pigmente aneinander bindet und die Fließeigenschaften der Farbe verbessert.

Jeder Hersteller hat ein eigenes Pouring Medium entwickelt, das im Farblabor speziell auf diese Technik abgestimmt wurde und für hochwertige Bilder bestens geeignet ist. Wir empfehlen Ihnen jedoch dringend, das Merkblatt des jeweiligen Herstellers genau durchzulesen, damit Sie ein optimales Ergebnis erzielen und keine Enttäuschungen erleben.

MEDIUM

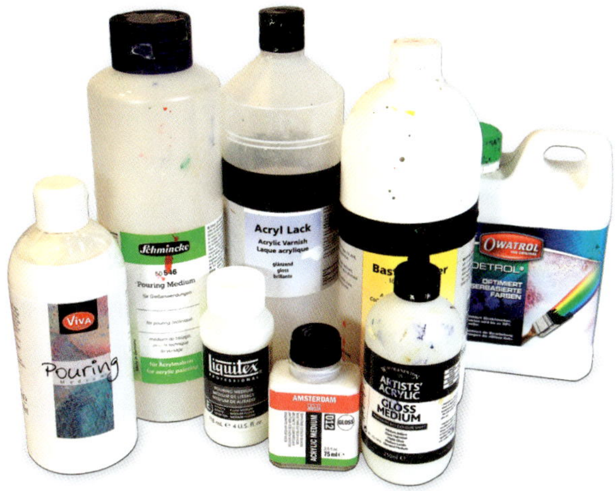

- Liquitex hat als erster Hersteller ein optimal abgestimmtes Pouring Medium für den Künstlerbereich auf den Markt gebracht, das auch zum Versiegeln und Lackieren von Bildern vorzüglich geeignet ist. Das „Liquitex Gloss Medium & Varnish" trocknet glänzend auf. Alternativ können Sie auch den Highglosslack von Liquitex verwenden. Die Produkte von Liquitex werden aufgrund ihres etwas höheren Preises allerdings eher von Profis eingesetzt.

- Das Pouring Medium von Schmincke ist neu auf dem Markt. Zur Nachbehandlung geben Sie einfach eine weitere feine Schicht Pouring Medium auf das Bild, um den Glanz und die Farbbrillanz auf der Bildoberfläche wieder herzustellen. Und noch etwas: das Pouring Medium von Schmincke reagiert sehr empfindlich auf Silikonöl! Mit etwas Übung erreichen Sie die gewünschten Zellstrukturen jedoch problemlos. Dieses Pouring Medium ist optimal abgestimmt auf das Farbsortiment von Schmincke.

- Das Pouring Medium von Viva Dekor eignet sich gut für den Einsatz mit Kindern und ist ideal zum Übergießen von Gegenständen, Styroporfiguren oder um beispielsweise einem Blumentopf neues Leben einzuhauchen. Laut Hersteller benötigen Sie kein Silikonöl für die Farben, dafür eine höhere Verdünnung der Farb-Pouring-Medium-Mischung, da es auf der Basis von Klebstoff entwickelt wurde und sehr schnell abbindet.

- Außerdem finden Sie sowohl bei Lukas als auch bei Talens Pouring Medien, die hervorragend funktionieren.

Alternative Pouring Medien

Acryllack erhalten Sie in jedem Künstlerfachmarkt. Er ist im Vergleich zu Pouring Medium sehr günstig. Außerdem bietet er den Vorteil, dass Sie zwischen glänzend, seidenmatt und matt auswählen können. Acryllack verhält sich bei richtiger Handhabung wie Pouring Medium. Je nach Hersteller müssen Sie austesten, wie viel Sie zum Verdünnen und welche Menge an Silikonöl Sie benötigen.

Wenn Sie mit Kindern arbeiten, können Sie alternativ auch einen sehr günstigen **Bastelkleber** einsetzen. Dieser oft leicht bläulich und transparent eingefärbte Klebstoff eignet sich gut zum zum Mischen der Acrylfarben und Sie können damit ausgesprochen preiswert großzügige Pouring-Bilder gießen oder schütten.

Acrylbinder wird – wie der Name sagt – bei der Produktion von Acrylfarben verwendet, damit die Pigmente zusammenhalten. Da Binder relativ zähflüssig ist, muss er etwas stärker verdünnt werden. Er eignet sich aber auch sehr gut und ist ebenfalls preiswerter als das professionelle Pouring Medium.

Floetrol und vergleichbare Produkte wurden früher vor der Entwicklung des Pouring Mediums für diese Technik verwendet. Es ist ein Zusatzmittel zum Verbessern der Fließeigenschaften der Farben und im Baumarkt erhältlich. Aufgrund seines höheren Preises empfehlen wir Ihnen die oben genannten Alternativen.

POURING

MEDIEN IM VERGLEICH

Mit unseren Testbildern möchten wir Ihnen zeigen, wie unterschiedlich die Effekte bei den einzelnen Medien ausfallen. Dafür haben wir alle im gleichen Verhältnis angemischt.

- Titanweiß im Verhältnis 40 % Farbe und 60 % Pouring Medium sowie max. 20 % Tiefgrund zum Verdünnen
- Lichter Ocker, Schwarz und Phthaloblau jeweils im Verhältnis 1:1 mit Pouring Medium, dazu pro Becher je 2 Tropfen Silikonöl

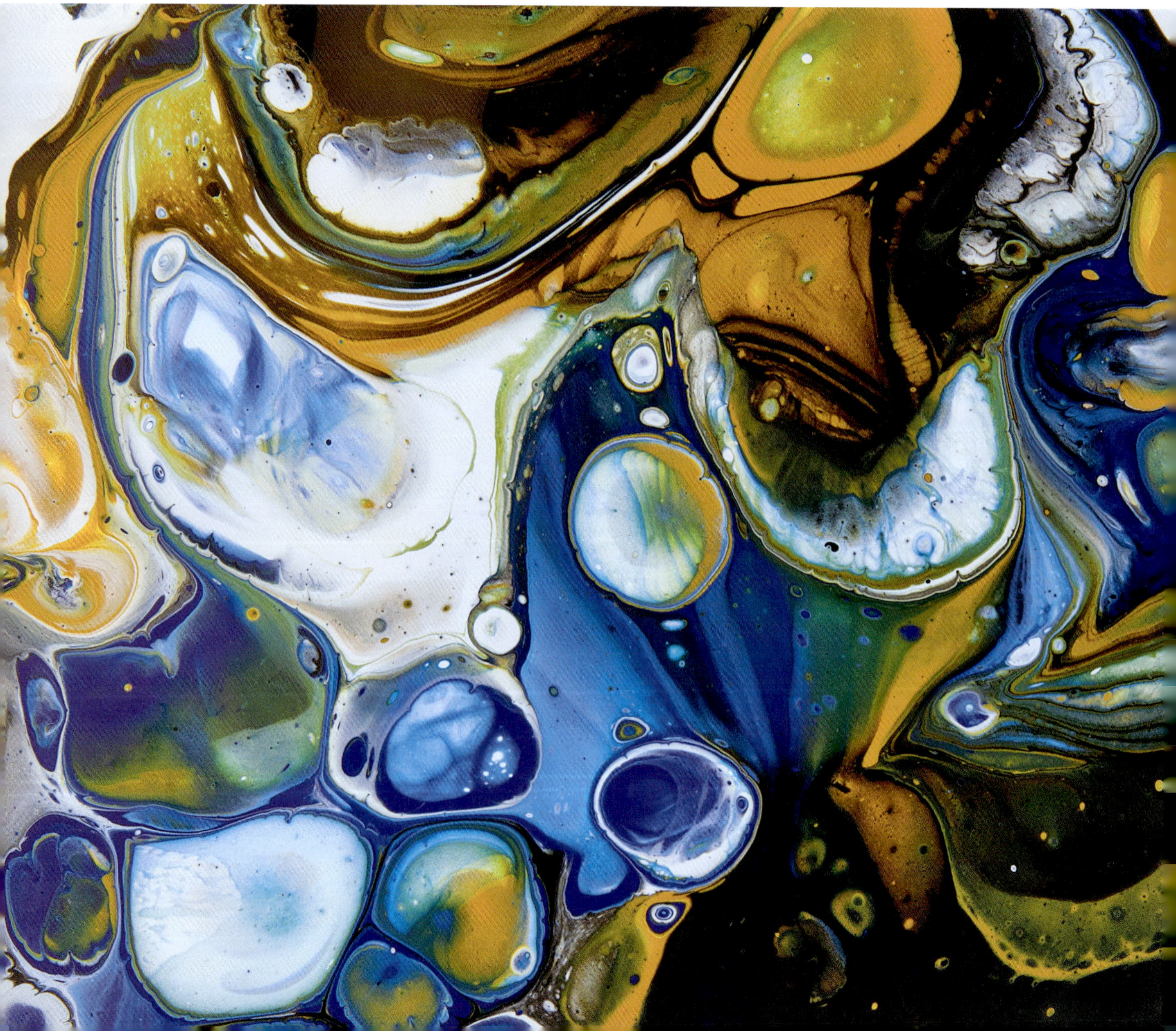

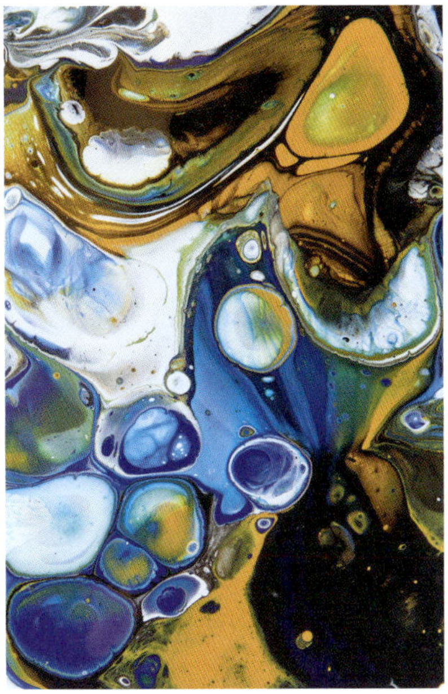

Test mit Pouring Medium
Mit dem professionellen Pouring Medium von Liquitex sind sehr schöne Zellen entstanden, die sauber stehen bleiben.

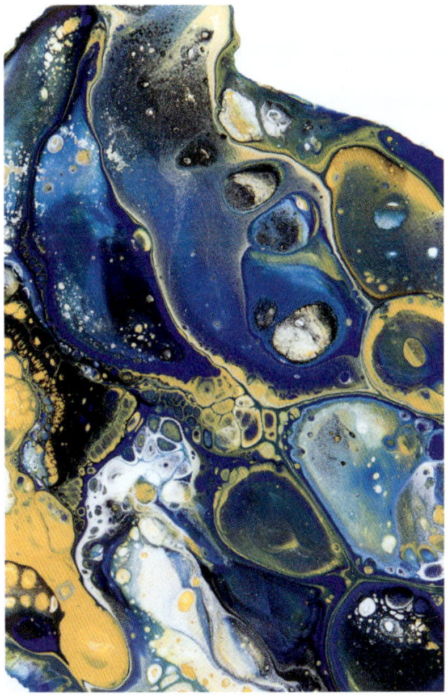

Test mit Acryllack
Auch hier ist eine schöne Zellbildung zu sehen, doch die Abgrenzung zwischen den einzelnen Zellen ist nicht so akkurat wie beim Pouring Medium. Wenn die Farben zu stark verdünnt werden, neigen die Zellen dazu aufzubrechen und die Struktur zu verlieren.

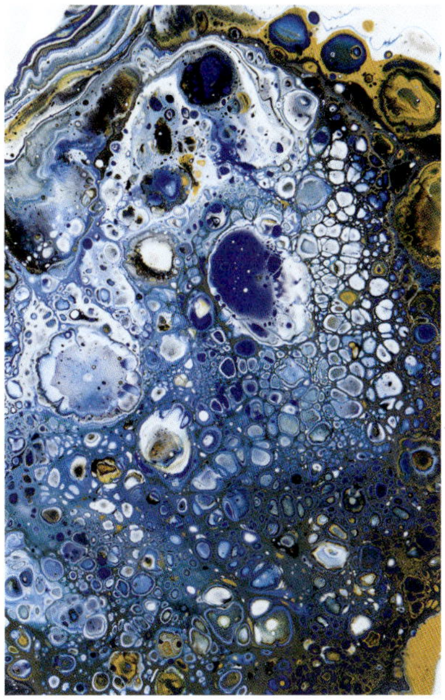

Test mit Bastelkleber
Hier entstehen fast keine großen Zellen und auch die Zellwände wirken eher ausgefranst. Daher empfehlen wir dieses Medium eher für die Wave- oder Puddle-Technik. Außerdem müssen Sie hier stärker verdünnen.

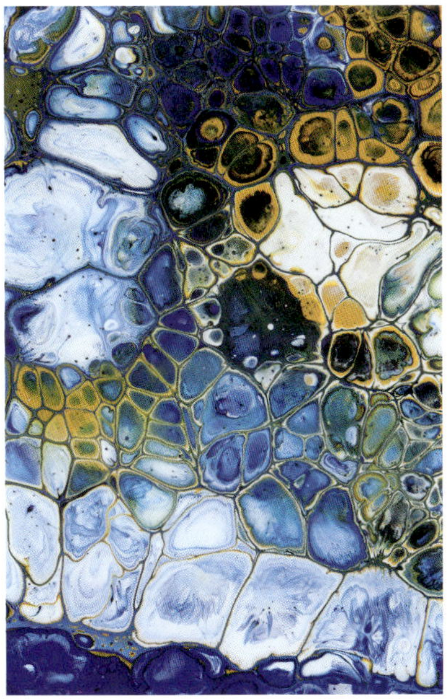

Test mit Acrylbinder
Das milchig-weiße Aussehen sollte Sie nicht davon abhalten, Acrylbinder einzusetzen. Die Zellwände bleiben sehr stabil und das Bild hat einen hohen Eigenglanz. Je nach Hersteller benötigen Sie eine stärkere Verdünnung.

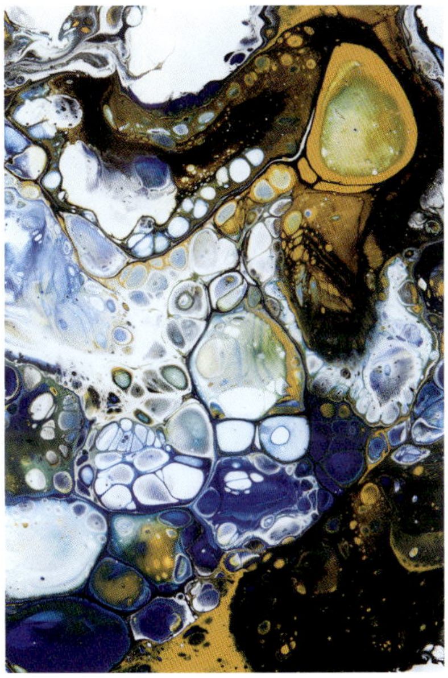

Test mit Floetrol
Wie Sie gut sehen können, ist die Gefahr des Ausbrechens bei diesem Medium besonders hoch. Da Floetrol sehr flüssig ist, verwenden wir Floetrol fast ausschließlich zum anschließenden Verdünnen der Farbe.

Unser Tipp

Bitte geben Sie Tiefgrund immer nur ganz vorsichtig und schrittweise zum Verdünnen dazu.

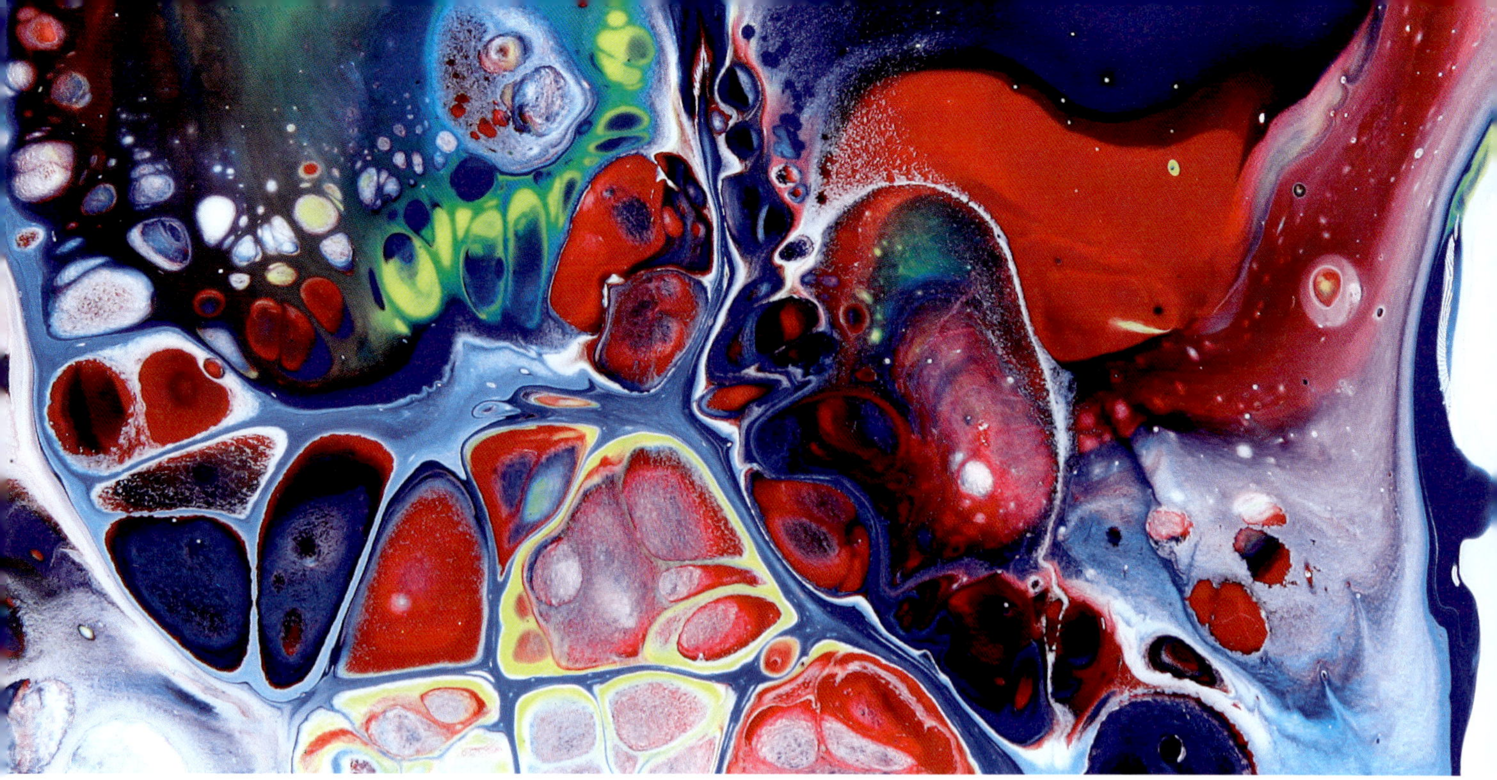

SILIKONÖLE

Silikonöle sind für die Pouring-Technik fast unerlässlich. Es gibt sie in den verschiedensten Ausführungen. Von der Sprühdose bis hin zur fein dosierbaren Tüllenflasche finden Sie eine große Bandbreite von Herstellern auf dem Markt. Im Laufe der Zeit entdecken Sie bestimmt das passende Öl für Ihre Bildeffekte. Auch alternative Produkte wie Haarkuren oder Kokosmilch können bei richtiger Anwendung schöne Zellbildungen auslösen. Einfach nach Lust und Laune mal ausprobieren!

Silikonöle sind leicht flüchtige Öle und setzen sich beim Verdunsten oder Versprühen als feine Schicht überall ab. Gerade bei Sprühölen und beim Abflammen der Öle entsteht ein feiner Silikonnebel, daher sollten Sie empfindliche Geräte und Oberflächen davor schützen. **Arbeiten Sie möglichst bei offenem Fenster und vermeiden Sie es, die Dämpfe einzuatmen!**

Das sogenannte **schwere Silikonöl** ist speziell für den Einsatz als Formentrennmittel für Plastiken hergestellt worden und sehr zähflüssig. Beachten Sie bitte, dass das schwere Öl länger braucht, um an die Farboberfläche zu gelangen. Auch das spätere „Wegschlagen", das Trocknen und Verdunsten der Öle an der Oberfläche, dauert hier etwas länger als bei den anderen Zusätzen.

Unser Favorit ist das **leichte Silikonöl**. Es ist überall erhältlich und einfacher in der Handhabung als schweres Silikonöl. Hier gibt es zwei Varianten:

- Silikonsprühöl wie z. B. Caramba, das extra für eine bessere Sprühfähigkeit verdünnt ist.
- Silikonöl in der Tüllenflasche wie z. B. Ballistol, ist unser Favorit aufgrund der schönen Ergebnisse und Zellstrukturen. Die Flasche gewährleistet eine optimale Dosierung und liegt in der Viskosität zwischen dem schweren Silikonöl und dem Sprühöl.

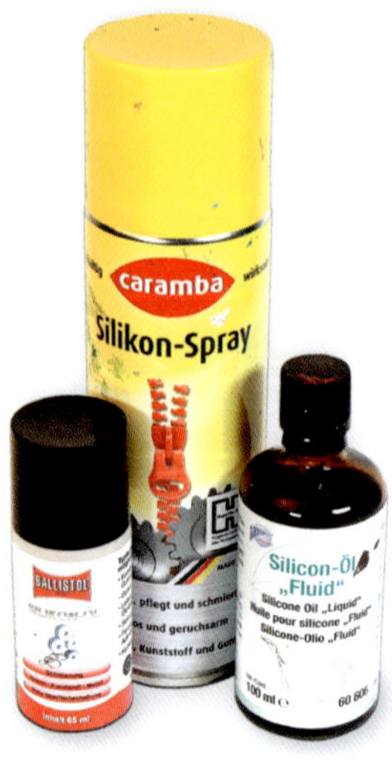

FARBVERDÜNNER

Außer mit Pouring Medium müssen die meisten Farben vor dem Schütten noch weiter bis zur gewünschten Konsistenz verdünnt werden. Dazu zeigen wir Ihnen mehrere Möglichkeiten.

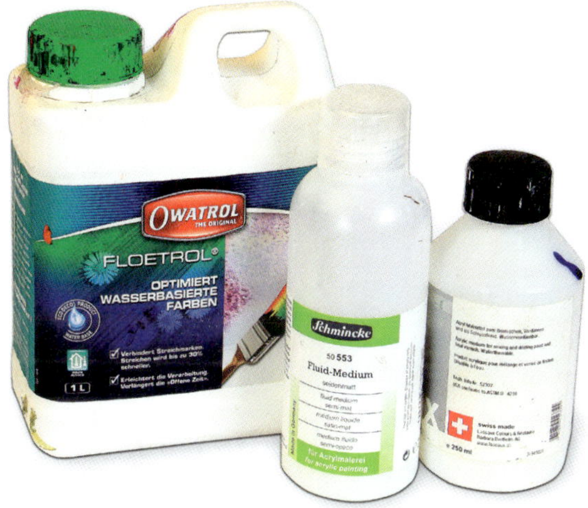

Wasser

Wenn Sie Wasser verwenden möchten, legen wir Ihnen destilliertes Wasser ans Herz, da es die Acrylfarben-Pouring-Medium-Mischung am wenigsten beeinflusst.

Tiefgrund

Da beim Tiefgrund bereits ein Anteil an Bindemittel auf Acrylbasis vorhanden ist, eignet es sich hervorragend zur weiteren Verdünnung Ihrer gemischten Farben. Üblicherweise wird dieses sehr flüssige Medium für das Verfestigen sandiger Oberflächen verwendet. Sie erhalten es problemlos in 5-Liter-Gebinden im Baumarkt oder beim Fachhändler.

Acryl-Malmittel

Dieses Malmittel bieten viele Farbhersteller für eine bessere Haftung der Farben auf der Leinwand an. Wir benutzen es beim Pouring auch gerne zum Verdünnen statt Wasser oder Tiefgrund.

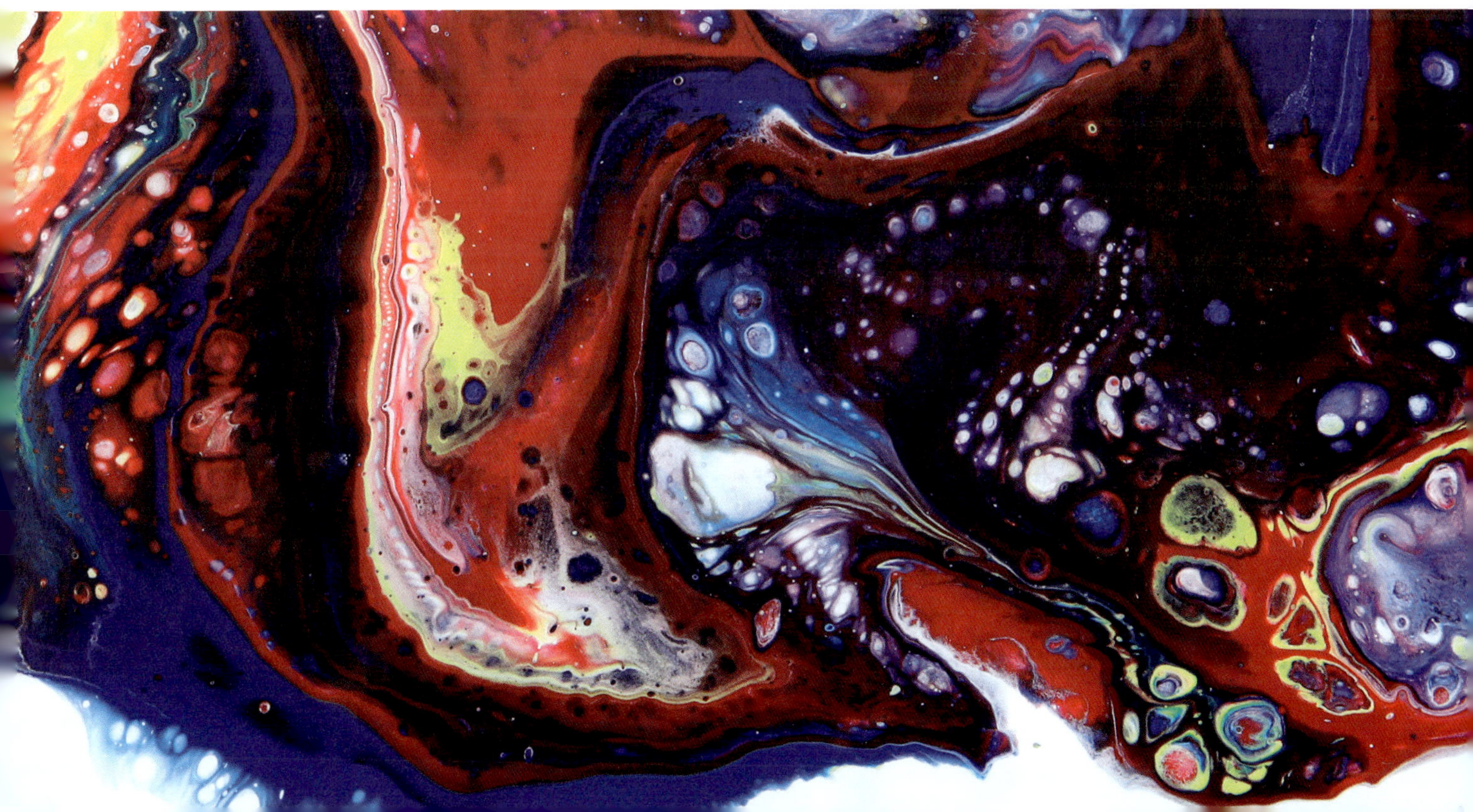

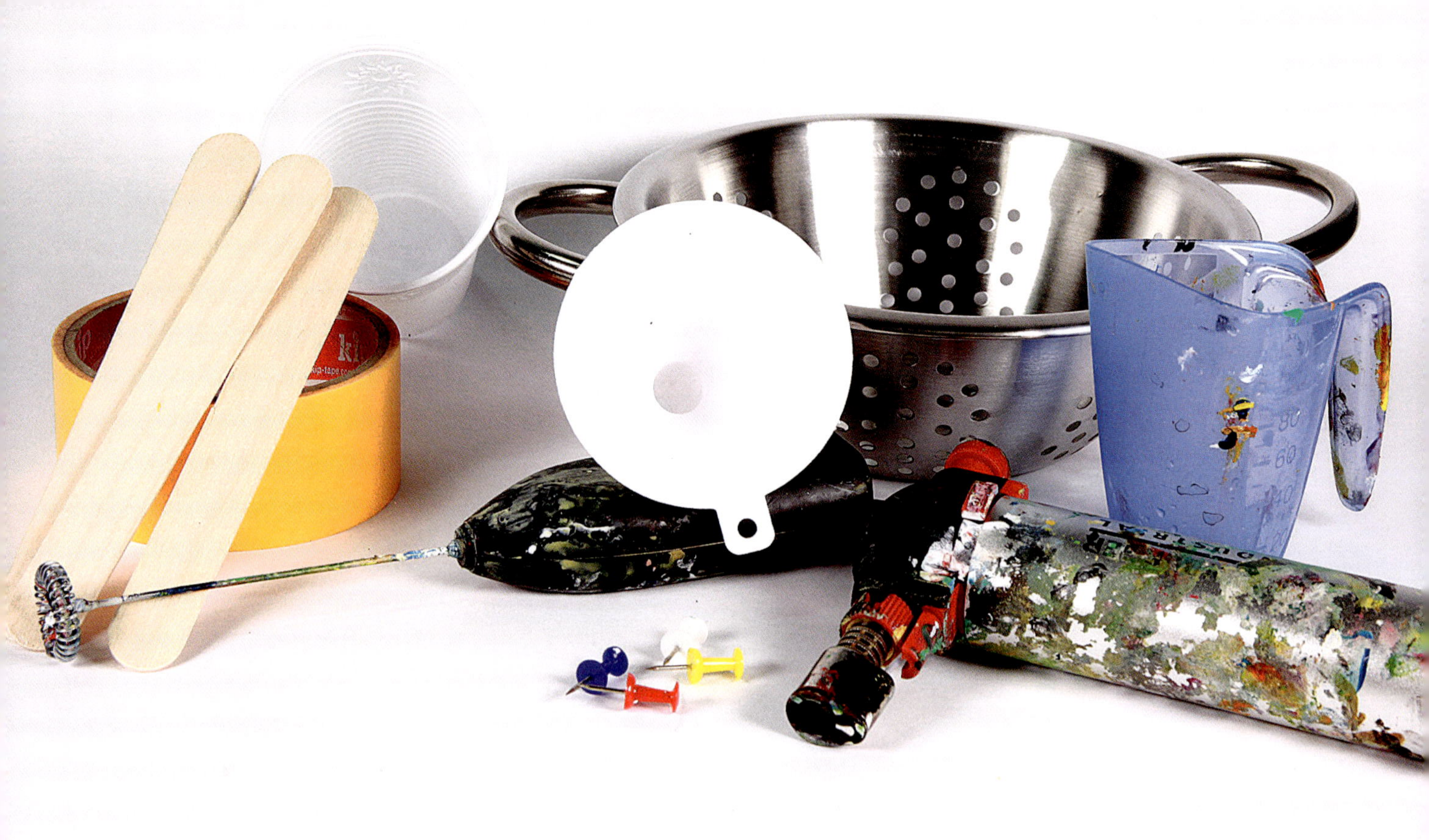

ZUSATZMATERIALIEN

Mischbecher
Für die Schütttechniken brauchen Sie jede Menge Becher zum Anmischen der Farben. Gut eignen sich dafür alte, saubere Joghurtbecher oder auch Einweg-Plastikbecher. Becher aus Hostalenkunststoff haben den Vorteil, dass sie keine Acrylfarben annehmen und Sie diese nach dem Eintrocknen einfach herausklopfen können. Alternativ funktionieren auch ausrangierte Glasbehälter.

Kunststoffflaschen
Zum Anrühren von Farben, die wir ständig brauchen, benutzen wir gerne leere Pouring-Medium-Flaschen oder auch gereinigte Smoothie-Fläschchen. Oder Sie kaufen im Handel passende Tüllenflaschen. Darin können Sie Ihre Farben für die unterschiedlichsten Objekte vorbereiten und haben jederzeit die optimale Mischung zur Hand.

Rührhölzchen
Zum Untermischen und Umrühren dürfen Rührhölzchen oder Rührstäbchen nicht fehlen.

Milchaufschäumer
Vielleicht möchten Sie zum Umrühren lieber einen Milchaufschäumer einsetzen, den Sie überall günstig kaufen können. Achtung: Zum Unterziehen von Silikonöl ist er nicht geeignet!

Crème-Brûlée-Brenner, auch Küchenbrenner genannt
Ein toller Trick, um noch schönere Zellen zu erhalten. Mit einem Crème-Brûlée-Brenner ziehen Sie Silikontropfen und Luftbläschen an die Oberfläche. Die oben aufliegende Acrylfarbe verpufft dabei und große Zellen entstehen. Das geht auch mit einer Heißluftpistole. Halten Sie in beiden Fällen unbedingt einen Sicherheitsabstand ein, damit Ihr Bild keinen Schaden nimmt.

Unser Tipp

Reste in Ihren Mischbechern können Sie mit Frischhaltefolie luftdicht und fest abdecken, dann bleiben Ihre Farbreste noch ein paar Tage frisch. Testen Sie vor dem Wiederverwenden, ob Sie diese nochmals etwas verdünnen müssen.

Pins und Hölzer
Damit die Leinwand nicht am Untergrund festklebt und die überschüssige Farbe gut ablaufen kann, benötigen Sie Abstandshalter. Handelsübliche Kunststoffpins lassen sich einfach von hinten in die Ecken der Leinwand stecken und schaffen so ausreichend Raum.
Wie Sie auf Seite 21 sehen können, benutzen wir gerne rechteckige Holzstäbe zum Unterlegen auf unserer Farbwanne. Um die Farbe beim Schütten in die gewünschte Richtung laufen zu lassen, heben wir die Hölzer einfach an der entsprechenden Seite an.

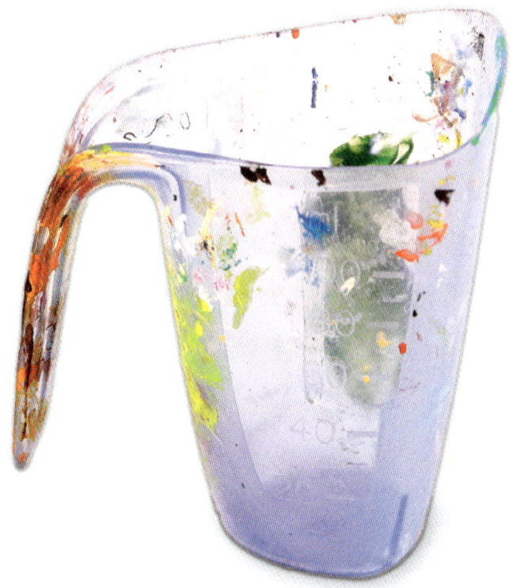

Papier und Folien zum Auslegen und Einrichten des Arbeitsplatzes
Wie Sie Ihren Arbeitsplatz am besten vorbereiten, zeigen wir Ihnen auf Seite 21.

Festes Papier oder Palettmesser
Für bestimmte Techniken wie den „Swipe" benötigen Sie ein paar Bogen festes Papier zum Abziehen und Verteilen der Farbe. Alternativ können Sie auch ein Palettmesser verwenden.

Einmalhandschuhe
Da Sie mit großen Farbmengen, Lacken und Medium arbeiten, sind Handschuhe unbedingt Pflicht! Zwar sind die Materialien nicht gesundheitsschädlich, aber nur durch intensives Waschen von Ihren Händen zu entfernen.

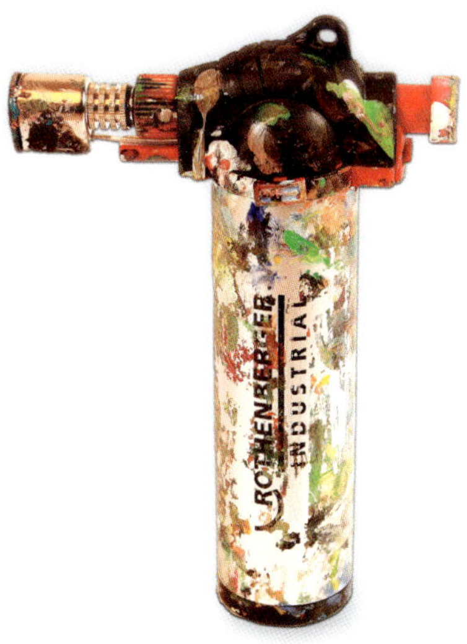

Unser Tipp

Fertigen Keilrahmen liegen oft kleine Hartholzkeile bei, die zum Auskeilen gedacht sind. Wir legen sie stattdessen unter die vier Ecken unseres Malgrundes. Damit erreichen Sie einen gleichmäßigen Abstand für den Abfluss der Farben über den Rand. Zum genauen Ausgleichen benutzen Sie am besten kleine Papier- oder Pappstreifen, um Ihren Malgrund in die Waagerechte zu bringen.

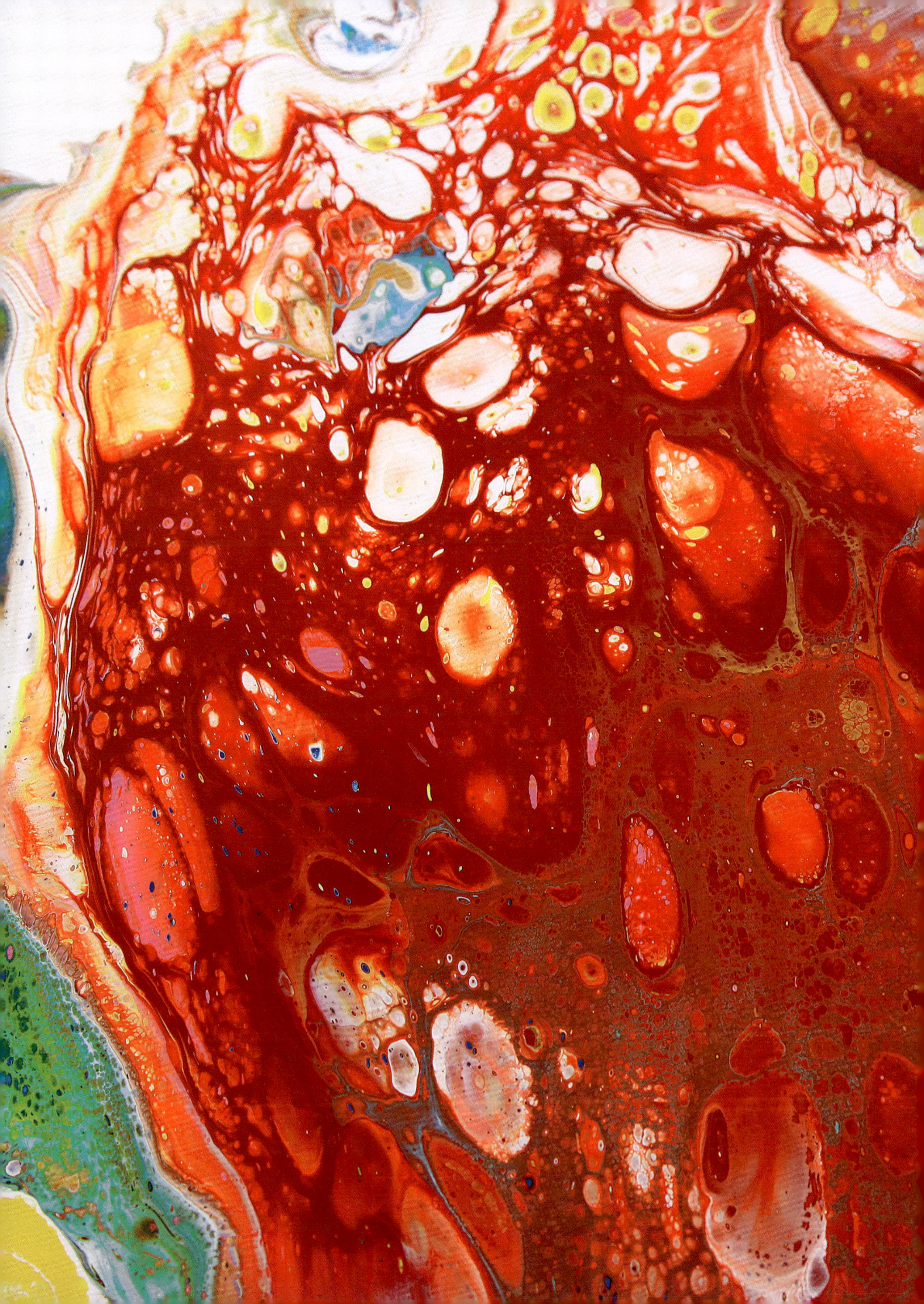

IHR ARBEITSPLATZ

Da beim Pouring jede Menge Farbe im Spiel ist, müssen Sie Ihren Arbeitsplatz vorher unbedingt optimal einrichten. Erst dann macht das Rühren, Mischen und Schütten richtig Spaß!

Sie beginnen mit dem Abdecken der Arbeitsfläche. Für unsere hier im Buch gezeigten Bilder genügt eine etwa 1 Quadratmeter große beschichtete Platte aus dem Baumarkt. Sie können Sie entweder auf den Boden legen oder noch bequemer auf einen Tisch. Ganz wichtig: Um die Umgebung zu schützen, legen Sie eine ausreichend große Folie oder Packpapier darunter. Zusätzlich können Sie Ihre Arbeitsplatte mit Folie abdecken bzw. umwickeln und um das jeweilige Bild alte Tücher, Lappen oder Küchenpapier legen.

Für kleinere Formate benutzen wir wie abgebildet eine Kunststoffwanne, die wir mit Malerfolie ausgekleidet haben. Hier kann garantiert nichts danebengehen! Außerdem können Sie so die abgelaufene Farbe bequem auffangen und bei Bedarf für Ihr nächstes Pouring als Untermalung zu verwenden.

Noch zwei Dinge liegen uns am Herzen: Ihr Arbeitsplatz sollte unbedingt über etwas Frischluftzufuhr verfügen, da Sie hier mit Ölen arbeiten, die durch Hitzebehandlung verdampfen.

Beim Einsatz von Sprühölen bitte aufpassen, dass Sie nicht versehentlich in der Umgebung empfindlicher Geräte wie Handy, Fotoapparat und PC sprühen, da sich der feine Silikondampf hartnäckig auf Glasflächen aller Art absetzt und nur sehr schwer zu entfernen ist.

Unser Tipp

Basteln Sie sich einen transportablen Arbeitsplatz! Dafür schneiden Sie einen größeren alten Karton auf eine Höhe von ca. 10 cm ab und legen ihn mit Küchenpapier aus. Achtung: Der Rand darf nicht zu hoch sein, damit Sie das Bild gut bearbeiten können. Den Karton stellen Sie nach Gebrauch einfach beiseite!

Und noch ein Tipp

Kontrollieren Sie beim Verlassen Ihres Arbeitsplatzes gründlich, ob Sie nicht versehentlich in einige daneben gegangene Farbspritzer getreten sind. Wir sprechen aus leidvoller Erfahrung!

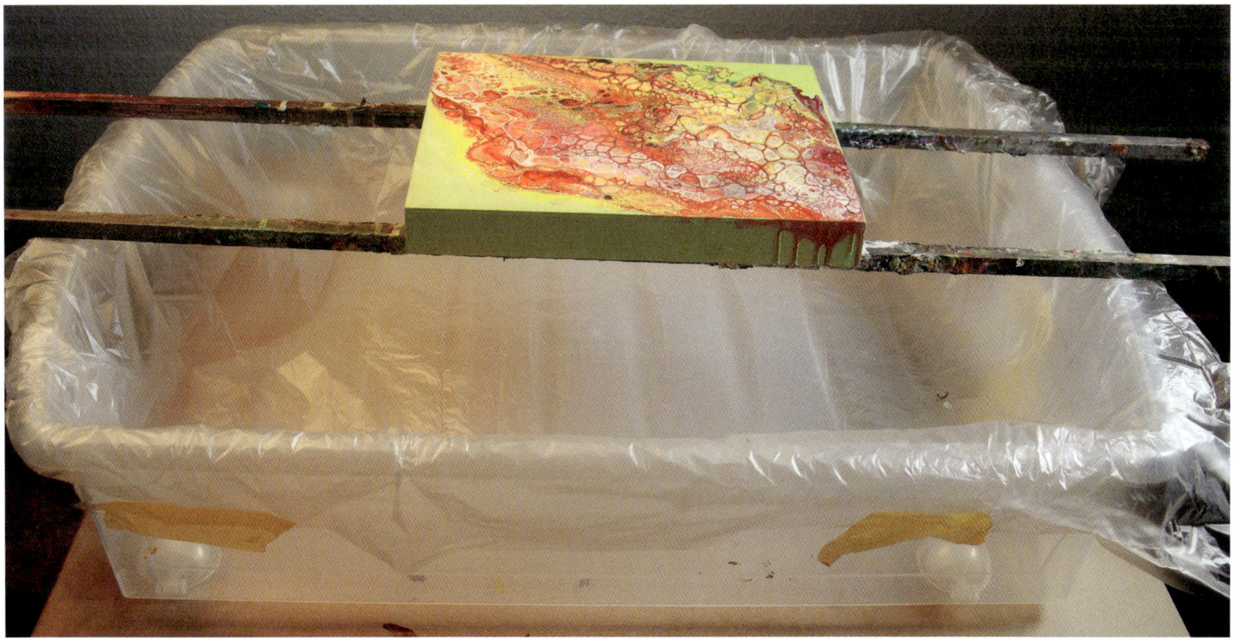

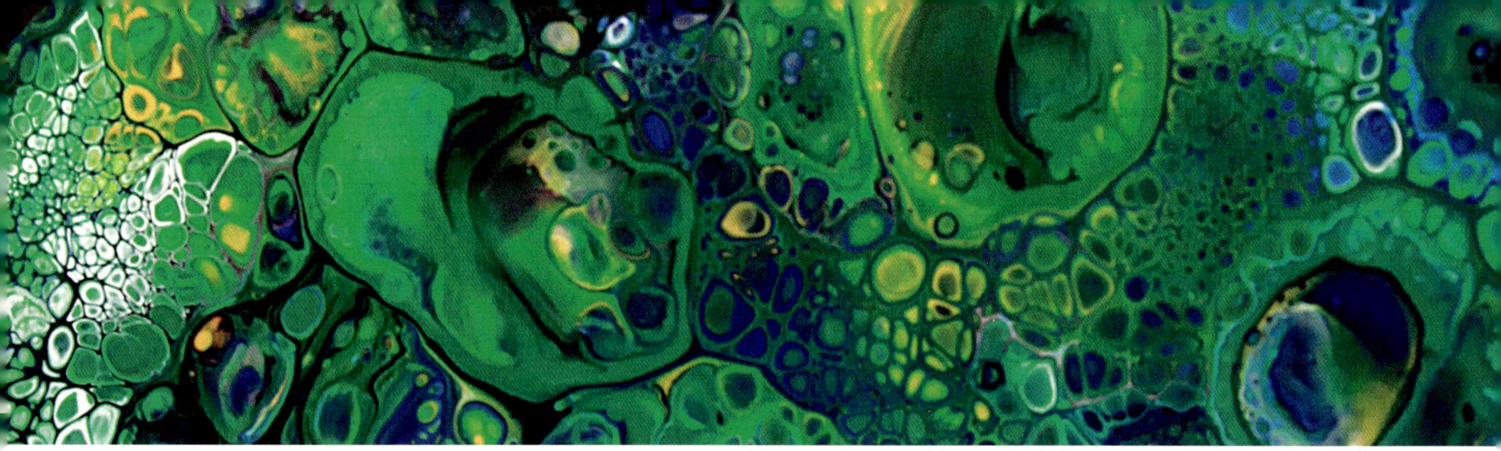

Da Bilder mit Acrylfarbe nicht gleichmäßig im Glanz wegtrocknen und wir sie außerdem schützen möchten, müssen wir sie versiegeln. Wir zeigen Ihnen hier drei unterschiedliche Möglichkeiten.

Ganz wichtig: Lassen Sie Ihre Bilder nach der Fertigstellung unbedingt ausreichend trocknen, bevor Sie mit dem Versiegeln beginnen. Auch nach dem oberflächlichen Trocknen befindet sich noch ein sehr hoher Silikonanteil an der Oberfläche. Da Silikon die Eigenschaft hat, Feuchtigkeit abzustoßen, empfehlen wir Ihnen, die Bilder zunächst ruhig ein paar Wochen liegen zu lassen. Wenn Ihnen das zu lange dauert, können Sie diesen Prozess natürlich auch beschleunigen. Dafür reinigen Sie die Oberfläche mit einem Baumwolltuch, das Sie mit Spiritus, Alkohol oder Verdünnung tränken.

Versiegeln mit verschiedenen Pouring Medien

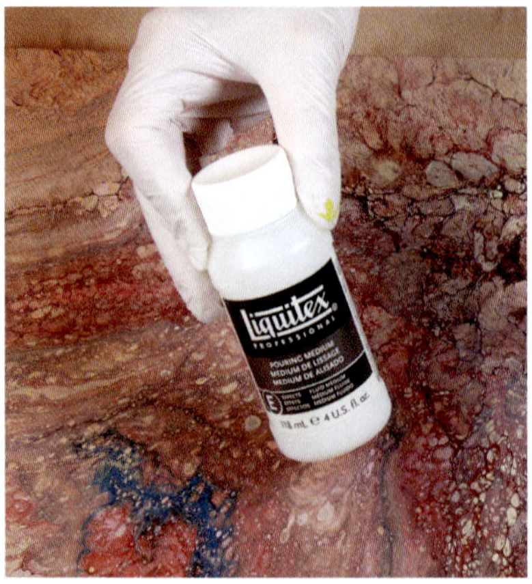

Mit einem glänzenden **Acryllack** oder mit **Pouring Medium** können Sie Ihre Bilder hochglänzend versiegeln. Wir empfehlen, dafür keinen Pinsel zu verwenden. Schneller und einfacher geht es mit einem angefeuchteten Schwamm oder einer Baumwollwalze.

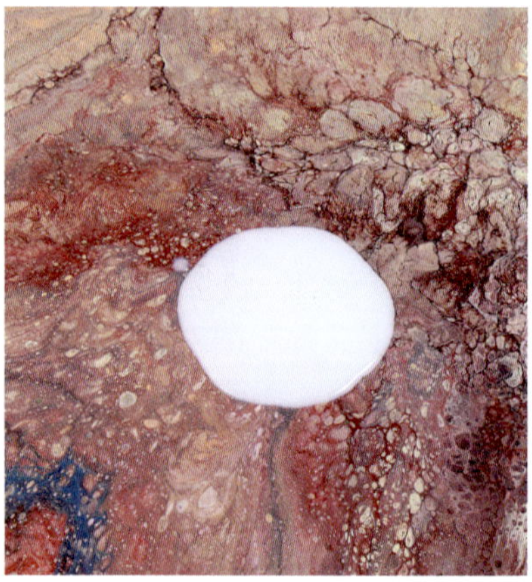

Geben Sie wie abgebildet etwas Lack oder Pouring Medium in die Bildmitte, so dass eine Pfütze entsteht.

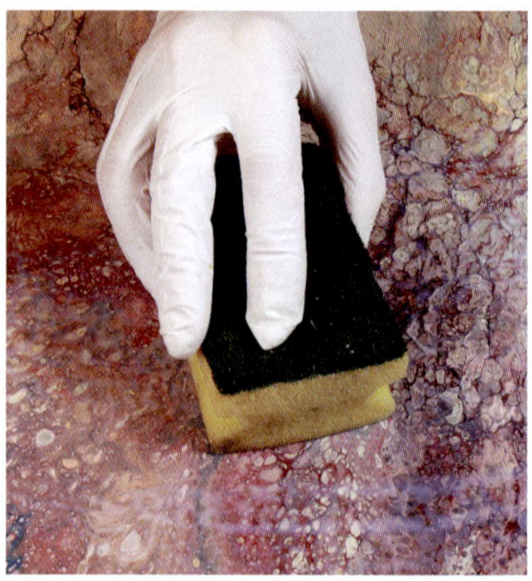

Nun verteilen Sie mit einem Küchenschwamm, den Sie vorher leicht befeuchtet haben, das Medium gleichmäßig auf der Leinwand. Alternativ können Sie auch mit einer handelsüblichen Baumwollwalze über die Leinwand gehen. Sowohl die Baumwollwalze wie den Schwamm nach dem Befeuchten unbedingt ausdrücken! Und noch ein Tipp: Falls schaumige Bläschen entstehen, können Sie ganz kurz und vorsichtig mit dem Crème-Brûlée-Brenner über das Bild gehen und die Bläschen zum Platzen bringen.

VERSIEGELN

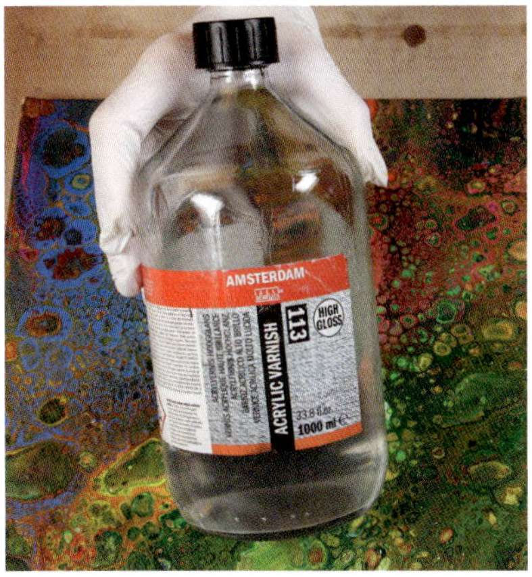

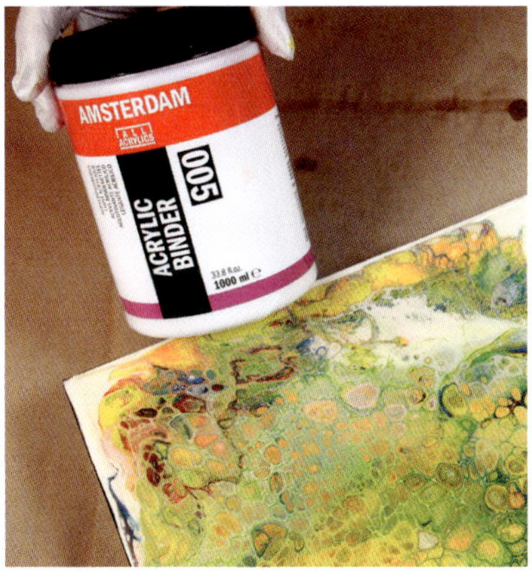

Sie können Ihre Bilder auch mit einem auf Lösungsmittel basierenden **Acryllack** versiegeln. Aber Achtung: Dieser darf nicht von Kindern verwendet werden und Sie müssen Ihre Werkzeuge anschließend speziell mit Lösungsmittel reinigen. Der Vorteil bei diesem Lack: er lässt sich sehr schnell auftragen und ist nicht silikonempfindlich, da der Lösungsmittelanteil das Silikon auflöst.

Eine günstige Alternative ist auch **Acrylbinder**, der für eine hochglänzende Schicht sorgt. Beachten Sie jedoch, dass Sie ihn nur ganz dünn auftragen (max. 1 bis 2 mm), denn sonst gibt es Risse.

Versiegeln mit Resin oder Gießharz

Das ist unserer Meinung nach die schönste Art, um ein Pouring-Bild zu versiegeln. Dafür mischen Sie nach Anleitung des Herstellers Resin (Harz) und Härter an. Damit eine kleine „Wanne" zum Gießen entsteht, kleben Sie ein Spezialklebeband rund um die Rahmenkanten. Jetzt können Sie die erste dünne Schicht einfüllen und bei Bedarf mit einem Holzspatel verteilen. Falls sich Bläschen bilden, können Sie kurz mit dem Brenner darüber gehen. Aber Vorsicht: Im Gegensatz zu Acryllack ist Gießharz entflammbar!
Nach ungefähr 2 Stunden dürfte die erste Schicht leicht durchgehärtet sein. Danach geben Sie nochmals so viel Gießharz auf diese Schicht, dass hochstehende Farbanteile gut mit dem Gießharz abgedeckt sind und nicht aus dem Harz herausragen. Die Trockenzeit bei Gießharzen beträgt in der Regel 24 Stunden, aber das kann von Hersteller zu Hersteller variieren. Bitte lesen Sie vorher die entsprechende Gebrauchsanleitung sowie die Gefahrenhinweise durch.

Versiegeln mit glänzendem Kunstharz

Kunstharzlacke sind hochglänzend und vertragen sich problemlos mit Silikonresten, die sich auf der Oberfläche befinden. Sie können gut mit dem Pinsel aufgetragen werden und legen sich glatt auf die Oberfläche. Leider gibt es auch ein paar Nachteile wie die lange Trockenzeit und die unvermeidliche Geruchsbildung. Außerdem müssen auch hier die Werkzeuge mit Lösungsmittel gereinigt werden. Probieren Sie einfach aus, welche Art der Versiegelung Ihnen am besten gefällt.

TECHNIKEN

Beim Pouring unterscheidet man sechs Haupttechniken, die natürlich durch eigene Variationen und Experimente beliebig erweitert werden können. Da alle Techniken aus den Vereinigten Staaten kommen, verwenden wir auch in Deutschland häufig die kurzen englischen Bezeichnungen.

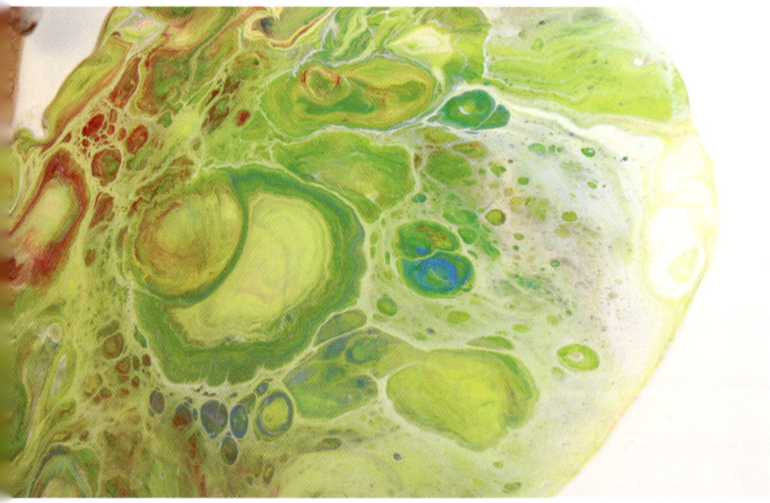

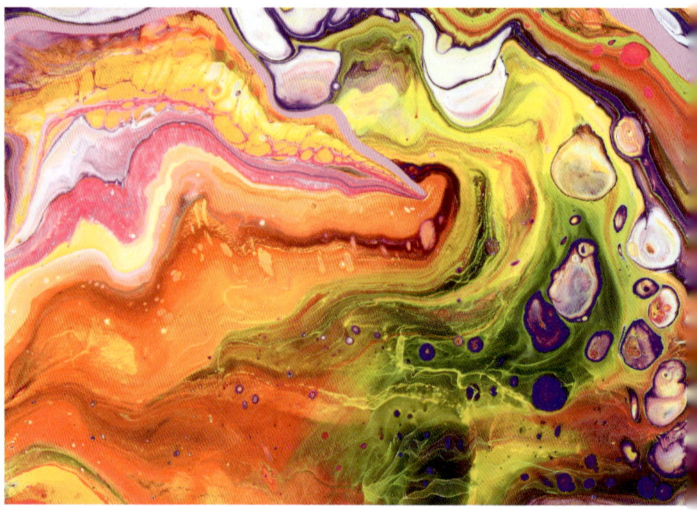

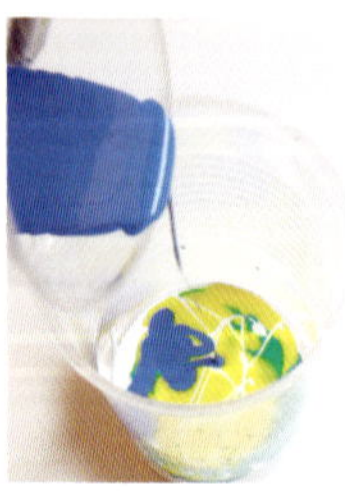

Flip Cup
„Umgedrehter Becher“
Dies ist die am meisten eingesetzte Pouring-Technik. Sie ist fast nicht steuerbar und sorgt daher immer für Überraschungen. Bei dieser Technik kommen die verschiedenen Farben nacheinander in einen Schüttbecher.
Mehr dazu erfahren Sie ab Seite 26.

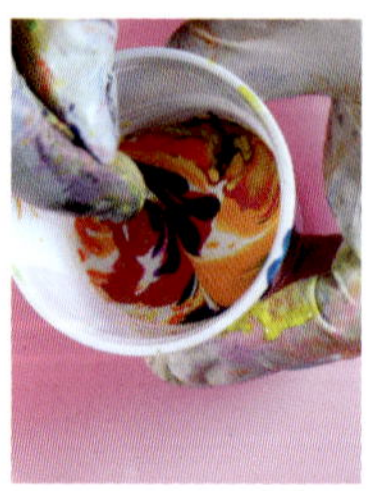

Dirt Cup
„Dreckiger Becher“
Auch bei dieser Technik kommen alle Farben nacheinander in einen Becher, werden aber vor dem Ausgießen auf den Malgrund noch vorsichtig vermischt.
Mehr dazu erfahren Sie ab Seite 48.

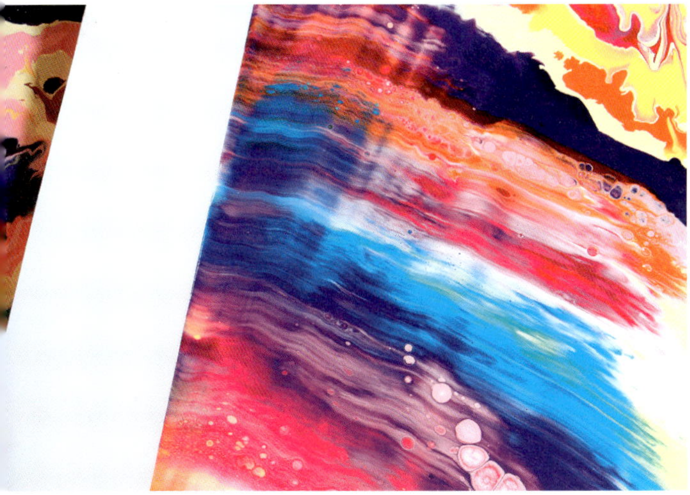

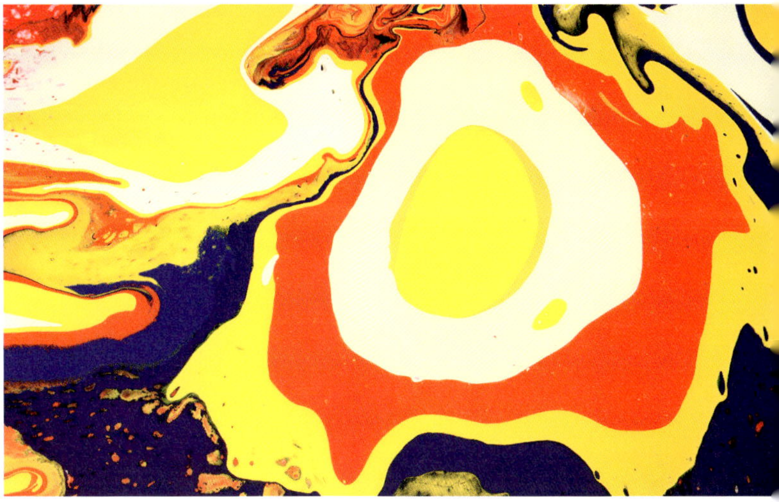

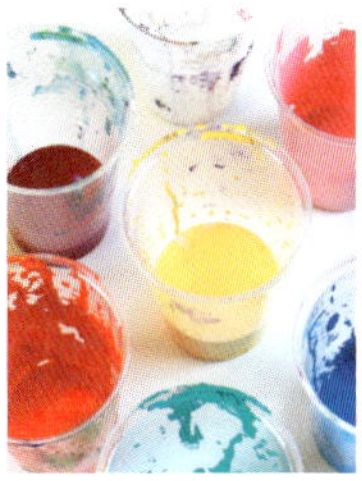

Swipe

„Wischen"

Diese Technik funktioniert sowohl alleine als auch in Kombination mit anderen Pouring-Techniken. Hier können Sie gezielt waagerecht oder senkrecht verlaufende Abzieheffekte in Ihre Bilder bringen. Und sogar eine missglückte Arbeit kann dadurch gerettet werden.

Mehr dazu erfahren Sie ab Seite 58.

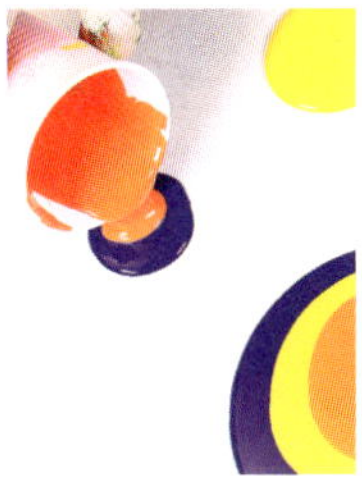

Puddle

„Pfütze"

Diese Technik ist im wahrsten Sinne des Wortes „kinderleicht" und daher auch sehr beliebt. Dabei werden die einzelnen Farben nacheinander in kleinen Pfützen auf das Bild gegossen. Der Puddle lässt sich gut steuern und ist eher grafisch angelegt.

Mehr dazu erfahren Sie ab Seite 70.

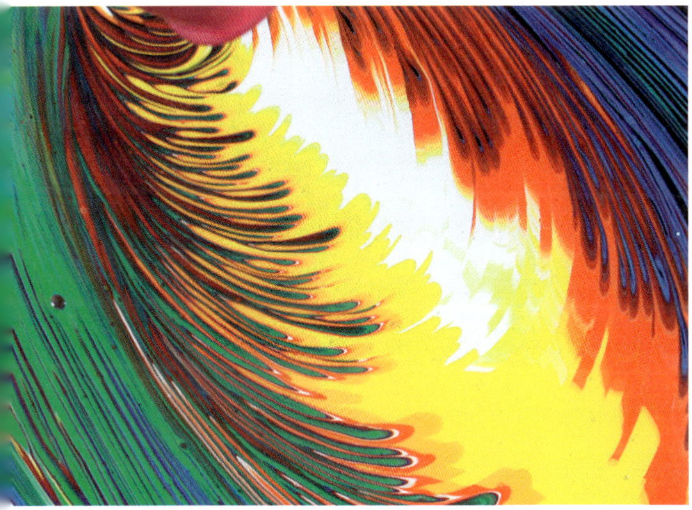

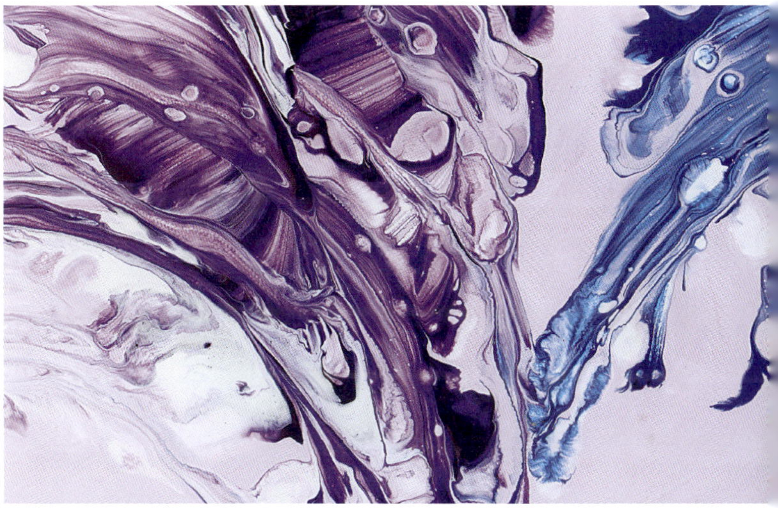

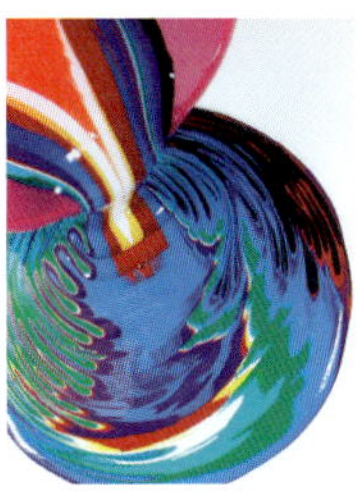

Wave

„Welle"

auch Swirl (Strudel) genannt

Hier wird mit sehr zähfließenden Farben gearbeitet. Der Wave verlangt Geschick und eine ruhige Hand beim Gießen. Die schönen grafischen und ringförmigen Muster lohnen die Mühe!

Mehr dazu erfahren Sie ab Seite 80.

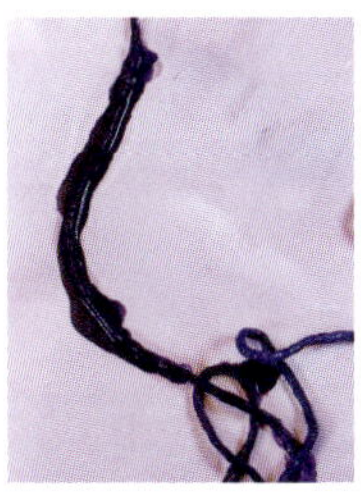

String

„Schnur"

Beim String handelt es sich nicht um eine eigene Gießtechnik. Mit einem Wollfaden oder einer Schnur bringen Sie federartige Effekte und Blüten auf Ihre Bilder, die Sie vorher mit der Puddle-, Flip Cup- oder Dirt-Cup-Technik gestaltet haben.

Mehr dazu erfahren Sie ab Seite 100.

FLIP CUP

Wir starten mit der am häufigsten eingesetzten Technik beim Pouring. Hier werden die Farben nacheinander in den Schüttbecher gegeben, der Becher kopfüber auf die Leinwand gestülpt und hochgenommen, so dass sich die Farben über die Leinwand ergießen. Achtung: Die tollen Ergebnisse können süchtig machen!

Das Video zum Thema Flip Cup finden Sie in der Digitalen Bibliothek.

SCHWARZ & WEISS

Unser erstes Projekt ist ein einfacher Flip Cup mit nur zwei Farben: Schwarz und Weiß. Trotzdem werden Sie von dem Ergebnis bestimmt positiv überrascht sein. Durch die schöne Zellbildung und durch das Zusammenspiel der Netzstruktur mit der verlaufenen Farbe gehört der Flip Cup zu den beliebtesten Techniken. Kein Wunder, denn man kann in diesen Bildern von der abstrakten bis zur gegenständlichen Darstellung alles entdecken. Probieren Sie es aus!

MATERIAL

Leinwand 30 cm x 30 cm | Farben: Titanweiß, Schwarz | 3 Becher | Rührhölzchen | Silikonöl | Pouring Medium | destilliertes Wasser oder Tiefgrund | 1 Bogen scharfkantiges Papier oder Pappe

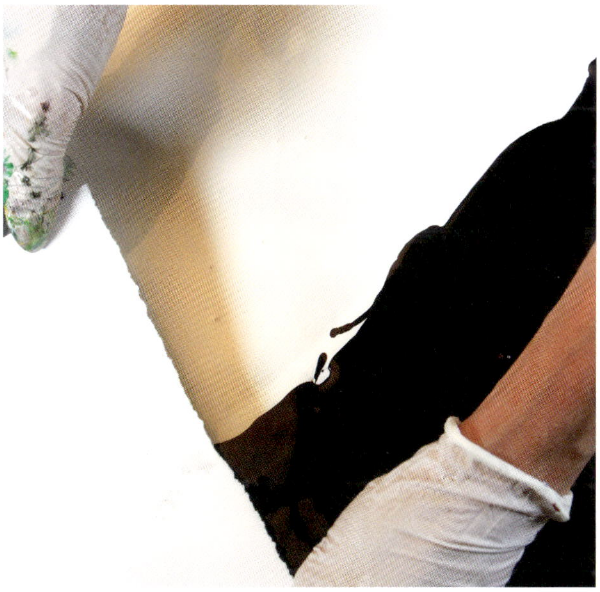

1 Für die Grundierung benötigen Sie zunächst die beiden Farben. Füllen Sie in einen der Becher etwas Schwarz und in einen anderen etwas Titanweiß. Nun fügen Sie jeweils die gleiche Menge Pouring Medium hinzu. Rühren Sie beide Farbtöne gut um und geben Sie für eine bessere Fließfähigkeit vorsichtig etwas destilliertes Wasser oder Tiefgrund hinzu. Achtung: Diese Zugabe sollte max. 20 % betragen. Außerdem geben Sie in den Becher mit der schwarzen Farbe noch 2 bis 3 Tropfen Silikonöl.
Jetzt verteilen Sie die gleiche Menge schwarze und weiße Farbe aus den beiden Bechern wie abgebildet auf der Leinwand.

2 Durch vorsichtiges Anheben und Kippen der Leinwand lassen Sie nun die beiden dünnflüssigen Farbmischungen so über die Leinwand gleiten, dass sie nicht ineinanderlaufen, sondern sich lediglich berühren. Danach ziehen Sie ein scharfkantiges Papier zart über die Grenzfläche der beiden Farben. Achten Sie darauf, dass Sie nicht zu viel Druck ausüben und nur sanft über die Oberfläche gleiten. Sie können in die Bewegung auch eine leichte Kurven- oder Bogenbewegung einbauen, damit das Ergebnis lebendiger aussieht.

Unser Tipp

Sie können hier alternativ auch sehr gut mit anderen Ölen experimentieren. Probieren Sie doch mal Ihr Salatöl aus!

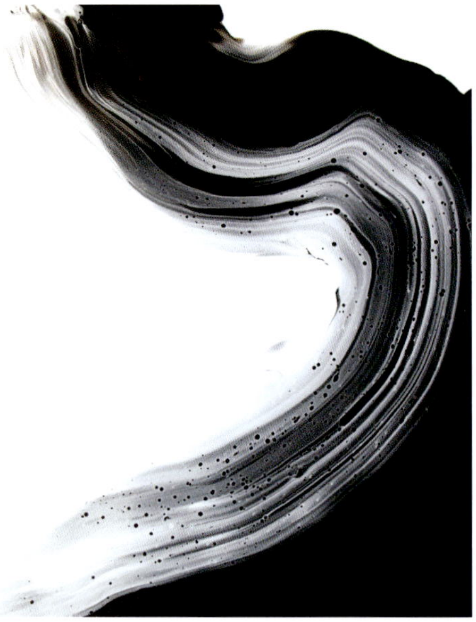

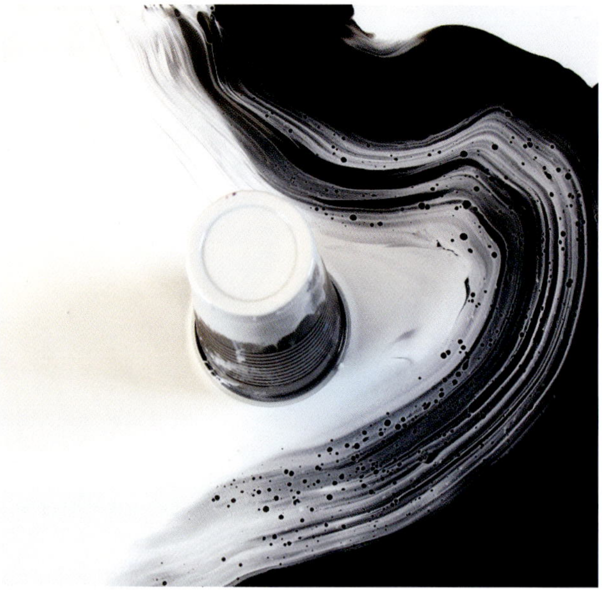

3 So sollte Ihr Bild nun aussehen. Sie können bereits erkennen, wie erste Zellen und Vernetzungen sich am Übergang zwischen Schwarz und Weiß bilden.

4 Den Rest der beiden angemischten Farben im Wechsel in den dritten Becher füllen und mit einer schnellen Bewegung auf die weiße Fläche setzen. In dieser Position den Becher ungefähr 1 Minute ruhen lassen, damit die Farbe im Becher nach unten laufen kann.

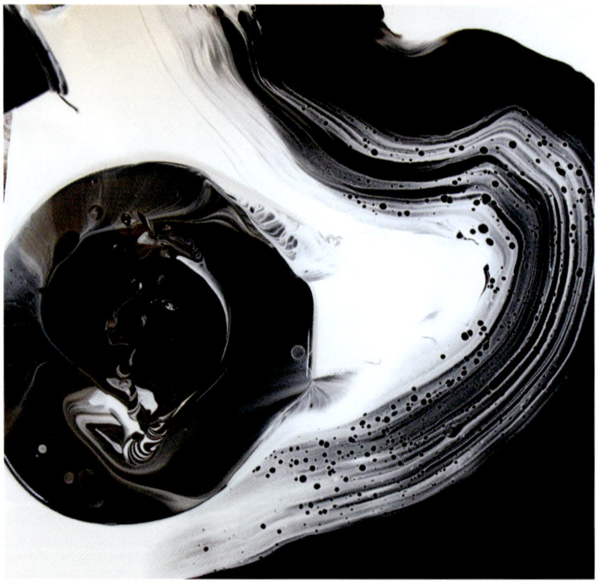

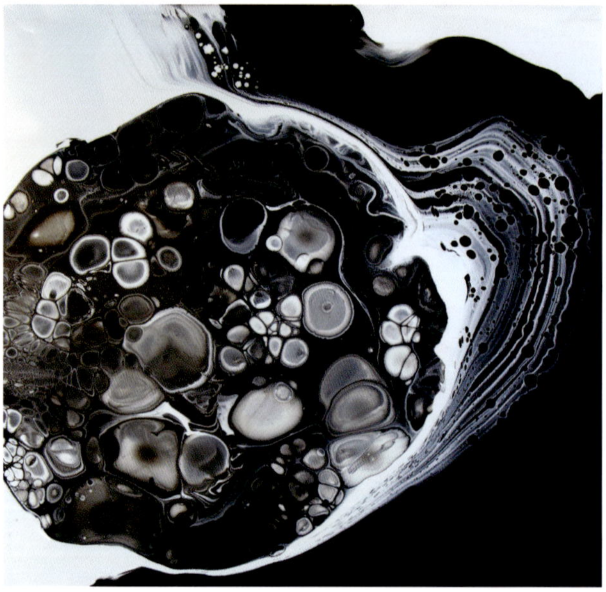

5 Nachdem die Farbe abgelaufen ist, ziehen Sie den Becher nach oben ab und stellen ihn zur Seite. Lassen Sie die Farbe ruhig den Weg über die Leinwand selbst suchen. Jetzt ist etwas Geduld gefragt.

6 Nach einigen Minuten hat sich die Farbe so ausgebreitet, dass sie nicht mehr weiter fließt. Durch das Silikonöl sowie das unterschiedliche Pigmentgewicht von Schwarz und Titanweiß sind wunderschöne Zellen entstanden. Und das, obwohl Sie nur mit zwei Farben gearbeitet haben. Bevor Sie das Bild aufhängen, muss es aber zuerst ganz waagerecht liegend mindestens zwei Tage trocknen.

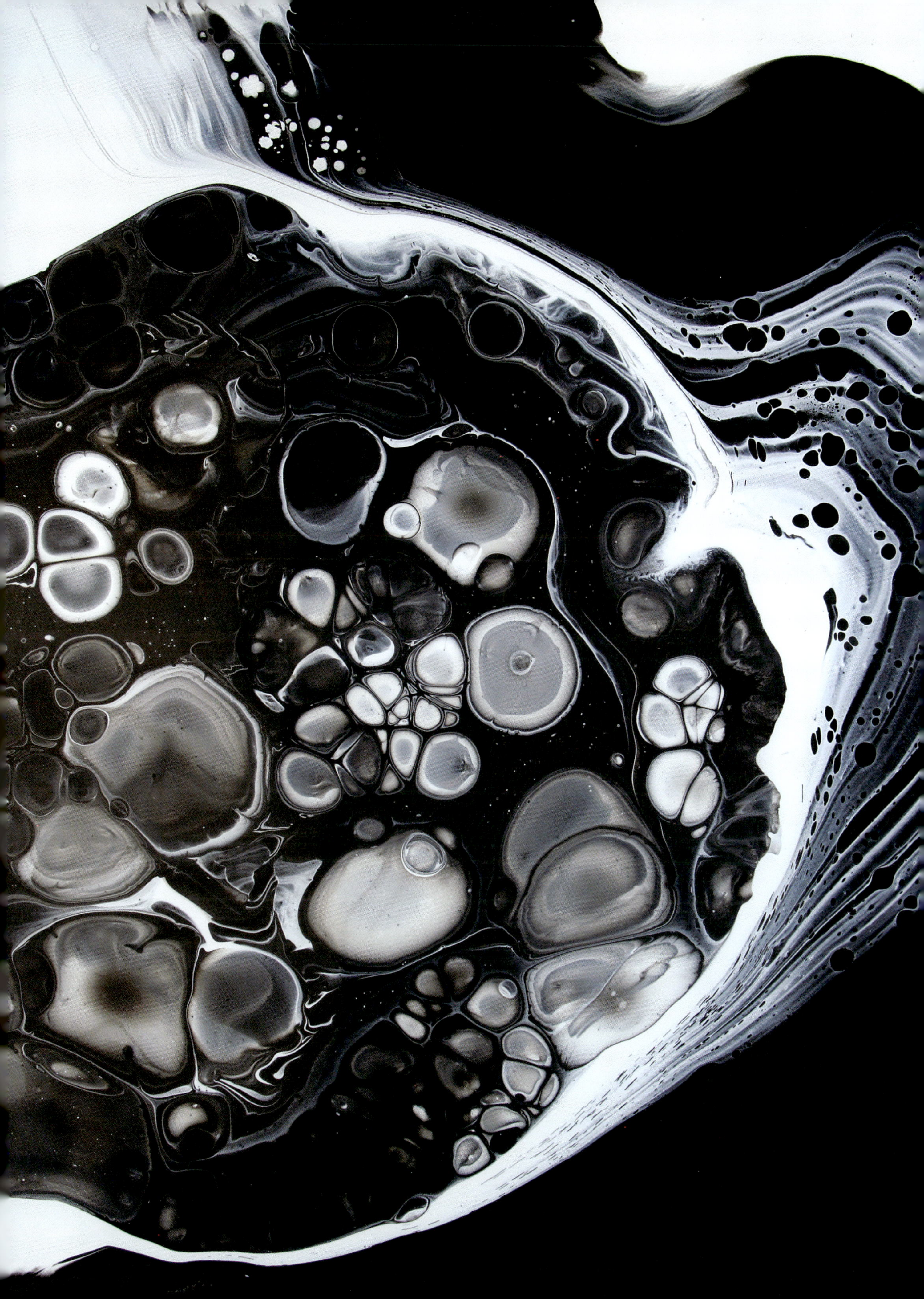

ZARTES GRÜN

Bei der Verwendung mehrerer Farben werden die Bilder natürlich bunter, aber dabei ist etwas Fingerspitzengefühl gefragt. Da die Pigmente der Farben unterschiedliche Gewichte haben, besteht die Gefahr, dass manche Farben überhaupt nicht im Bild zu sehen sind, weil sie auf den Boden der Leinwand sinken. Auch unterschiedliche Verdünnungsgrade der Farben beeinflussen das Ergebnis. Wenn Sie unserer Anleitung Schritt für Schritt folgen, sind Sie auf der sicheren Seite und können sich bald über ein tolles Ergebnis freuen.

MATERIAL

Leinwand 30 cm x 30 cm | Farben: Titanweiß, Kadmiumgelb, Violett, Königsblau | 5 Becher | Rührhölzchen | Silikonöl | Pouring Medium | destilliertes Wasser oder Tiefgrund | Palettmesser | Crème-Brûlée-Brenner

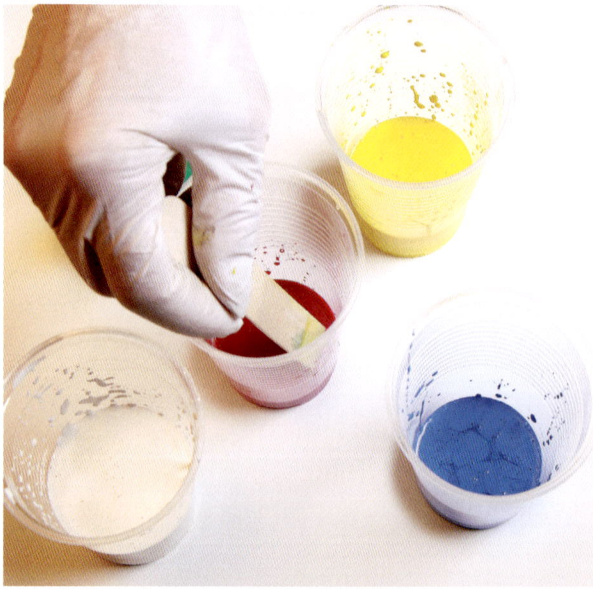

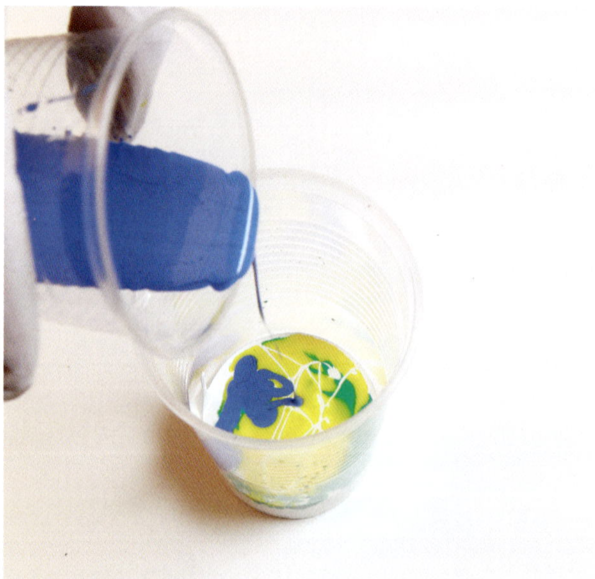

1 Für die Untermalung dieses vierfarbigen Flipcups benötigen Sie eine Mischung aus Titanweiß und Pouring Medium ohne Zugabe von Silikonöl. Zum Verdünnen etwas mehr Wasser oder Tiefgrund verwenden, da das Titanweiß hier hauptsächlich als Gleitfilm dient. Die anderen drei Farben, also Violett, Kadmiumgelb und Königsblau, jeweils einzeln im üblichen Verhältnis 1:1 mit Pouring Medium mischen und dann vorsichtig 2 bis 3 Tropfen Silikonöl unterziehen.

2 Nun im Wechsel Titanweiß und die drei Bunttöne langsam in einen leeren Becher füllen und etwas ruhen lassen.

FLIP CUP

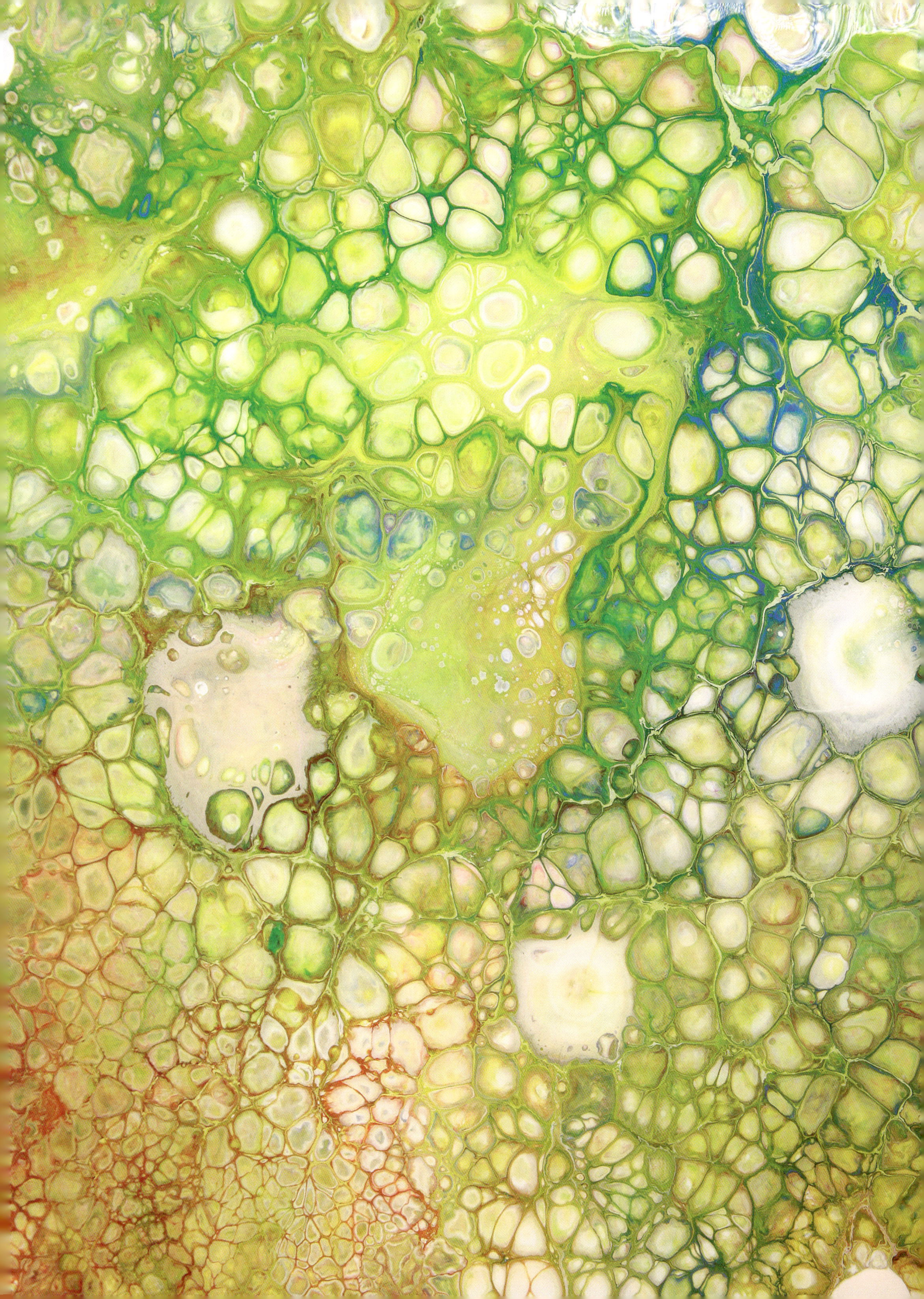

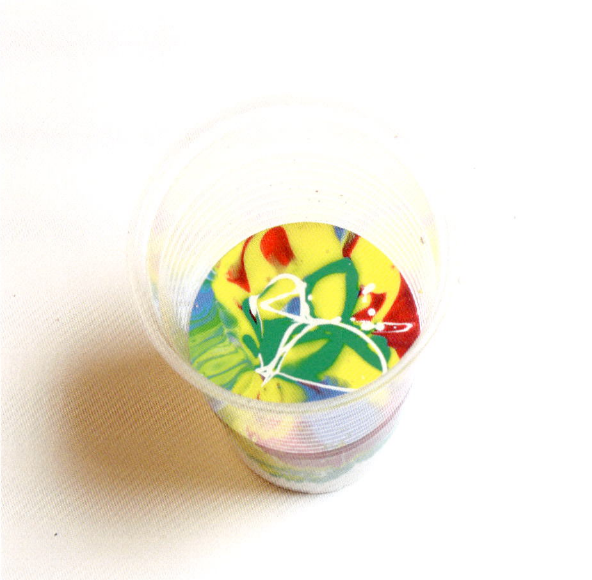

3 Ein Blick in unseren Schüttbecher zeigt, wie farbenfroh die Mischung ist.

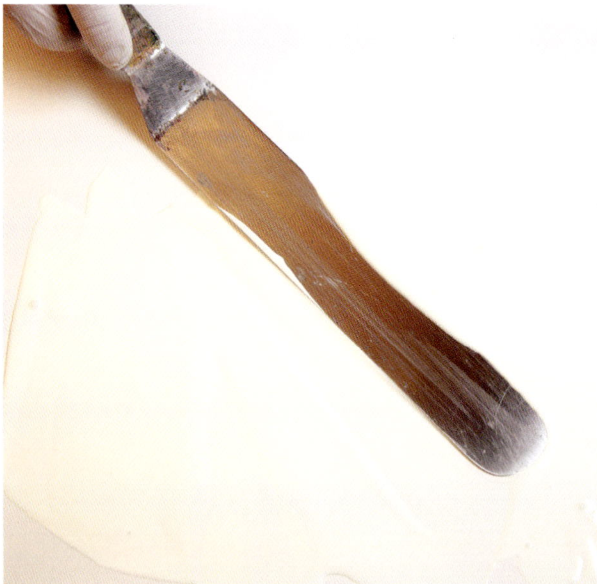

4 Während die Farben noch ruhen, tragen Sie mit einem Palettmesser eine dünne Schicht verdünntes Titanweiß auf die Leinwand auf.

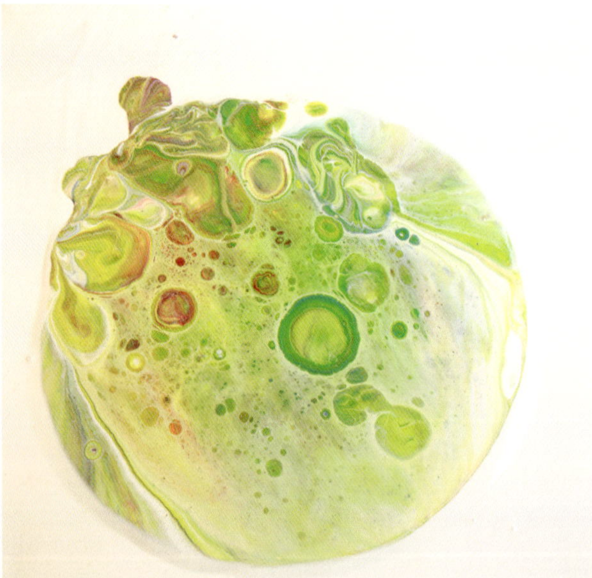

5 Mit einer schnellen Bewegung geben Sie den Inhalt des Schüttbechers genau in die Mitte der Leinwand. Durch die Zugabe des Silikonöls entstehen bereits die ersten großen Zellen.

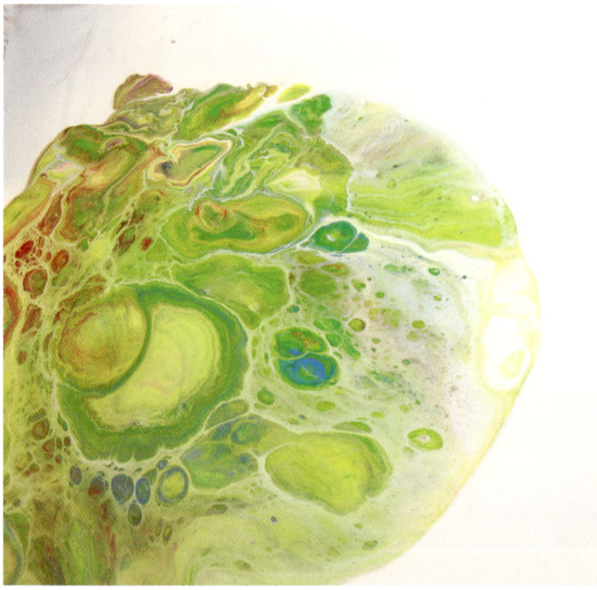

6 Nun heben Sie die Leinwand an und lassen durch Drehen und Kippen die Farbe in die gewünschte Richtung laufen. Der zuvor aufgetragene flüssige Untergrund in Titanweiß unterstützt Sie dabei.

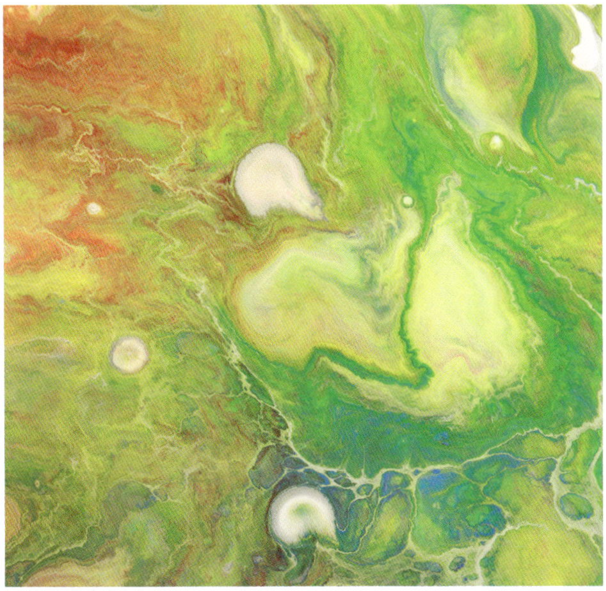

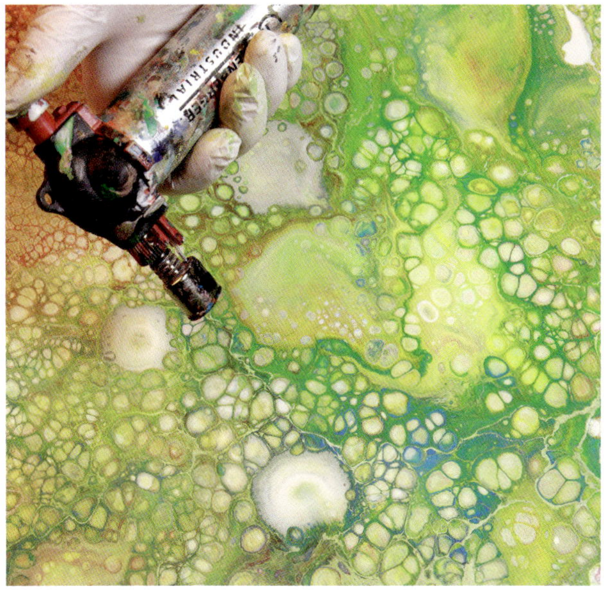

7 Nicht erschrecken, denn von den schönen großen Zellen ist fast nichts mehr übrig! Das Ganze sieht momentan wie eine Marmorierung aus.

8 Jetzt kommt der Crème-Brûlée-Brenner ins Spiel. Gehen Sie damit leicht über die Farbfläche, die Zellen öffnen sich und innerhalb von Sekunden entsteht ein kontrastreiches Spiel der Farben.

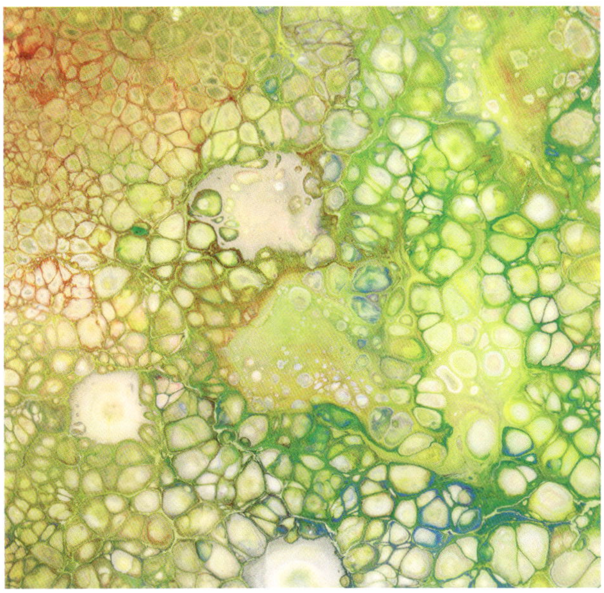

9 Auf dem fertigen, gut durchgetrockneten Bild sehen Sie, dass sich das Gelb mit dem Blau zu herrlichen, filigranen Grüntönen verbunden hat. Vom Violett-Ton ist aufgrund seines Pigmentgewichts dagegen nur noch ein zarter Hauch übrig geblieben.

ZARTES GRÜN

Unser Tipp

Wenn Sie die Innenseite der Mischbecher vor dem Einfüllen der Farbe mit Silikonspray leicht einsprühen, läuft die Farbe später noch besser aus dem Becher.

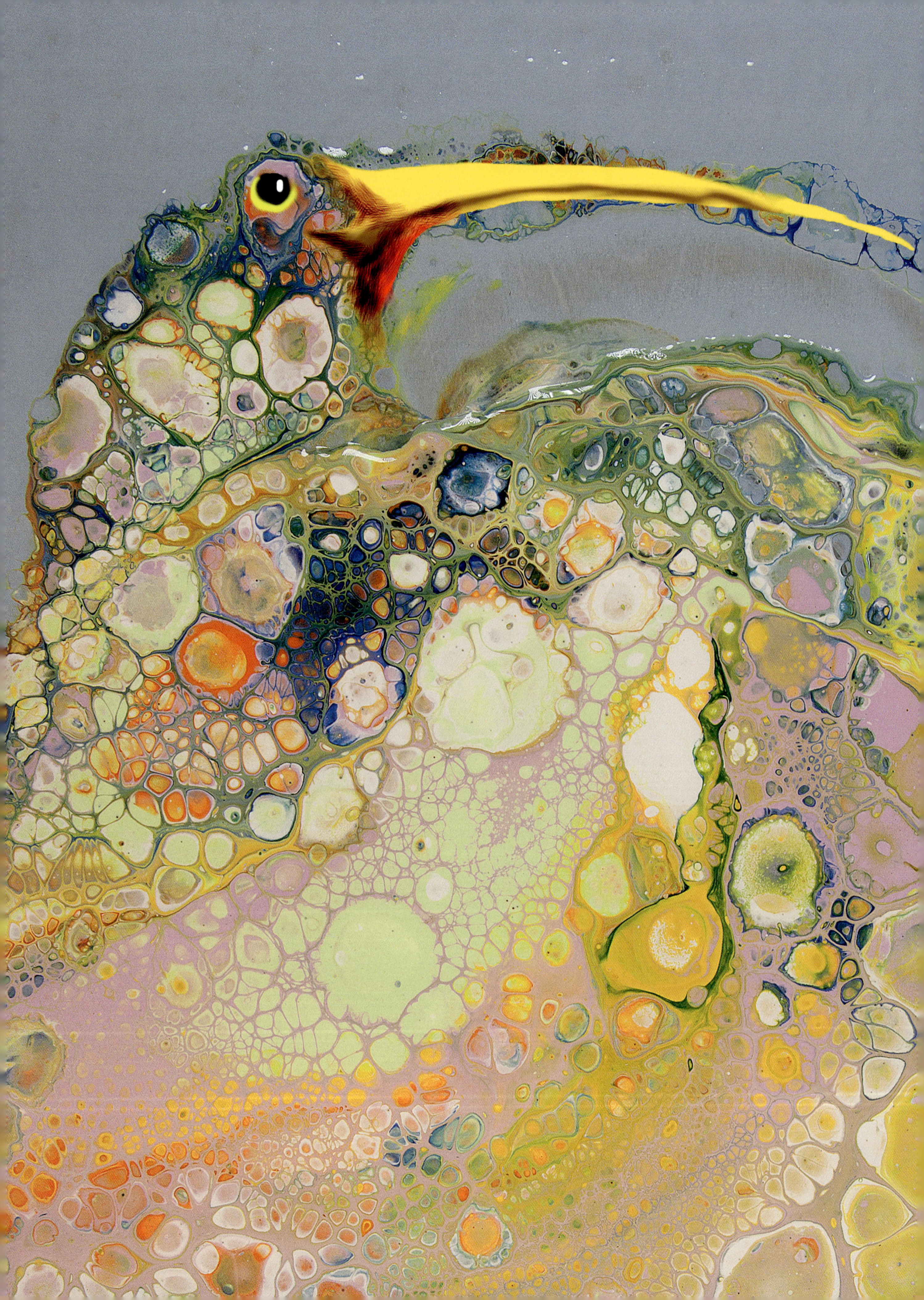

THE BIRD

Ein Pouring kann sich auch fantastisch als Grundlage für eine spätere Bearbeitung mit Farbe und Pinsel eignen. Natürlich ist alles Zufall, doch oft verstecken sich wunderschöne Motive darin wie hier dieser Vogel.

MATERIAL

Holzmaltafel 24 cm x 30 cm | Farben: Titanweiß, Indischgelb, Orange, Phthaloblau, Paynesgrau | 6 Becher | Rührhölzchen | Silikonöl | Pouring Medium | destilliertes Wasser oder Tiefgrund | Palettmesser | Crème-Brûlée-Brenner

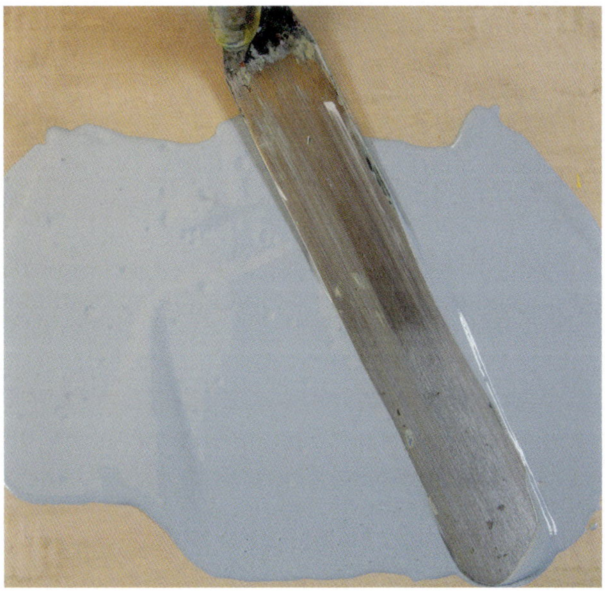

1 Für die Untermalung der Holzmaltafel in einem taubengrauen Farbton mischen Sie in einem Becher 90 % Titanweiß und 10 % Paynesgrau. Dann die Farbmischung mit Pouring Medium im Verhältnis 1:1 mischen und mit dem Palettmesser glatt auftragen.

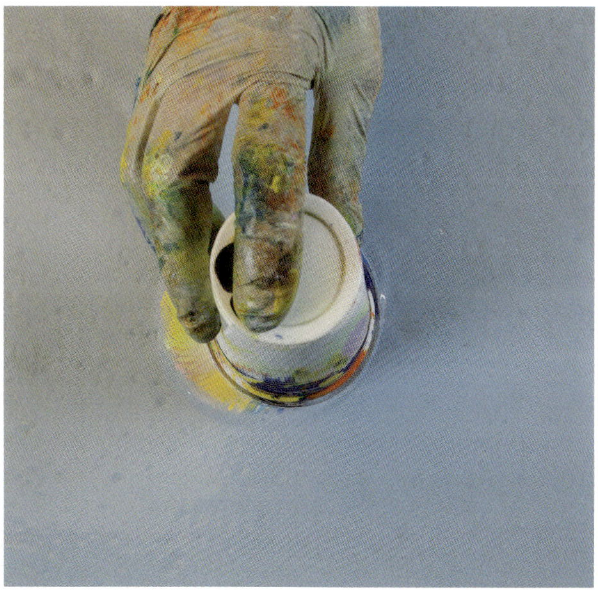

2 Für den Schüttbecher Indischgelb, Titanweiß, Orange und Phthaloblau jeweils in einem Becher vorbereiten. Dafür mischen Sie jede Farbe im Verhältnis 1:1 mit Pouring Medium und geben vorsichtig 2 bis 3 Tropfen Silikonöl dazu. Jetzt die Farben im Wechsel in den Schüttbecher füllen, den Becher umdrehen und in die Mitte der noch feuchten Holzmaltafel stellen.

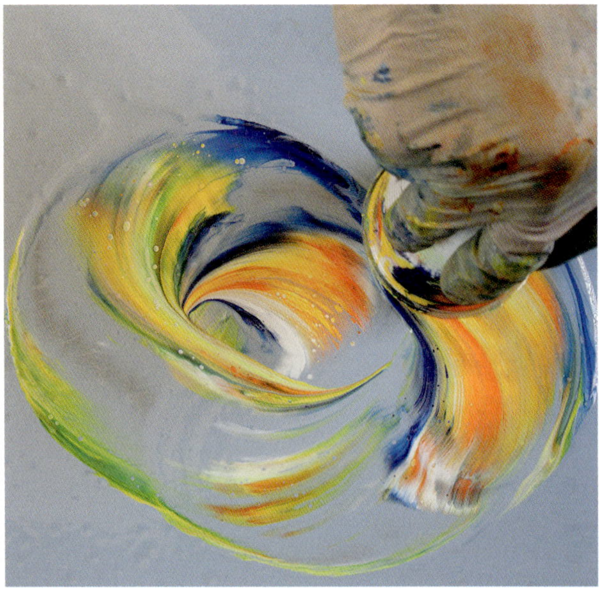

3 Ziehen Sie den Becher zart und in einer leicht kreisenden Bewegung flach über die Holzmaltafel.

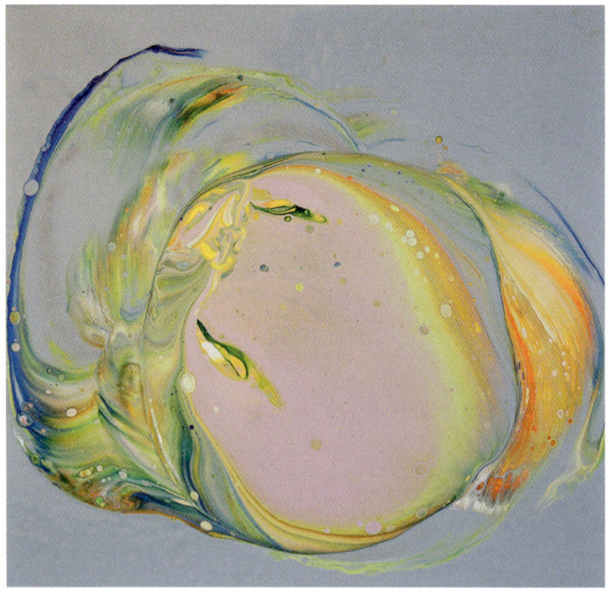

4 Führen Sie den Becher in die Mitte des Kreises zurück und heben Sie ihn dann an, damit die restliche Farbe herausströmen kann. Durch leichte Kippbewegungen können Sie die Farbe in die gewünschte Richtung lenken.

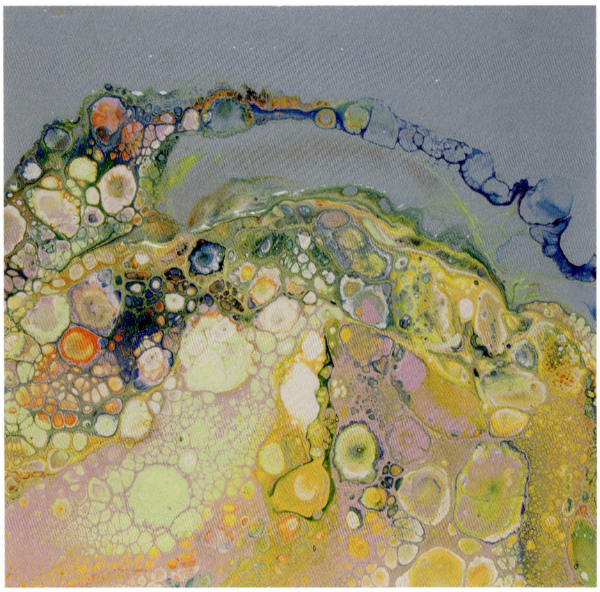

5 Nachdem Sie mit dem Crème-Brûlée-Brenner leicht darüber gegangen sind, sieht Ihr Bild ungefähr so aus.

FLIP CUP

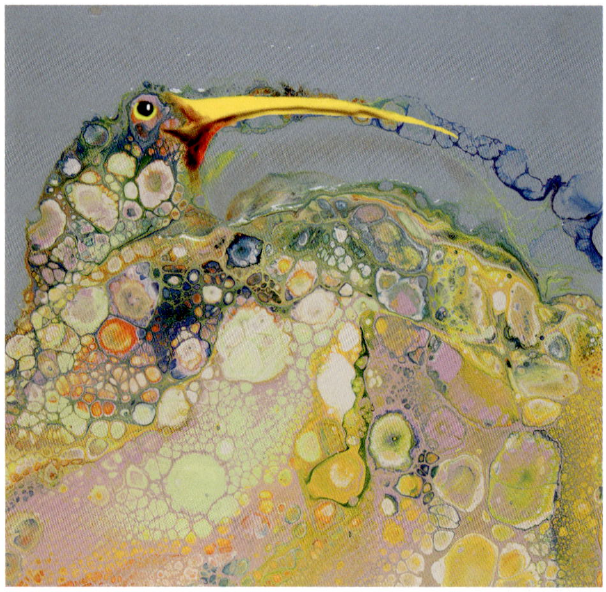

6 **Big Bird**

In unserem Bild haben wir nach dem Trocknen einen Vogel entdeckt, der neugierig über die Schulter guckt. Um Ihnen zu zeigen, was in Pourings stecken kann, haben wir dieses Motiv für Sie digital angelegt. Schauen Sie Ihre Bilder mal ganz genau an und lassen Sie Ihrer Fantasie freien Lauf. Sie entdecken bestimmt neue Motive darin!

FARB EXPLOSION

Bei einem Flip Cup mit mehreren Farben ist es wichtig, sowohl lasierende als auch deckende Farben zu wählen.

MATERIAL

Leinwand 24 cm x 30 cm | Farben: Titanweiß, Indischgelb, Gelbgrün, Orange, Phthaloblau, Karminrot | 7 Becher | Rührhölzchen | Silikonöl | Pouring Medium | destilliertes Wasser oder Tiefgrund | Palettmesser | Crème-Brûlée-Brenner

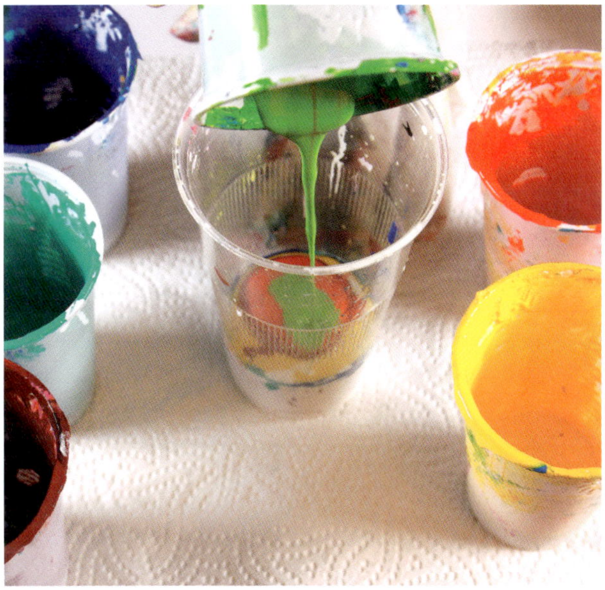

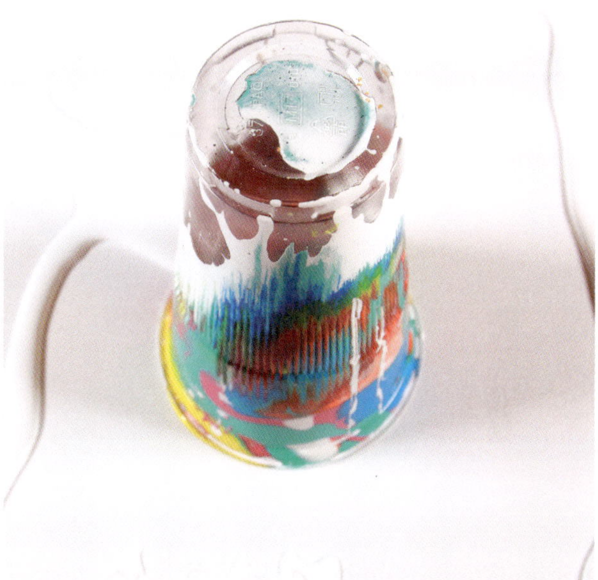

1 Hier sehen Sie unsere aufgereihten und für diesen Flip Cup ausgewählten Farben in den einzelnen Bechern. Vergessen Sie nicht, den einzelnen Farben Silikonöl hinzuzufügen und dieses vorsichtig unterzuziehen, ausgenommen ist auch hier wieder das Titanweiß. Beim Einfüllen der einzelnen Farben in den Schüttbecher achten Sie darauf, dass zuerst die silikonfreie Weißmischung den Becherboden gut bedeckt. Darauf folgen im Wechsel die einzelnen Farbtöne. Wählen Sie die Mischung so, dass kein schmutzig wirkender Endton auf der Leinwand entsteht. Schauen Sie sich unsere Farbmischung im Bild an, Sie werden erstaunt sein, was später aus diesen Farben auf der Leinwand entsteht.

2 Auch hier wird der Becher nach dem Füllen mit den gewünschten Farbtönen umgedreht auf der Leinwand abgestellt. Damit die Farben besser über die Leinwand gleiten, haben wir von unserem restlichen Titanweiß, das wir in größeren Mengen angemischt haben, einen dicken Streifen an die Kanten der Leinwand geschüttet. In dieser Stellung lassen Sie den Becher 1 bis 2 Minuten ruhen.

Unser Tipp

Es ist nicht immer von Vorteil, Blau und Gelb hintereinander in den Becher zu füllen, da sonst später auf der Leinwand schnell ein Grünton entsteht.

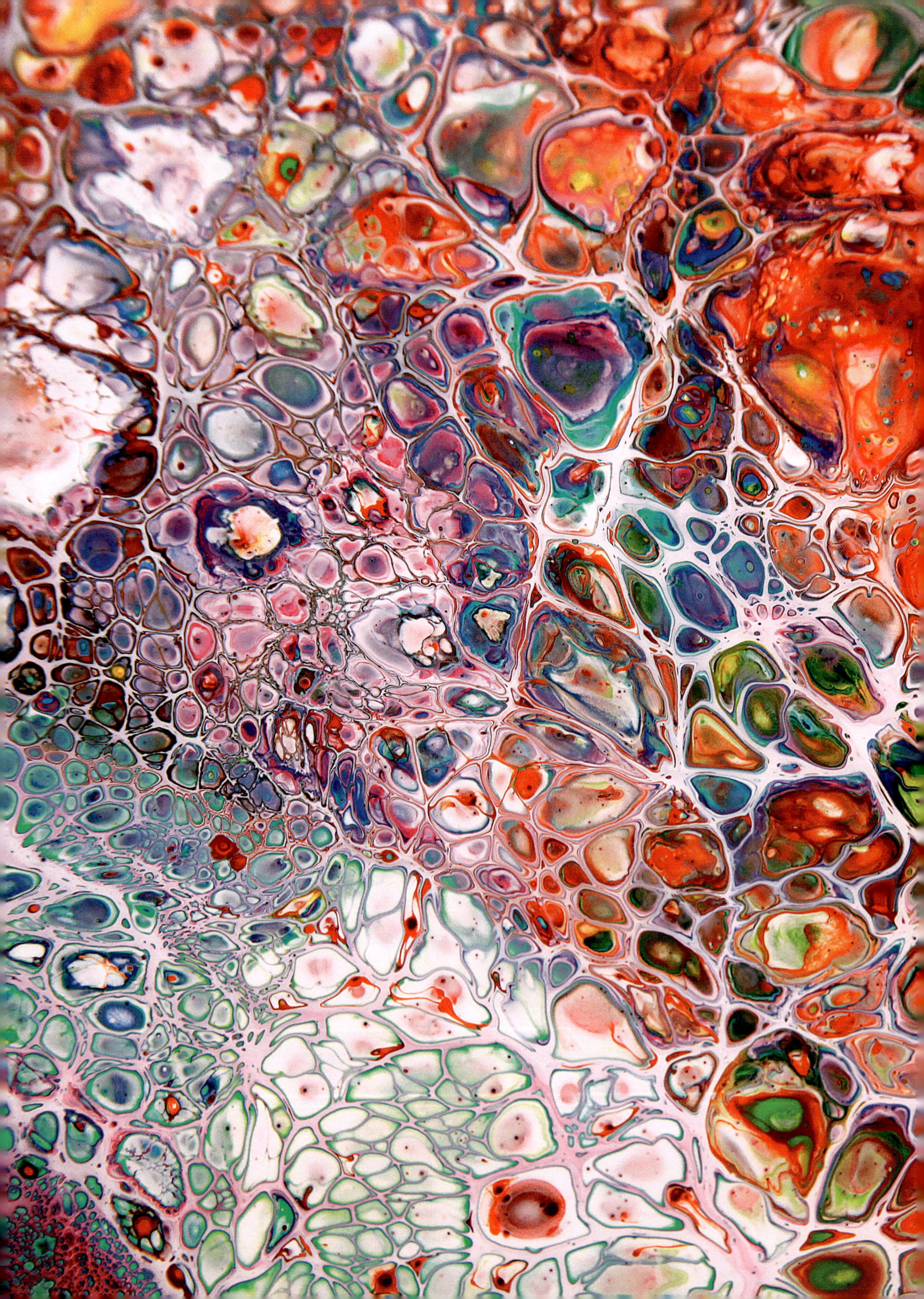

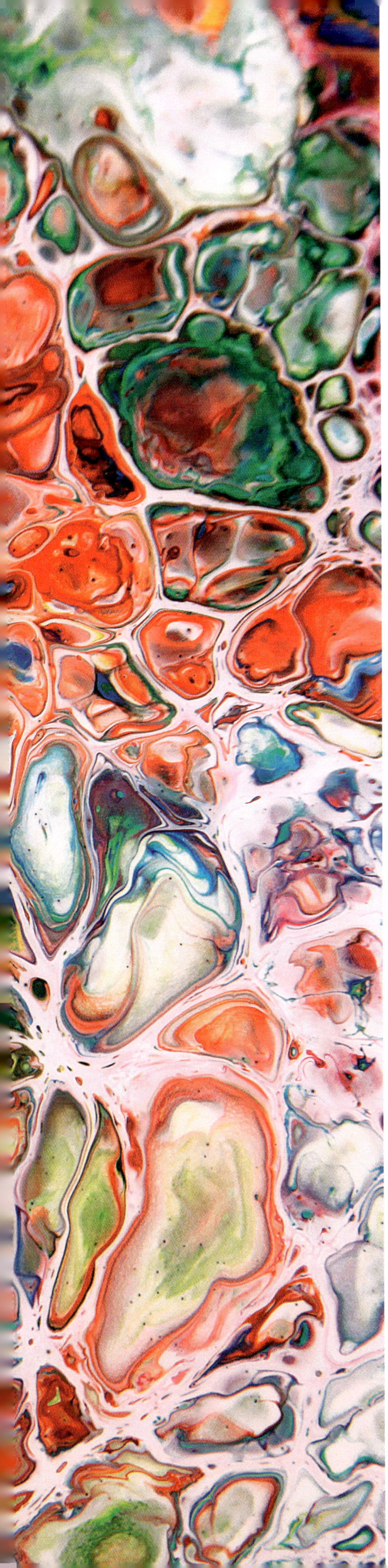

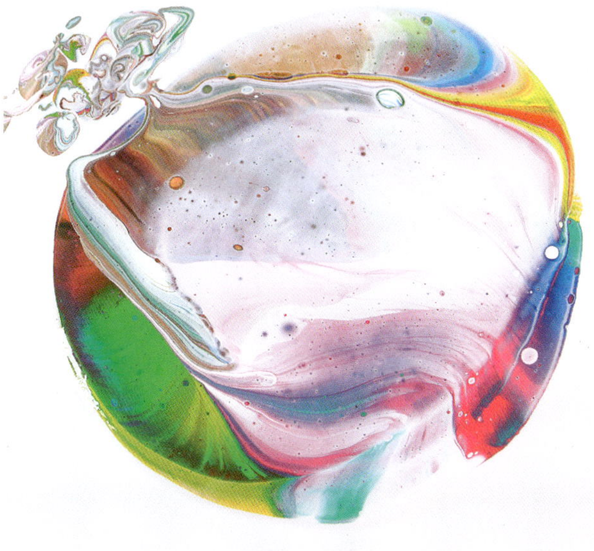

3 Inzwischen hatte die Farbe genügend Zeit, nach unten zu laufen, und Sie können schwungvoll den umgedrehten Becher nach oben wegziehen. Erschrecken Sie nicht über das, was Sie jetzt sehen, denn die Farbe in Verbindung mit dem Silikonöl reagiert erst nach einigen Minuten.

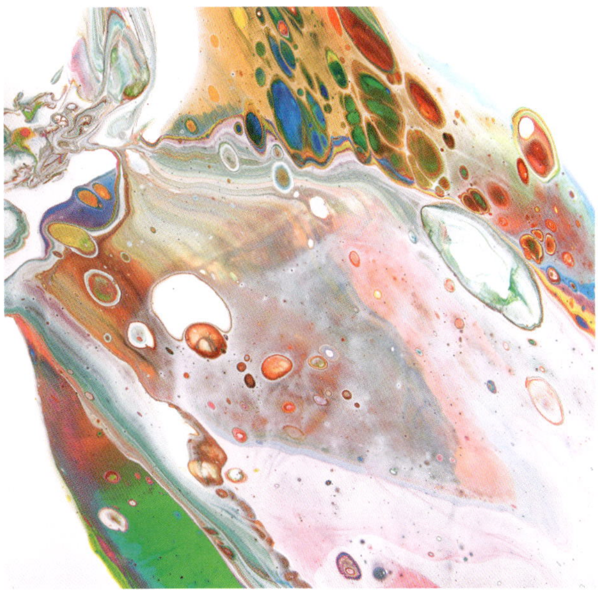

4 Nun können Sie die Leinwand anheben und vorsichtig in verschiedene Richtungen leicht wegkippen, so dass Ihr Farbmix über das Titanweiß wie auf einem Gleitfilm auf der Leinwand hinweg gleitet. Sie sehen, wie sich schon die ersten großen Farbzellen auf der Leinwand ausdehnen. Beim Kippen sollten Sie darauf achten, dass genau diese Kugeln nicht zu stark gestaucht oder gezogen werden.

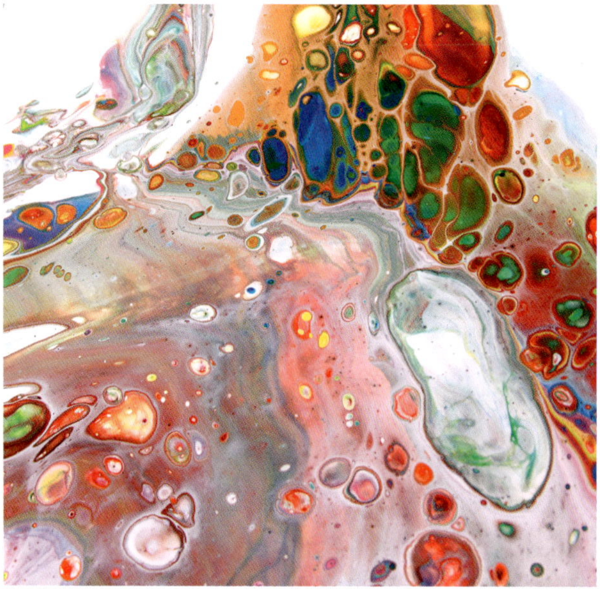

5 Nachdem Sie die Farbe so in Form gebracht haben, lassen Sie die Leinwand nun ganz eben liegen, damit sich das Farbspiel in Ruhe selbst weiterentwickeln kann.

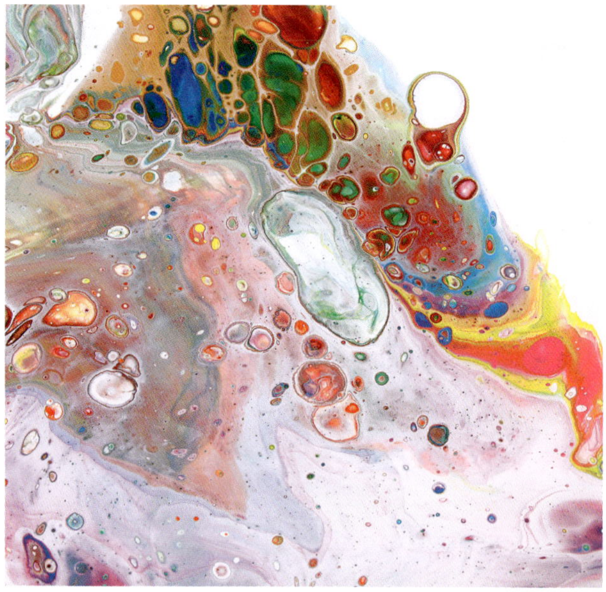

6 Vergleichen Sie mal das fünfte Schrittbild mit diesem. Dazwischen liegen nur ein paar Minuten, aber Sie sehen, dass manche Farbtöne im Bild fast verschwunden sind und dafür andere auftauchen. Wenn Sie Ihre Leinwand ruhen lassen, können Sie die Veränderung der Oberfläche fast im Minutentakt wahrnehmen.

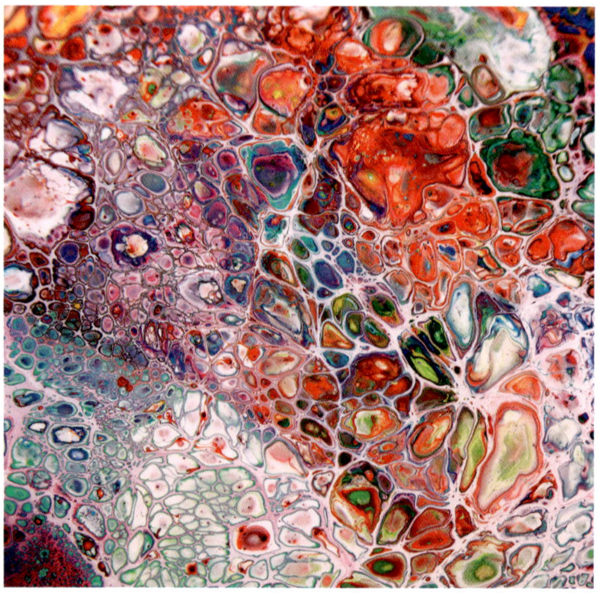

7 Sie täuschen sich nicht! Dies ist das Ergebnis nach 10 Minuten Ruhephase, die Farbtöne haben sich ihren Weg gesucht, Zellen gebildet und feine Netze gesponnen. Und falls Sie mit dem Ergebnis immer noch nicht ganz zufrieden sind, gehen Sie einfach mit dem bewährten Crème-Brûlée-Brenner darüber.

FLIP CUP

Unser Tipp

Da Gelbtöne meistens lasierend sind, neigen sie beim Zusammenspiel mit Blau zu einem Grünton. Daher geben wir den Gelbtönen beim Anmischen immer ein wenig Titanweiß hinzu.

DER SUPER-COLOR FLIP CUP

Nun treiben wir es richtig bunt. Unser farbenfroher Flip Cup beinhaltet nicht weniger als 10 unterschiedliche Farben, die wir in unterschiedlichen Mengen anmischen. Denn oft brauchen wir von den dunklen Tönen weniger aufgrund ihrer starken Präsenz auf dem Bild. Achten Sie darauf, dass Sie verstärkt leuchtende und helle Farben einsetzen, da bei der Vielfalt der Farben die Gefahr besteht, dass Ihr Bild am Ende schmutzig wirkt. Mit unseren Tipps schaffen Sie ein Feuerwerk der Farben!

MATERIAL

Leinwand 30 cm x 30 cm | Farben: Titanweiß, Indischgelb, Kadmiumgelb, Orange, Kadmiumrot, Pink, Violett, Königsblau, Phthaloblau, Phthalogrün, Gelbgrün | 12 Becher | Rührhölzchen | Silikonöl | Pouring Medium | destilliertes Wasser oder Tiefgrund | Palettmesser | Crème-Brûlée-Brenner

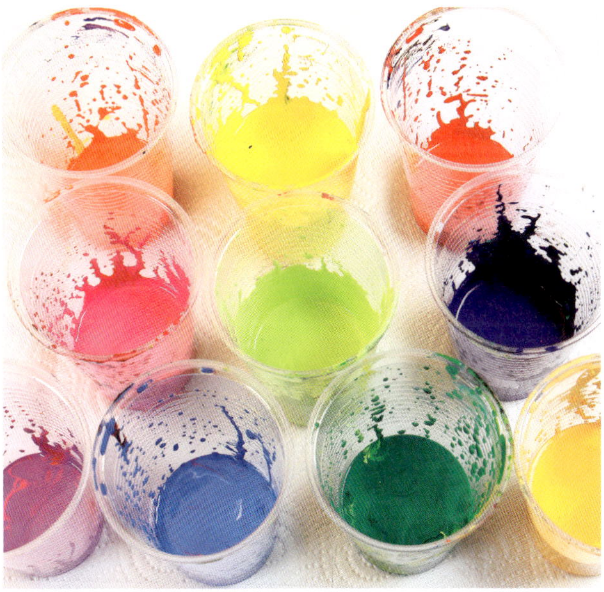

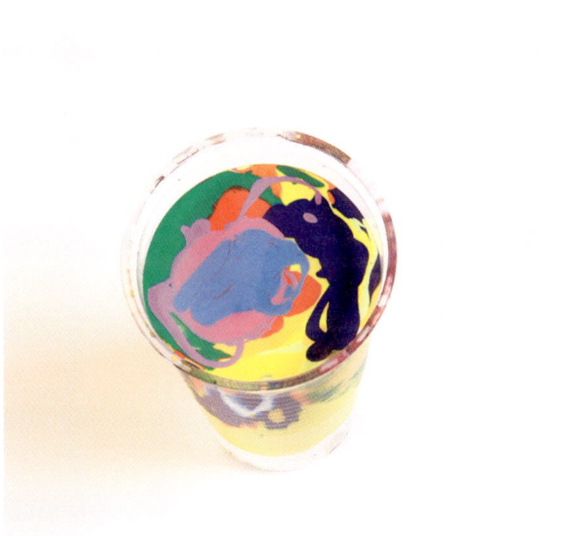

1 Wie üblich mischen Sie zuerst jede Farbe einzeln in einem Becher mit Pouring Medium im Verhältnis 1:1 an. Hier können Sie sehen, dass wir von den leuchtenden Bunttönen etwas mehr angemischt haben. Damit die Farben unterschiedliche Zellen bilden, können Sie bei diesem Bild mit der Zugabe des Silikonöls variieren.

2 Geben Sie die vorbereiteten Farben im Wechsel vorsichtig in einen leeren Becher. Lassen Sie den Schüttbecher nach dem Füllen ruhig 1 bis 2 Minuten stehen, damit sich das Silikonöl gut verteilen kann.

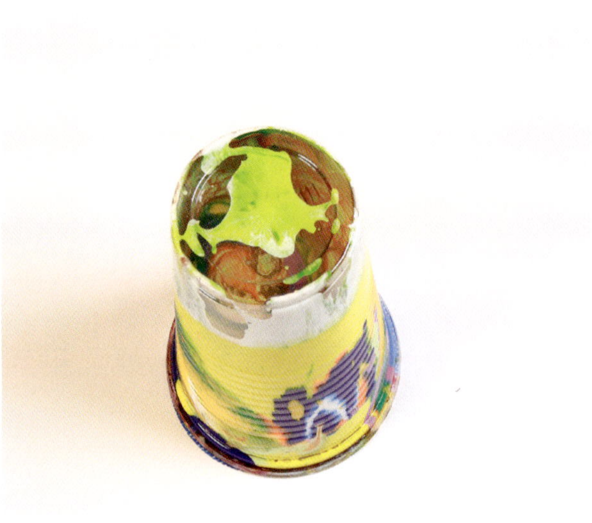

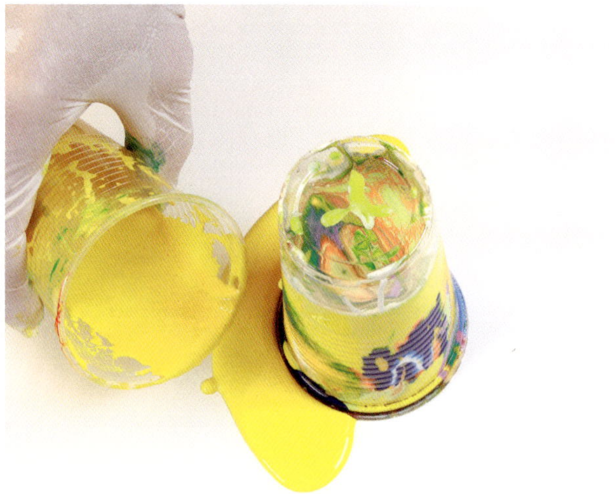

3 Jetzt stülpen Sie den Becher auf die nicht grundierte Leinwand. Aufgrund der großen Farbmenge ist diesmal kein Gleitfilm erforderlich.

4 Falls Sie noch angemischte Farben übrig haben, können Sie diese um den Becher herumgießen.

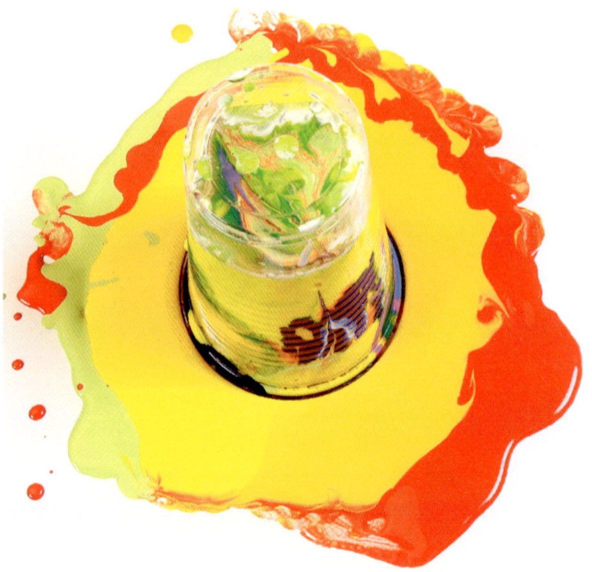

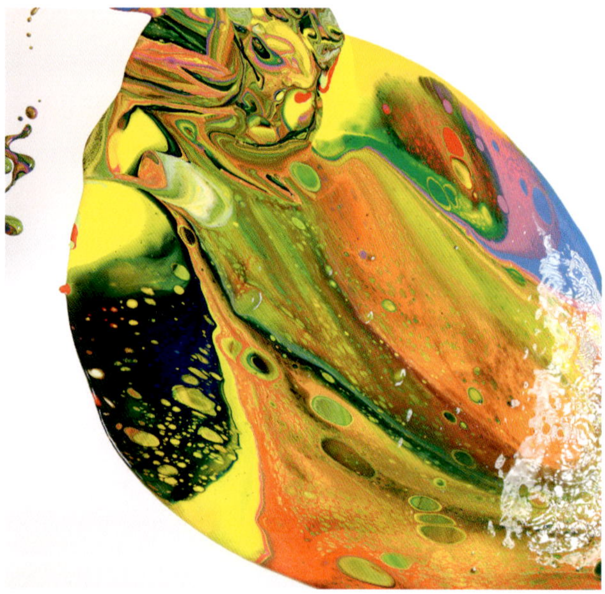

5 Bei uns waren einige Farben in den Mischbechern übrig. Sie dienen nun als Gleitfilm für die Farbe.

6 Dieses Mal ziehen Sie den Becher nicht senkrecht nach oben ab, sondern führen ihn wie abgebildet quer über die Leinwand. Dabei lassen Sie die Farben vorsichtig aus dem Becher fließen. Das Bild bekommt dadurch eine ganz andere Dynamik als beim senkrechten Hochziehen.

FLIP CUP

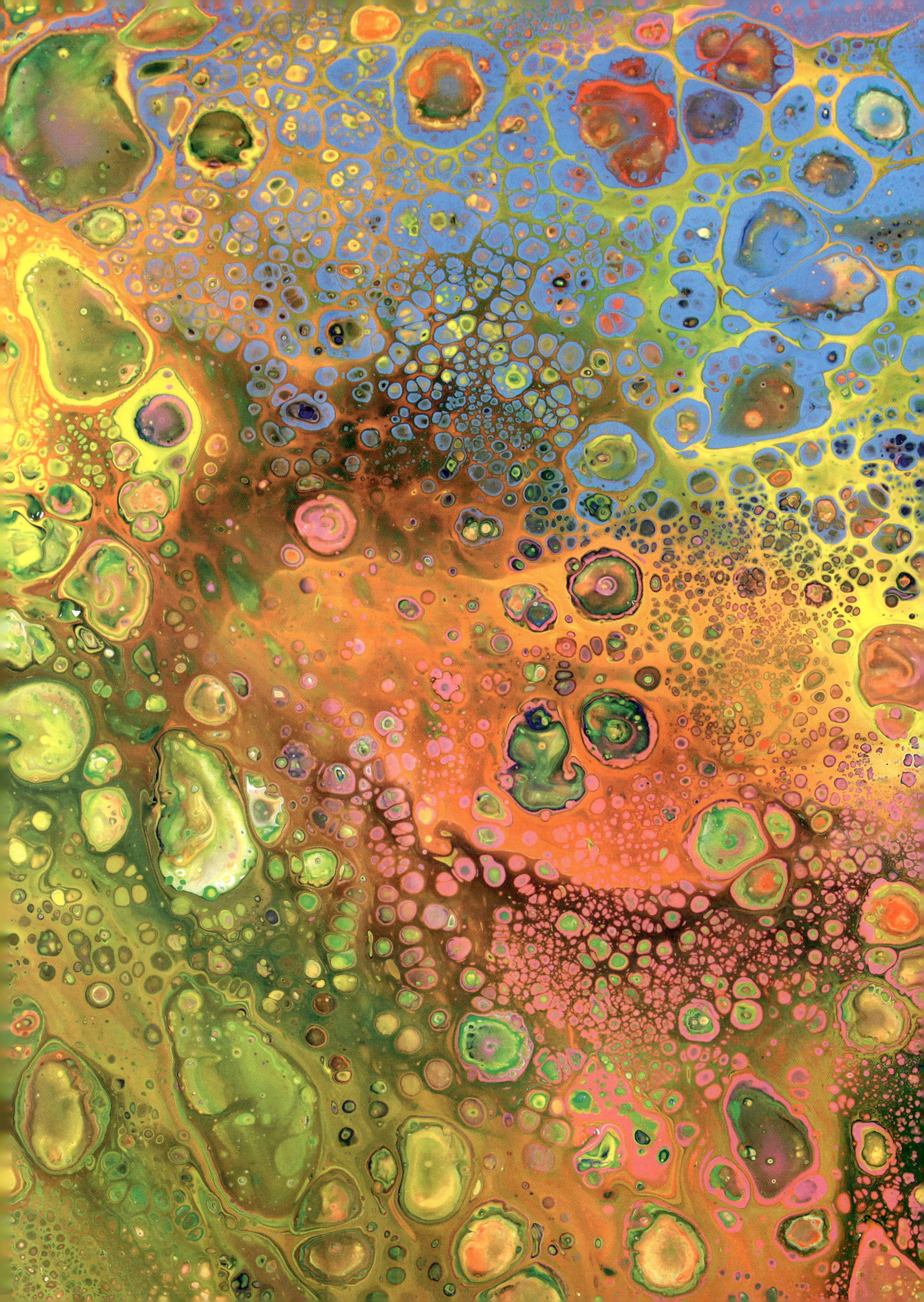

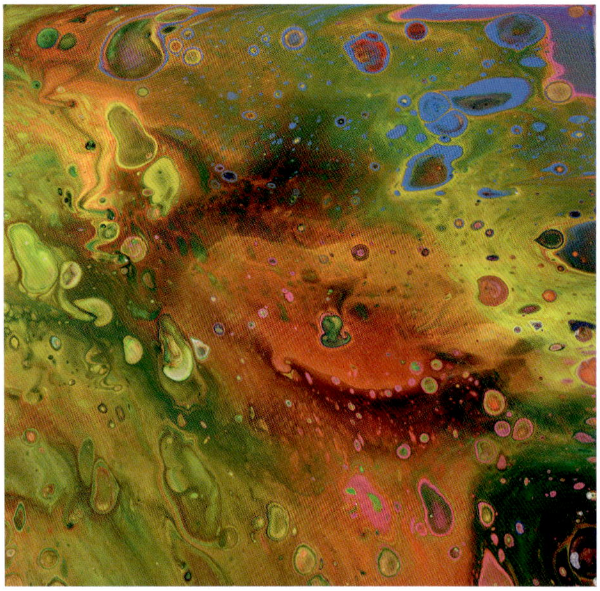

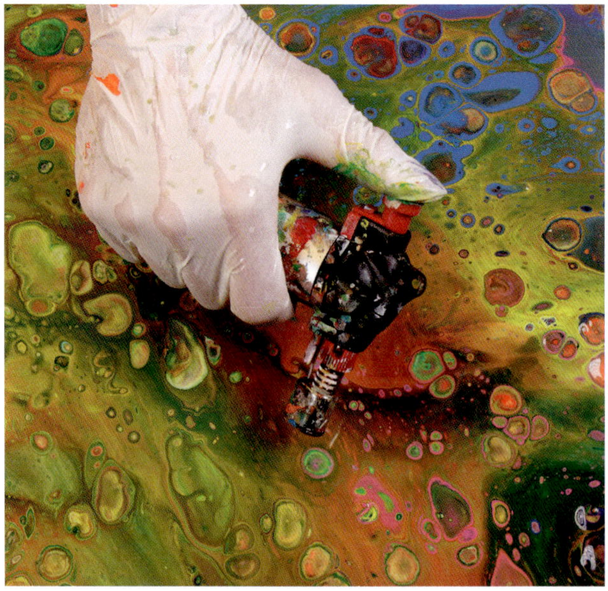

7 Hier kann man gut erkennen, wie sich erste Zellstrukturen bilden.

8 Mit dem Crème-Brûlée-Brenner geben Sie dem Bild den letzten Schliff. Die Flamme erhitzt das in der Farbe oder an der Oberfläche stehende Silikonöl so stark, dass kreisförmige Gebilde entstehen. Achten Sie darauf, dass Sie mit nicht zu großer Hitze arbeiten, da sich die Zellen sonst schnell auflösen oder aufreißen können. Und geben Sie den Farben etwas Zeit, um zu reagieren.

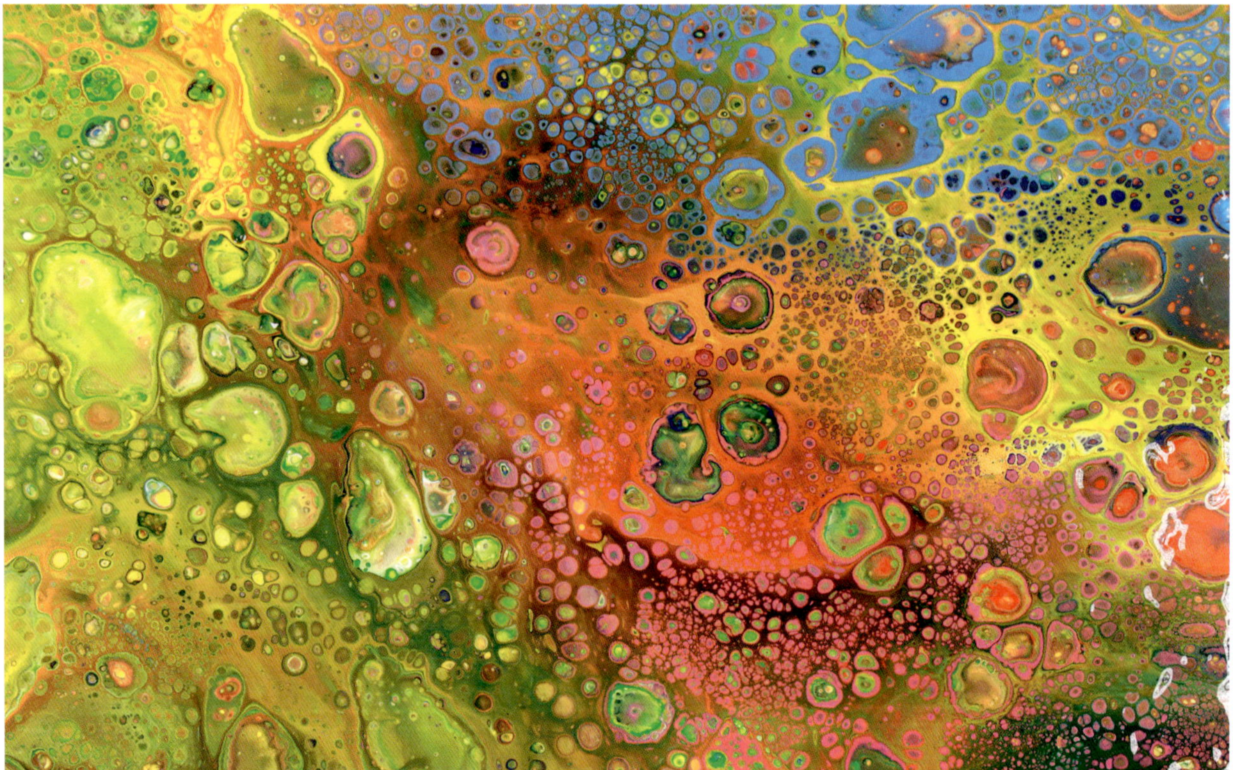

9 Geschafft! Viele kleine und große runde Kugeln, ovale Formen sowie netzartige Strukturen sind entstanden und laden Sie zu einer Reise in eine Welt am Rande unserer Galaxie ein.

TRIPLE

Dieser Flip Cup eignet sich auch für größere Malgründe, da Sie hier mit der dreifachen Farbmenge arbeiten. Sie werden erstaunt sein, welche Ergebnisse Sie mit dieser Technik in kürzester Zeit erzielen können! Aber Achtung: Große Farbmengen sind für Ungeübte nicht so leicht in den Griff zu bekommen und wirken dann oft schmutzig. Beginnen Sie daher Ihre Experimente mit einigen wenigen Farben.

MATERIAL

Leinwand 30 cm x 30 cm | Farben: Titanweiß, Indischgelb, Kadmiumgelb, Orange, Kadmiumrot, Pink, Violett, Gelbgrün, Königsblau, Phthaloblau, Phthalogrün, Schwarz | 15 Becher | Rührhölzchen | Silikonöl | Pouring Medium | destilliertes Wasser oder Tiefgrund | Palettmesser

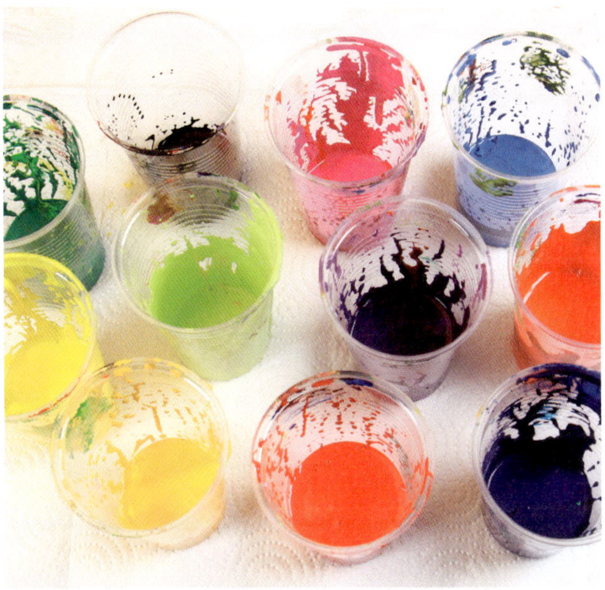

1 Sie beginnen mit der Vorbereitung der Farben für die Grundierung (eine Mischung aus Titanweiß und wenig Indischgelb sowie 50 % Pouring Medium) sowie der 11 Buntfarben. Wie üblich mischen Sie die Buntfarben einzeln mit Pouring Medium im Verhältnis 1:1 an und geben jeweils ein paar Tropfen Silikonöl dazu. Hier sehen Sie die angerührten Farben, die nur darauf warten, auf der Leinwand ein farbenfrohes Bild zu ergeben.

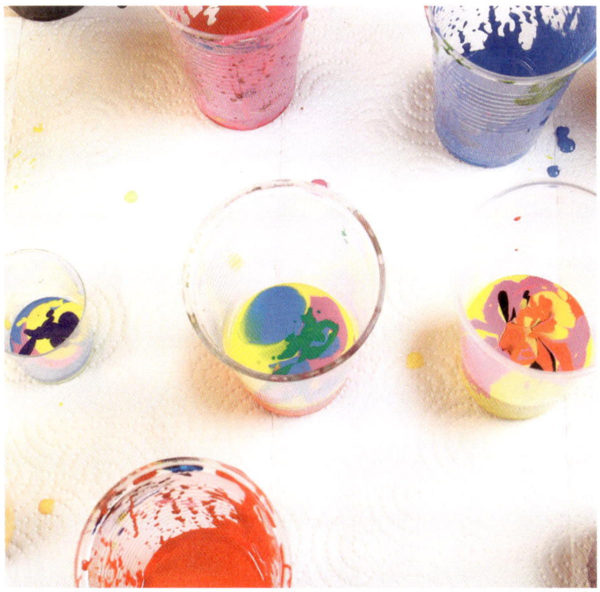

2 Sie füllen nun in drei leere Becher die Buntfarben in unterschiedlicher Reihenfolge ein.

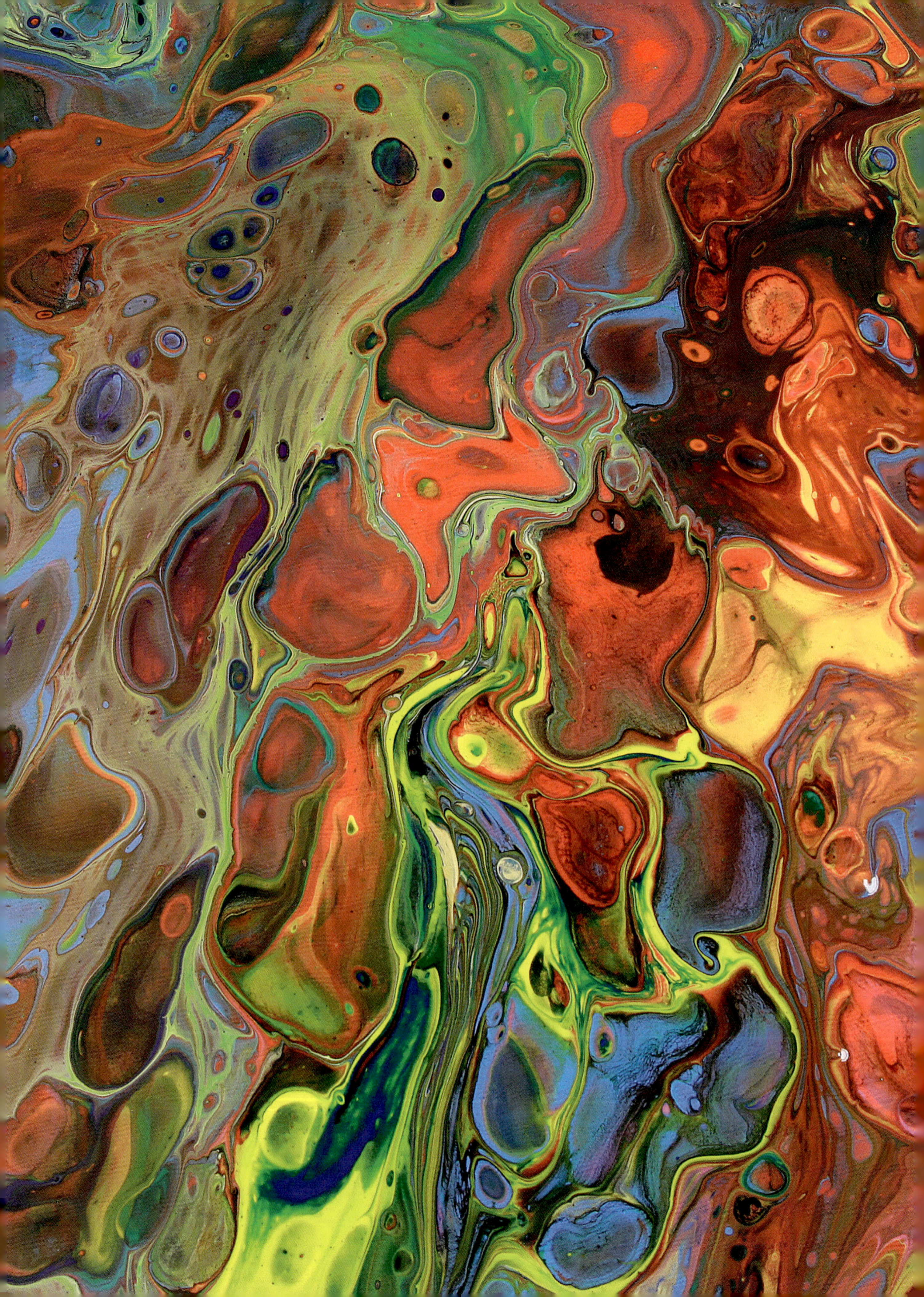

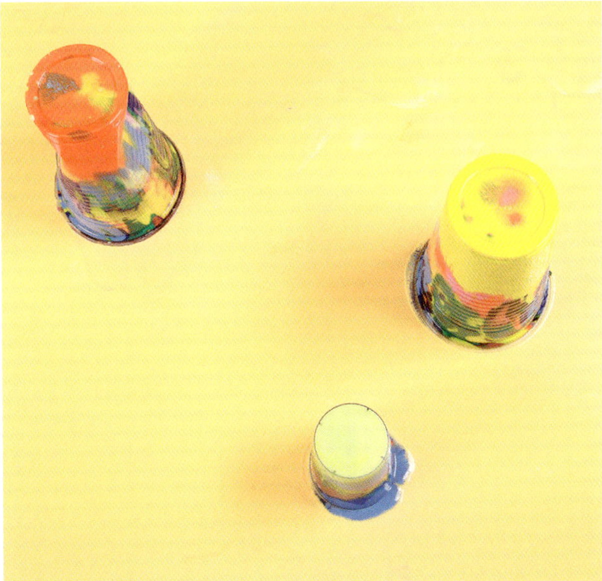

3 Nachdem Sie die Leinwand mit dem Palettmesser grundiert haben, stülpen Sie die drei Schüttbecher darauf.

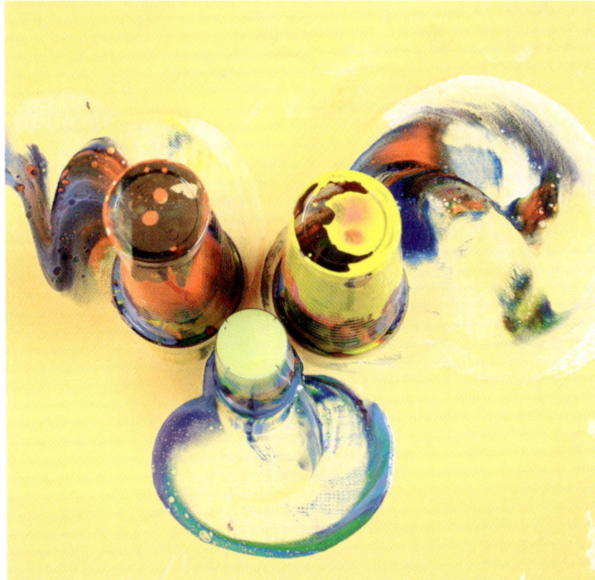

4 Mit ein paar Bewegungen ziehen Sie die Becher über den noch feuchten Farbfilm der Grundierung bis zur gewünschten Endposition.

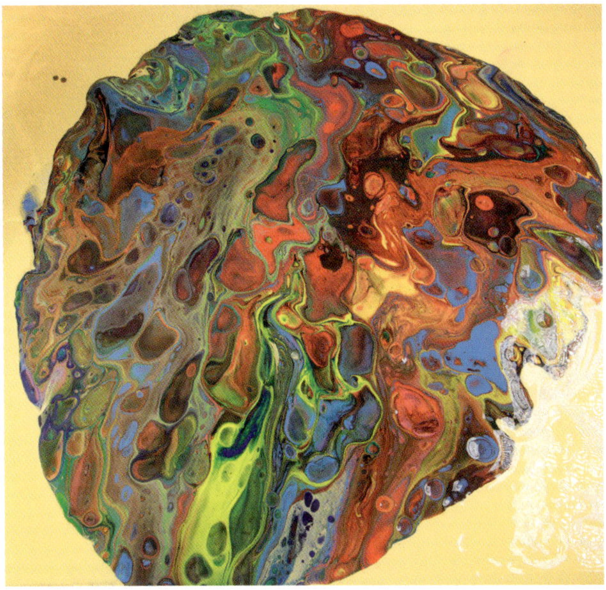

5 Zum Schluss ziehen Sie die drei Becher ab und erfreuen sich an diesem prachtvollen Gebilde aus großen Zellen und farbigen Schlieren.

FLIP CUP

DIRT CUP

Wie schon der Name sagt, wird es nun dreckig, aber nur im sprichwörtlichen Sinn. Der Begriff „dirt" bezieht sich nur auf das zusätzliche vorsichtige Umrühren der Farbmischung im Schüttbecher. Die Arbeitsweise beim Dirt Cup ist fast identisch mit dem Flip Cup. Aber mit dieser Technik erreichen Sie nicht nur mehr Tiefenstruktur in Ihren Bildern, sie sorgt sogar für noch mehr Farbenfreude. Und das Spannende daran: das Ergebnis ist fast nicht vorhersehbar!

Das Video zum Thema Dirt Cup finden Sie in der Digitalen Bibliothek.

DIE GROSSE WELLE

Wenn Sie emotional an ein Bild herangehen möchten, dann ist diese Technik für Sie genau richtig! Beim Dirt Cup schütten Sie die Farbe schwungvoll auf die Leinwand. Die Farbtöne und die richtige Reihenfolge sollten Sie sich allerdings vorher überlegen. Faustregel: die Farbe, die Sie als erste in den Schüttbecher einfüllen, ist beim Schütten die letzte, die herausfließt! Daher beginnen Sie vorzugsweise mit den helleren und leuchtenden Tönen beim Befüllen des Bechers.

MATERIAL

Leinwand 30 cm x 30 cm | Farben: Titanweiß, Indischgelb, Kadmiumgelb, Pink, Phthaloblau, Phthalogrün | 7 Becher | Rührhölzchen | Silikonöl | Acryllack | destilliertes Wasser oder Tiefgrund | Palettmesser | Crème-Brûlée-Brenner

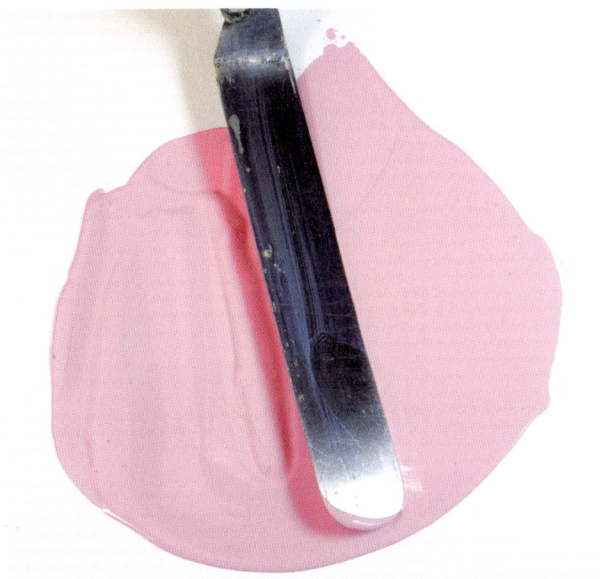

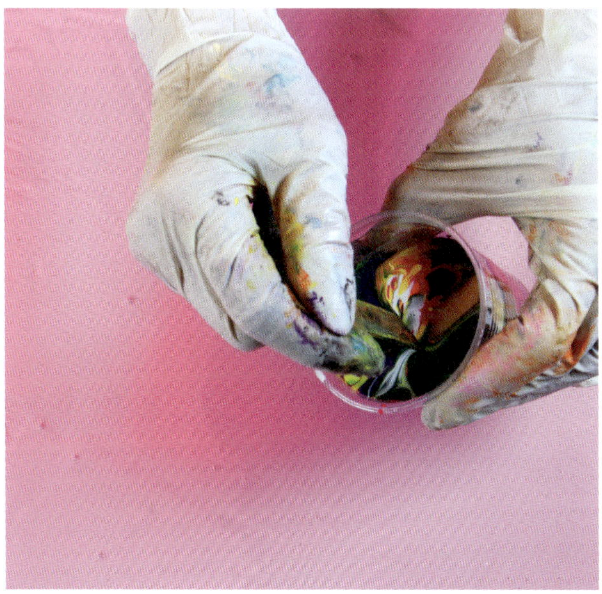

1 Diese Farbe heißt bei uns liebevoll „Mädchenfarbe". Auf dem pinkfarbenen Hintergrund kommen die Kontraste besonders schön zur Geltung, wie Sie beim fertigen Bild sehen können. Für die Grundierung verwenden Sie eine Mischung aus Acryllack und Pink im Verhältnis 1:1, die Sie mit Tiefgrund oder destilliertem Wasser großzügig verdünnt haben.

2 Die Farben wie üblich einzeln anmischen und im Wechsel in den Schüttbecher gießen. Dabei achten Sie darauf, dass Sie mit den hellen und leuchtenden Farben beginnen. Und jetzt wird es „dreckig", denn Sie ziehen das Rührhölzchen vorsichtig 1- bis 2-mal kreuzförmig durch die Farbmischung im Becher. Diesem Vorgang verdankt die Dirt Cup-Technik ihren Namen. Achtung: Beim Verziehen dürfen Sie keinesfalls die Farben komplett vermischen!

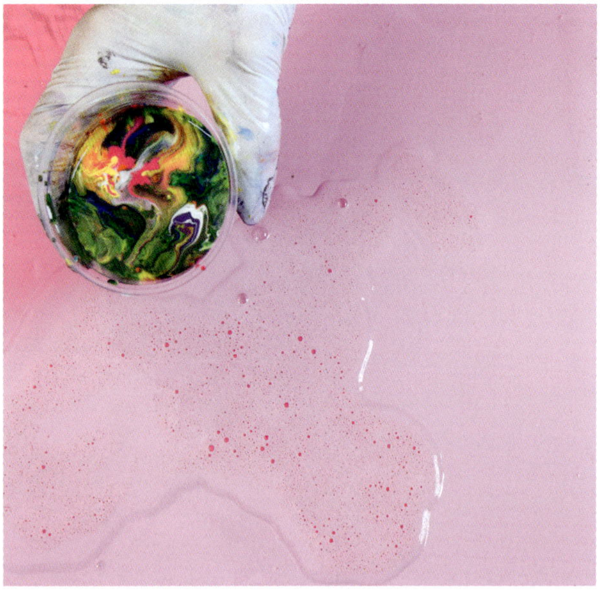

3 Und so sieht es nun in Ihrem Becher aus! Sie können außerdem erkennen, wie dünnflüssig die Grundierung der Leinwand sein sollte.

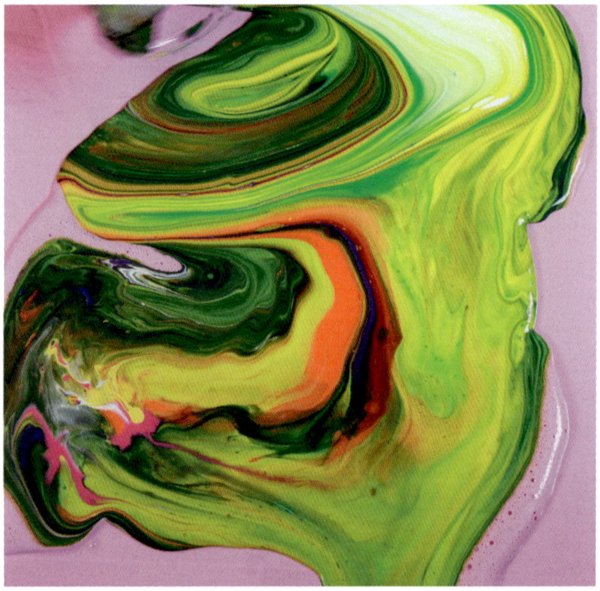

4 In einer Wellenbewegung schütten Sie beherzt den Inhalt des Bechers über die feuchte Leinwand, so dass die etwas dickere geschüttete Farbmischung die Grundierung wie ein Schiff die Bugwelle vor sich herschiebt. Durch leichtes Kippen der Leinwand können Sie die Farbmischung in die gewünschte Richtung lenken.

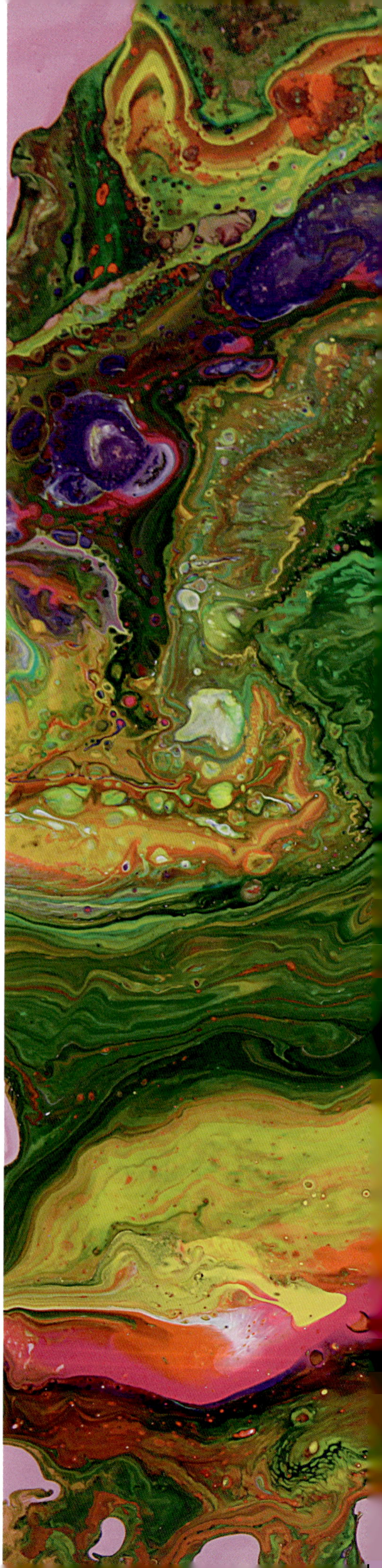

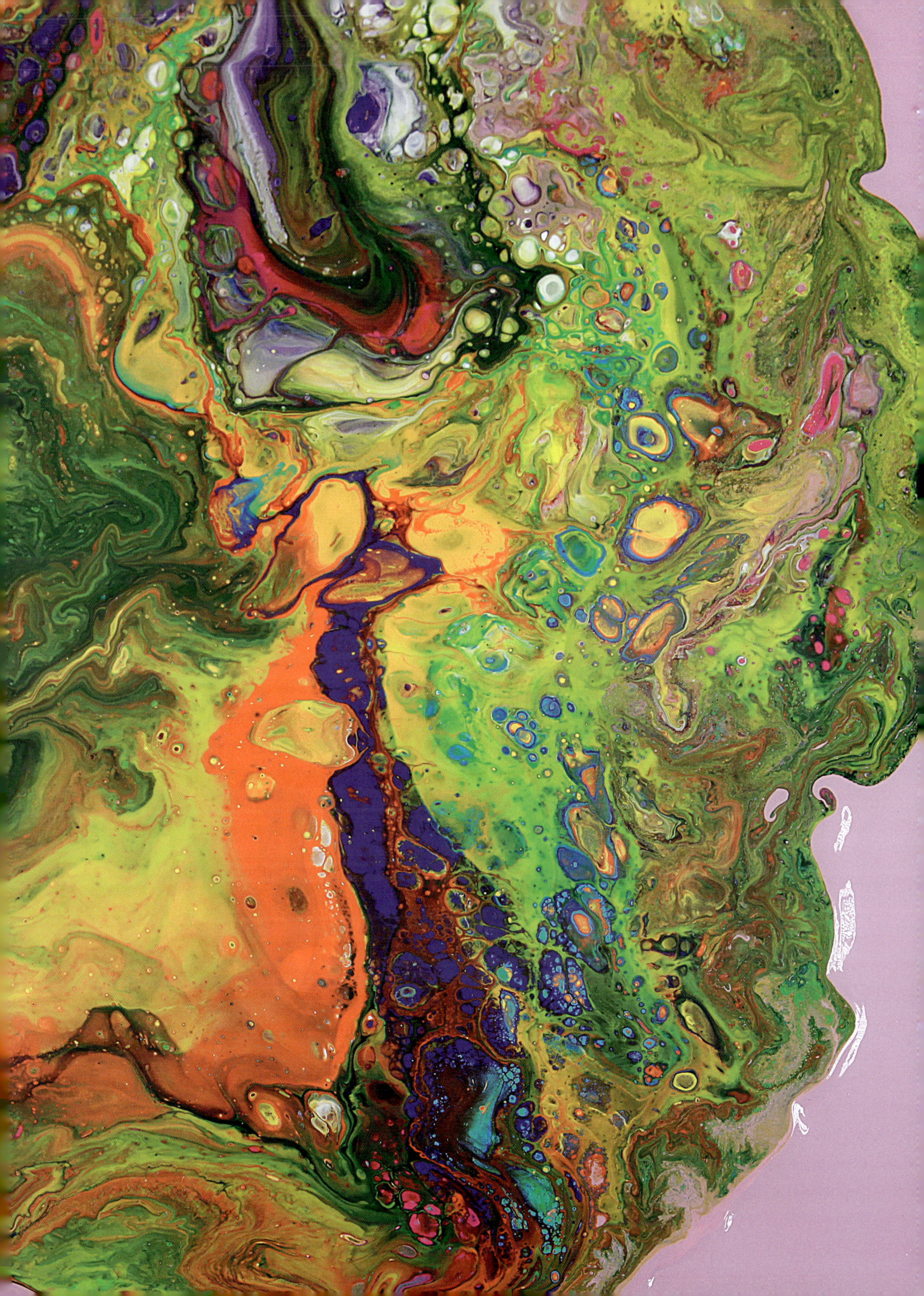

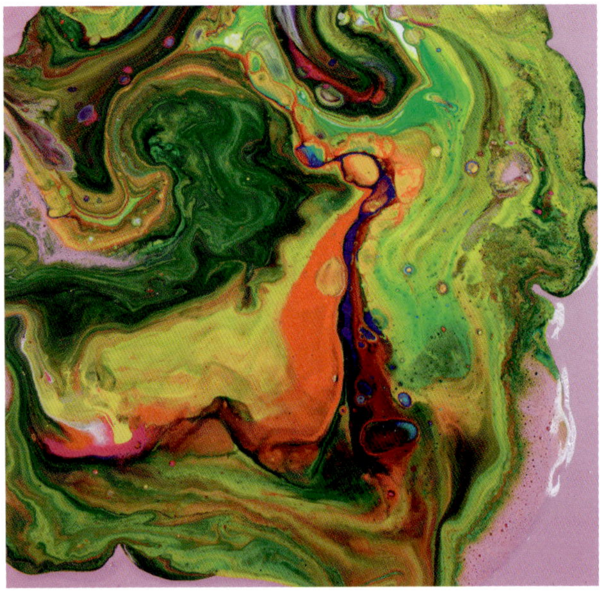

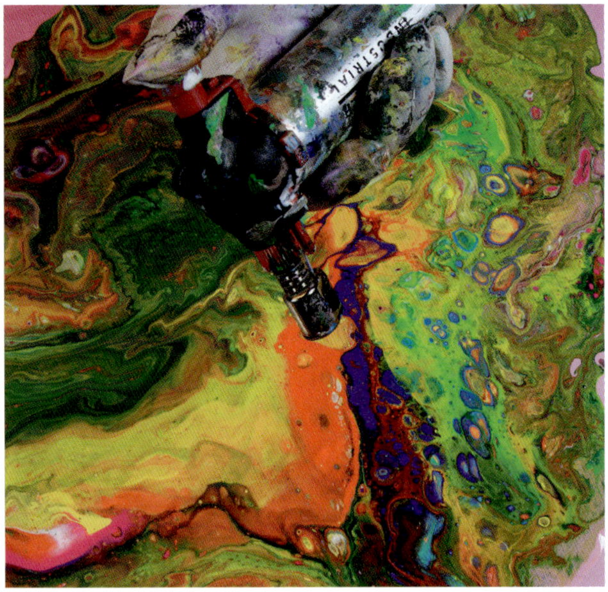

5 Aufgrund der sehr stark verdünnten Grundierung kommt es in diesem Fall eher zu einem Farbfluss mit einigen verteilten Zellen und nicht wie bei den vorangegangenen Arbeiten zu einer extremen Zellbildung. Aber keine Sorge, das ändern wir im nächsten Schritt.

6 Damit das Bild lebendiger wird, flammen Sie die Oberfläche ganz kurz mit dem Crème-Brûlée-Brenner ab. Dadurch bilden sich weitere dekorative Zellen.

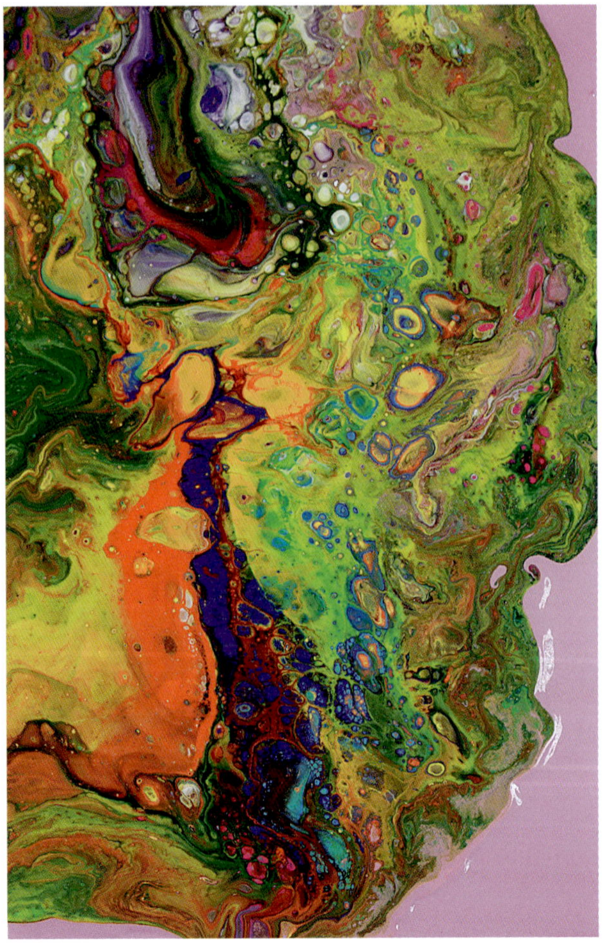

7 Vergleichen Sie mal das Ergebnis mit Schritt 5. Durch den Einsatz des Crème-Brûlée-Brenners kommen nicht nur die Violett-Töne etwas kräftiger heraus, es ist auch ein kontrastreiches Farbspiel zwischen Fläche und Zellstruktur entstanden. Mit „dreckig" hat dieses farbenfrohe Bild überhaupt nichts zu tun!
Achten Sie darauf, dass Ihre Farbmischung keinesfalls zu dunkel wird. Dann haben Sie bestimmt genauso viel Spaß wie wir am Dirt Cup.

DIRT CUP

SCHWUNGVOLL

DIRT CUP

Da die „Mädchenfarbe" beim vorangegangenen Bild „Die große Welle" so toll herausgekommen ist, haben wir uns entschlossen, sie noch einmal bei dieser Bildidee für den Hintergrund zu verwenden.

MATERIAL

Leinwand 30 cm x 30 cm | Farben: Titanweiß, Indischgelb, Kadmiumgelb, Pink, Phthaloblau, Phthalogrün, Violett | 8 Becher | Rührhölzchen | Silikonöl | Acryllack | destilliertes Wasser oder Tiefgrund | Palettmesser | Crème-Brûlée-Brenner

1 Auch bei diesem Bild verwenden Sie eine Mischung aus Acryllack und Pink im Verhältnis 1:1 für die Grundierung, aber verdünnen sie nur mit wenig Tiefgrund oder destilliertem Wasser. Nach dem Auftragen auf die Leinwand ziehen Sie die Farbe mit dem Palettmesser glatt. Die Buntfarben bereiten Sie wie gewohnt jede einzeln in einem Becher vor.

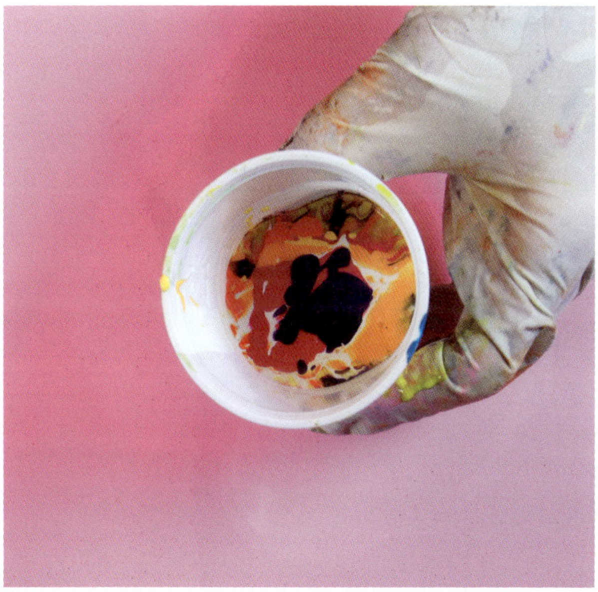

2 Beim Blick in den Becher sehen Sie, dass wir viel mehr von den hellen Farbtönen für unsere Mischung gewählt haben.

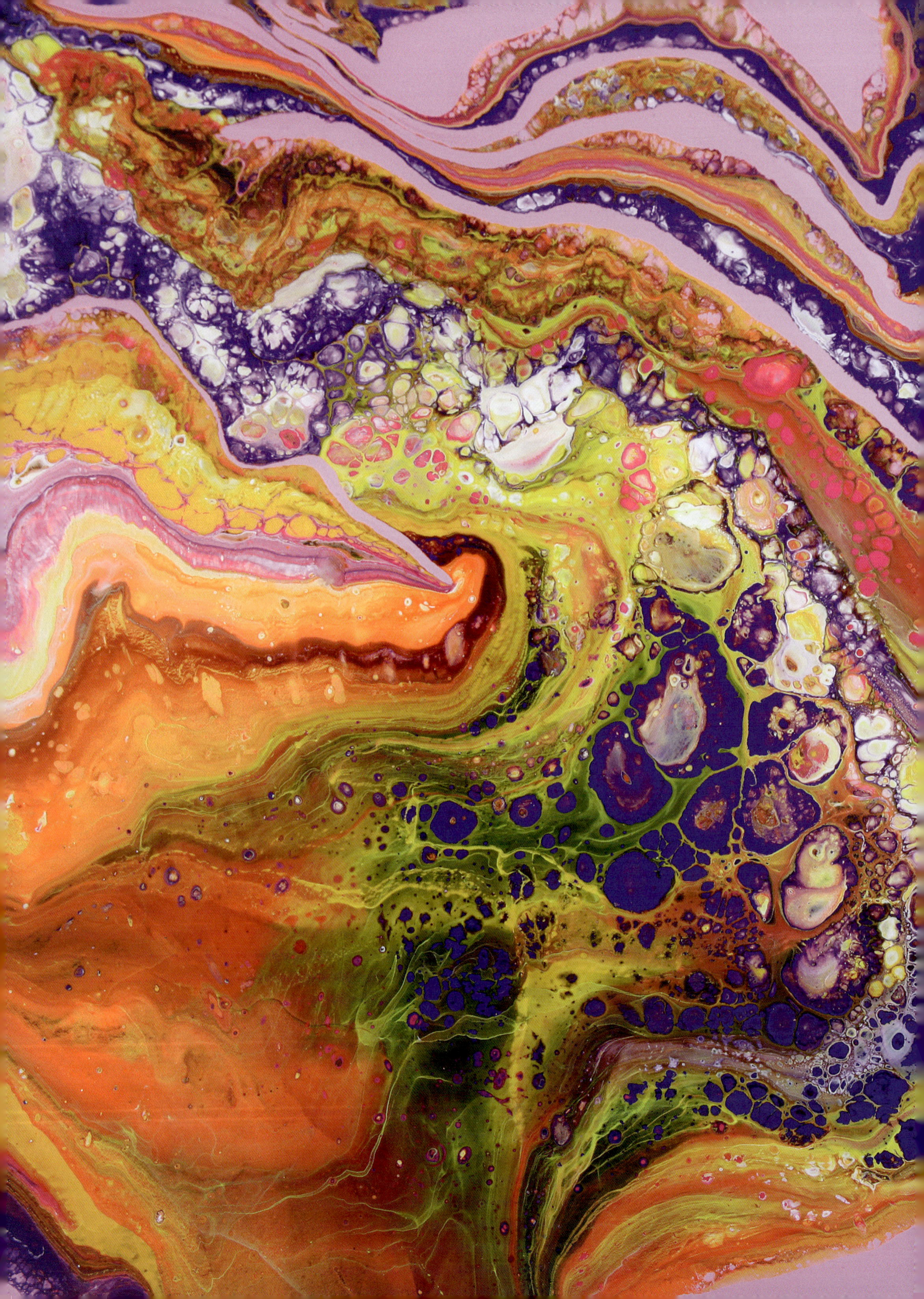

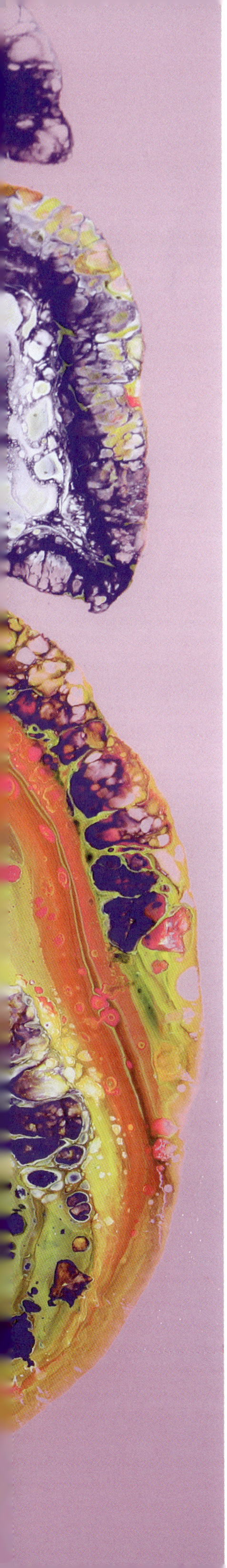

DIRT CUP

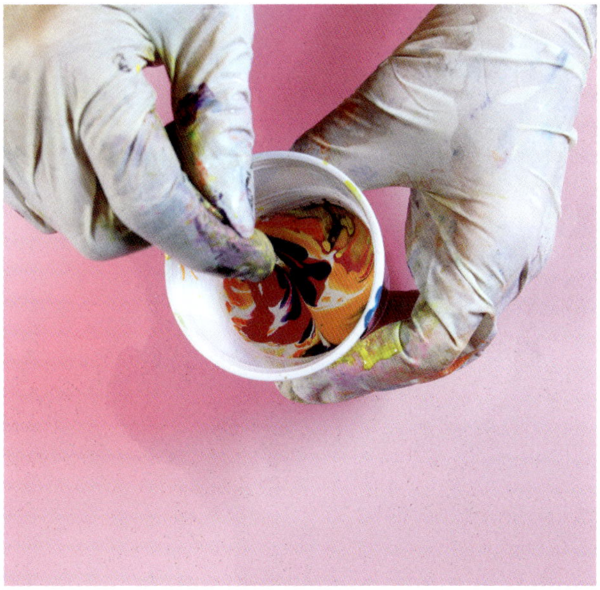

3 Mit dem Rührhölzchen die Mischung im Schüttbecher vorsichtig 1- bis 2-mal kreuzförmig durchziehen, aber keinesfalls verrühren!

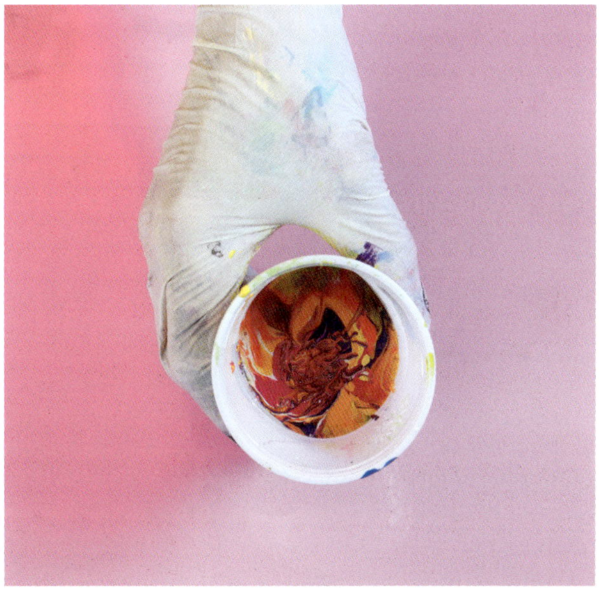

4 Da Sie sich mit den dunklen Farben zurückgehalten haben, sieht der Inhalt des Bechers dieses Mal nicht so „dreckig" aus wie im Bild „Die große Welle".

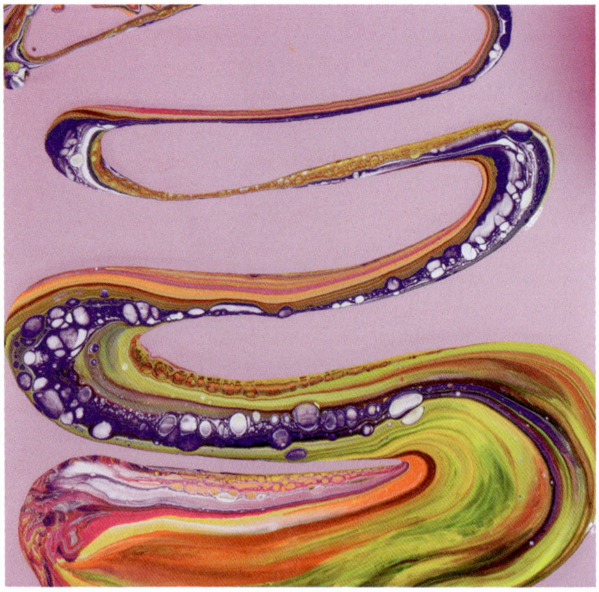

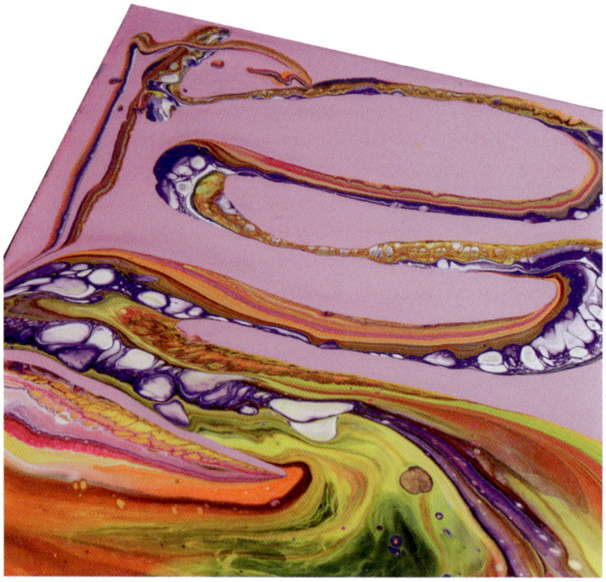

5 Nun schütten Sie die Farbmischung in einer Schlangenlinie über die Leinwand. Dabei bilden sich bereits die ersten Zellen in den Farben. Sie könnten jetzt aufhören und einfach abwarten, wie sich das Bild entwickelt. Aber wir empfehlen Ihnen, noch mehr Farbe auf die Leinwand zu bringen.

6 Durch Kippen und Drehen der Leinwand lassen Sie die Farben gezielt in die gewünschte Richtung laufen. Keine Angst, dass Sie dabei die zuvor entstandenen Zellen zusammendrücken oder auseinanderziehen. Die Silikontropfen in den Farben geben genügend Spielraum, um neue Zellen entstehen zu lassen.

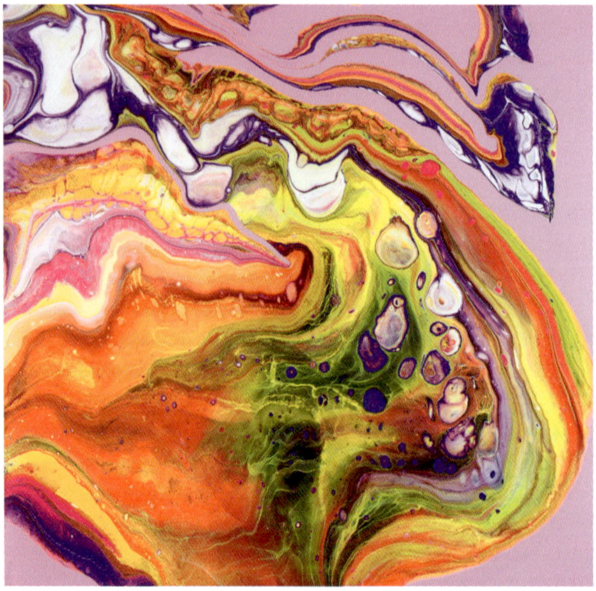

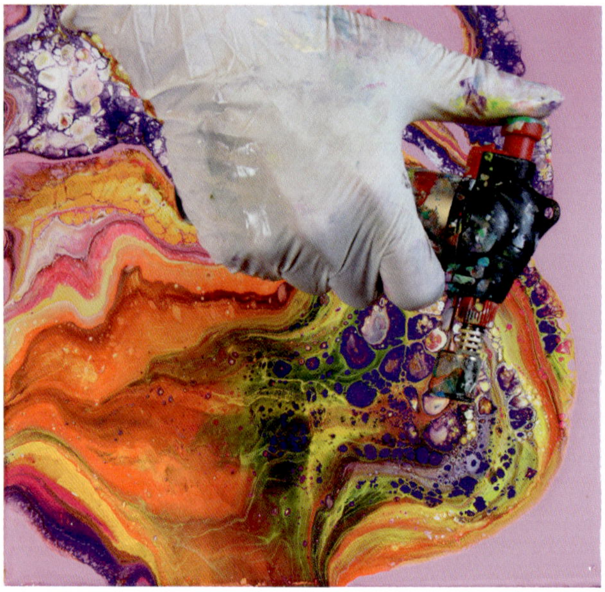

7 So ungefähr sieht Ihre Leinwand jetzt aus. Durch vorsichtiges und gezieltes Neigen der Leinwand haben Sie die Farben in Form gebracht und auch die großen Zellen bleiben dank Ihres Fingerspitzengefühls erhalten.

8 Um die Zellstruktur zu verstärken, bearbeiten Sie die Oberfläche noch ganz kurz mit dem Crème-Brûlée-Brenner. Dadurch werden noch weitere Zellen freigesetzt und es entsteht ein kontrastreiches Farbspiel zwischen Fläche und Zellstruktur.

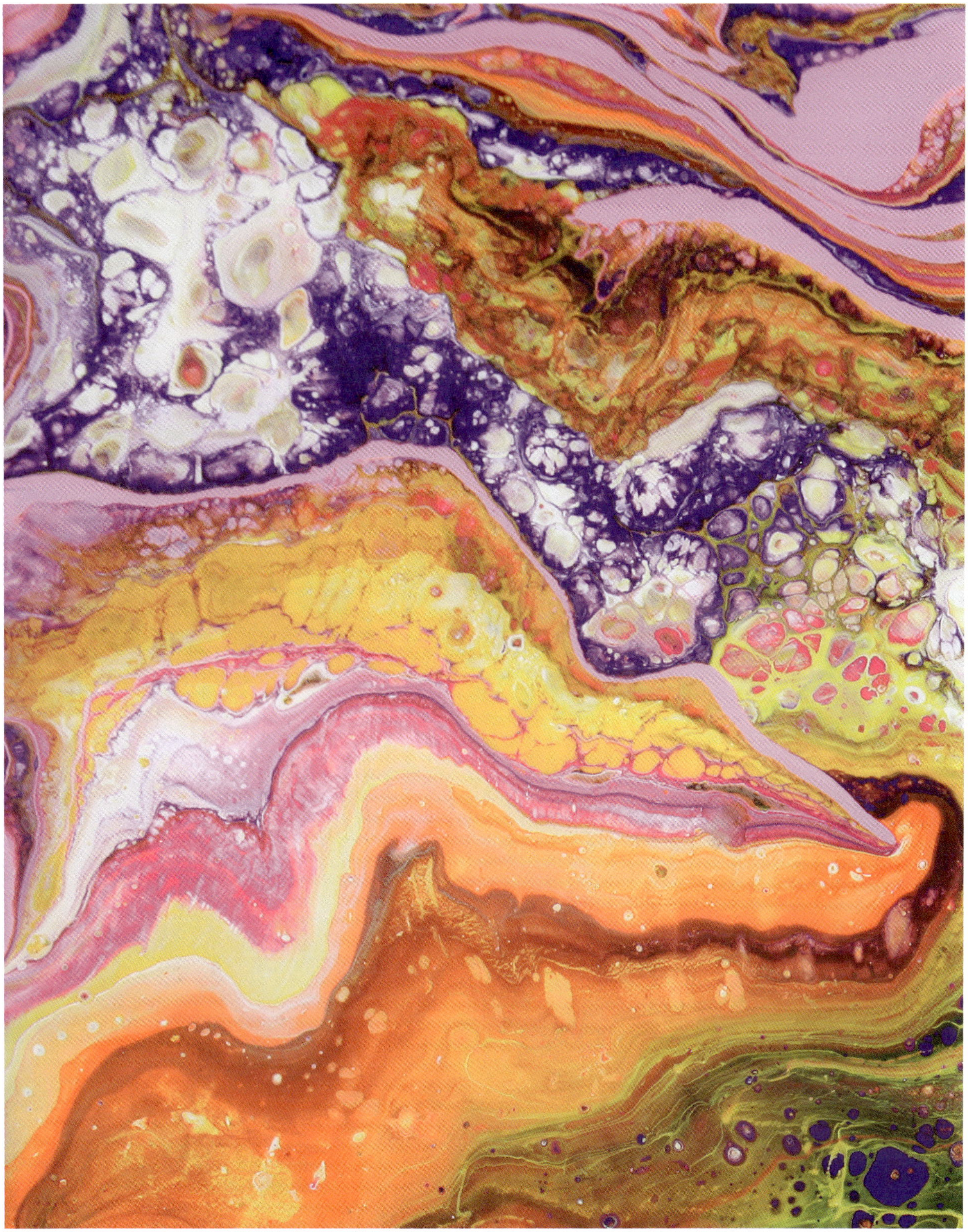

9 Durch das Anflammen mit dem Brenner haben sich die am Anfang extrem strukturierten Blau-Violett-Töne in wunderschöne kleine Blumenbouquets verwandelt. Sie sehen erneut, dass der Name „Dirt Cup“ keineswegs hält, was er vermeintlich verspricht. Das Ergebnis ist doch alles andere als „dreckig“.

SWIPE

Diese Wischtechnik können Sie allein oder in Kombination mit anderen Techniken anwenden. Durch das Abziehen der Farbe mit einem Palettmesser oder einer starken Kunststofffolie mischen Sie die Farben nach dem Schütten neu. Dabei können Sie die Form bestimmen. Ob geradlinig oder in einer feinen Welle, der Swipe macht großen Spaß!

Das Video zum Thema Swipe finden Sie in der Digitalen Bibliothek.

SPACE

Für diesen interessanten Ausflug ins All haben wir eine Holzmaltafel gewählt, die besonders stabil und „topfeben" ist. Alternativ können Sie natürlich auch MDF-Platten, Regaleinlegeböden oder Vergleichbares benutzen. Das Spiel zwischen Braun, Ocker, Orange und Gelbtönen dominiert das Bild, dabei sind die Kontraste zum Titanweiß scharfkantig und voller Leben.

MATERIAL

Holzmaltafel 24 cm x 30 cm | Farben: Titanweiß, Indischgelb, Kadmiumgelb, Phthaloblau, Phthalogrün, Violett, Schwarz | 8 Becher | Rührhölzchen | Silikonöl | Pouring Medium oder Acryllack | destilliertes Wasser oder Tiefgrund | Palettmesser | Crème-Brûlée-Brenner

1 Beim Swipe ist eine gute Farbgrundlage sehr wichtig. Daher geben Sie auf die Holzplatte der Länge nach eine ordentliche Menge von dem vorher mit Pouring Medium im Verhältnis 1:1 angemischten Titanweiß.

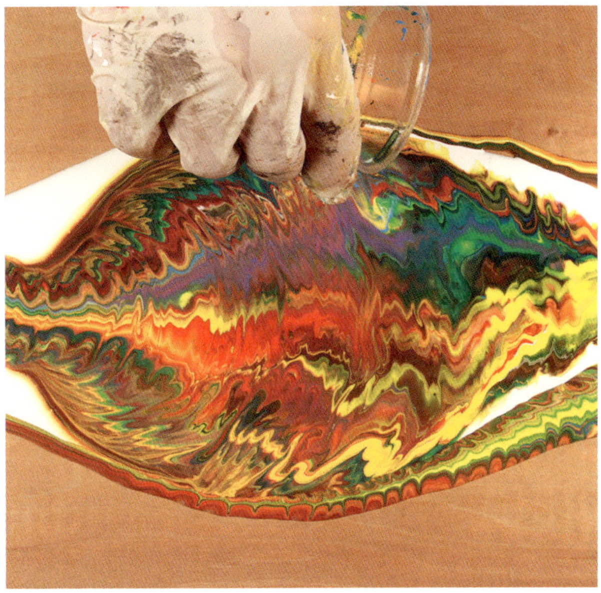

2 Die Buntfarben wie üblich einzeln im Becher vorbereiten. Auch hier fügen Sie den Farben jeweils einige Tropfen Silikonöl hinzu. Nun füllen Sie die Farbtöne – außer Schwarz – abwechselnd in den Schüttbecher und gießen ihn gleich in kleinen Zickzack-Bewegungen auf die weiße Fläche aus. Bereits jetzt können Sie erste schöne Farbmuster erkennen.

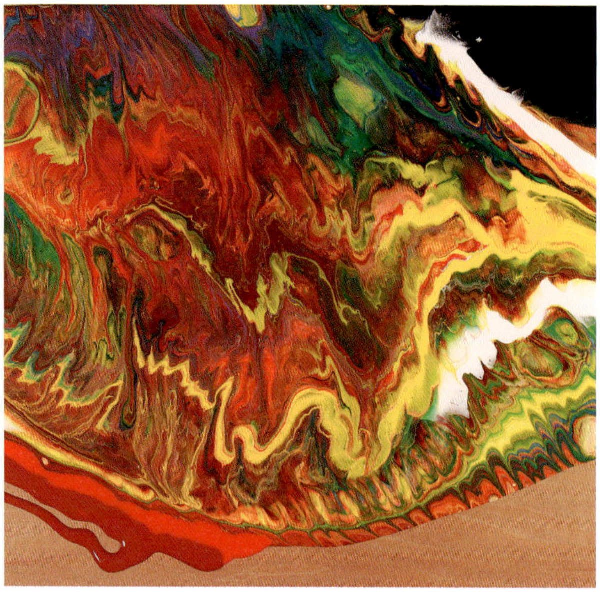

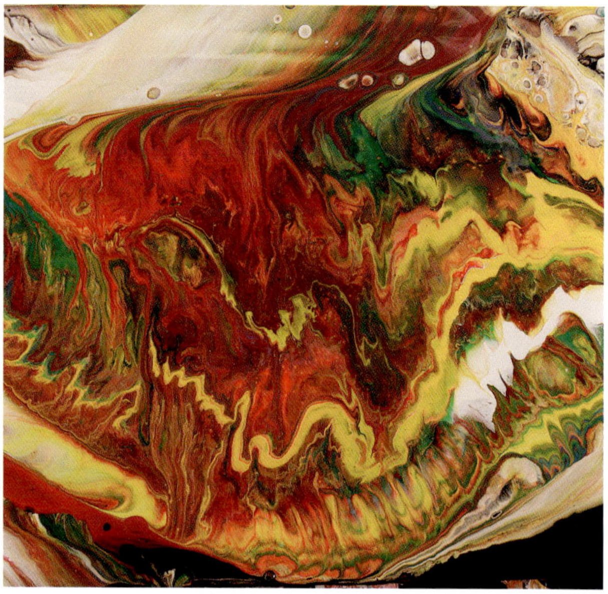

3 Die Holzmaltafel kippen, damit die Farben über die gesamte Oberfläche laufen. Da die Farbmischung auf die Holztafel geschüttet wurde, haben sich keine Zellen gebildet.

4 Auf die noch freien Flächen gießen Sie etwas Schwarz, das Sie wie üblich angemischt haben, jedoch ohne Silikonöl zuzugeben.

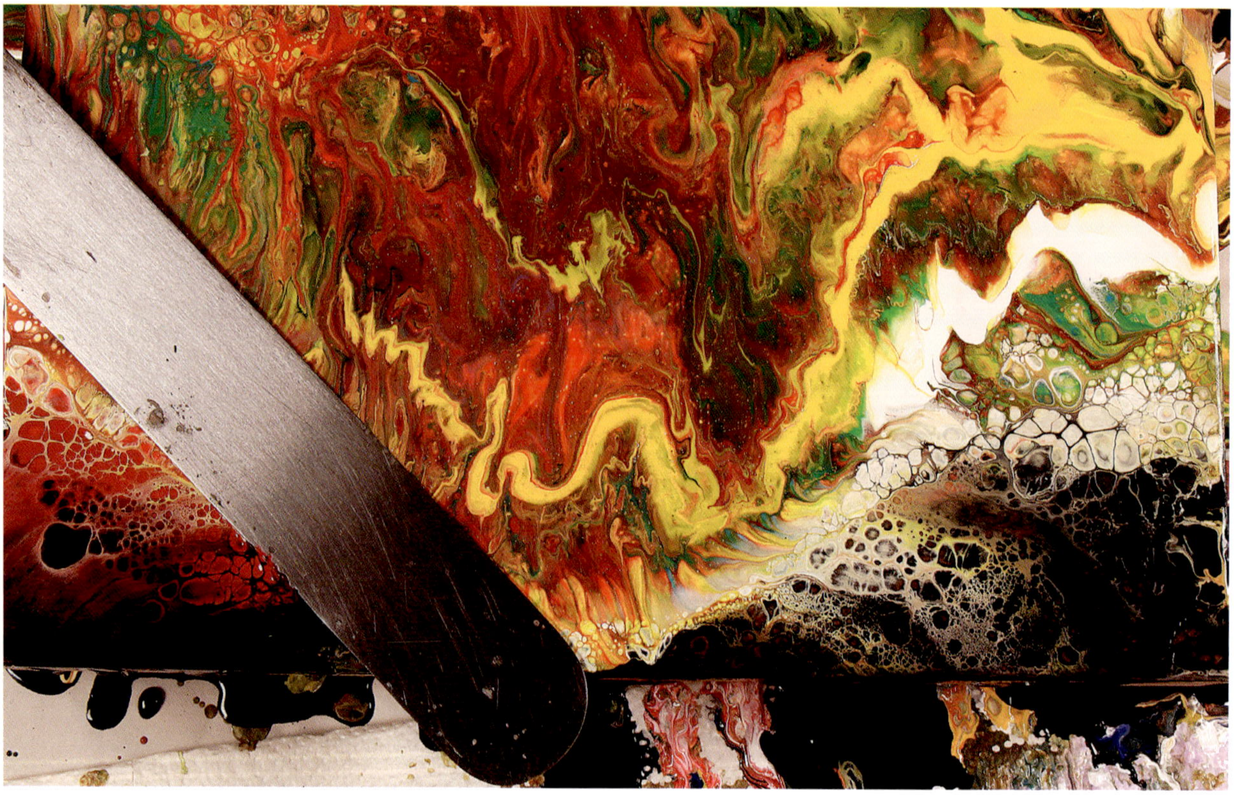

5 Wischen Sie nun mit dem Palettmesser ohne Druck vom Rand aus über den Malgrund. Dadurch bringen Sie die Silikontropfen in den Buntfarben zum Platzen und die unterschiedlichen Pigmentgewichte zum Reagieren. Sie sehen im Bild sehr schön, wie sich während des Ziehens mit dem Palettmesser direkt Zellen bilden.

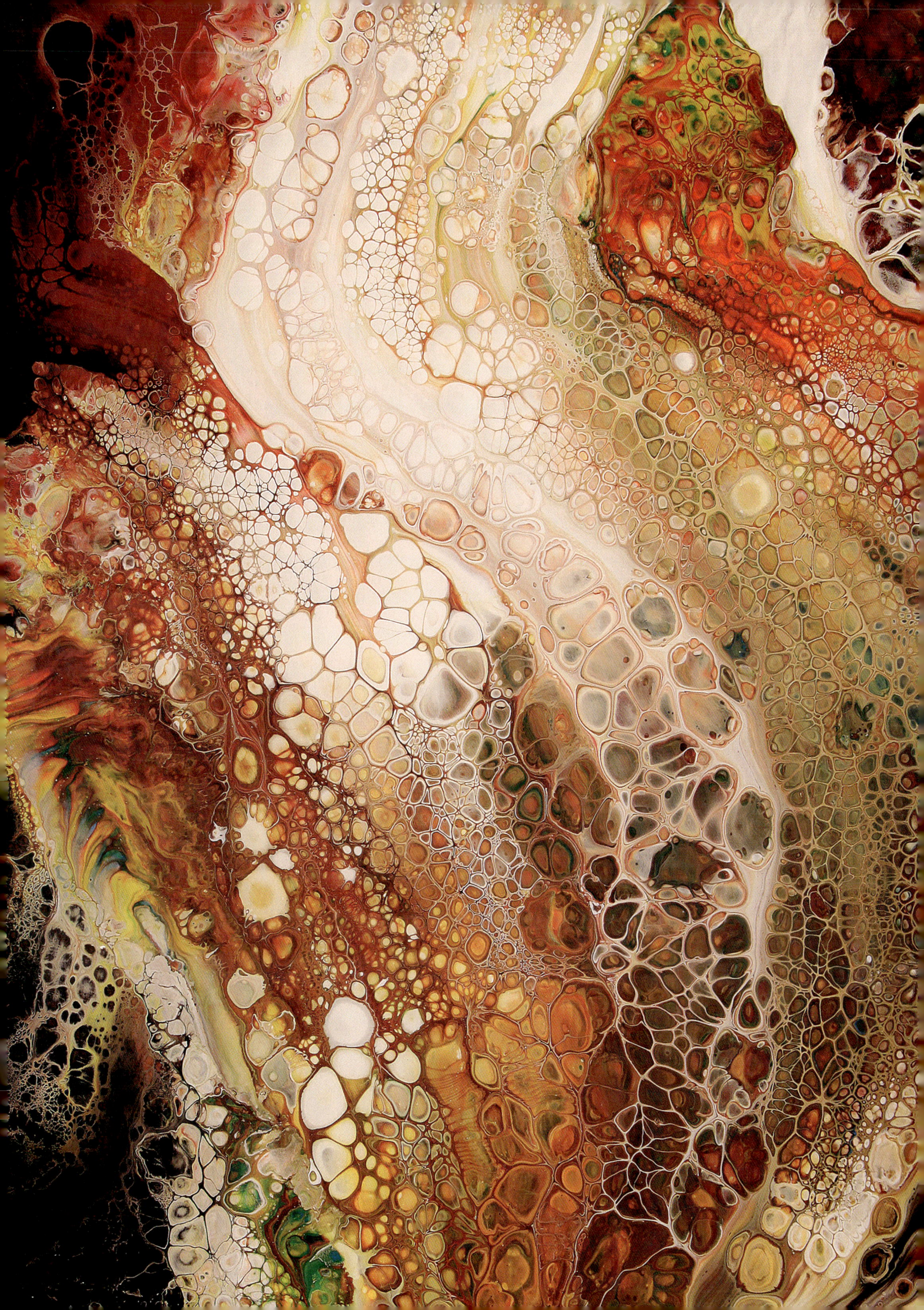

SWIPE

Unser Tipp

Säubern Sie das Palettmesser nach jedem Wischen, damit keine schmutzige Farbe auf den Malgrund kommt.

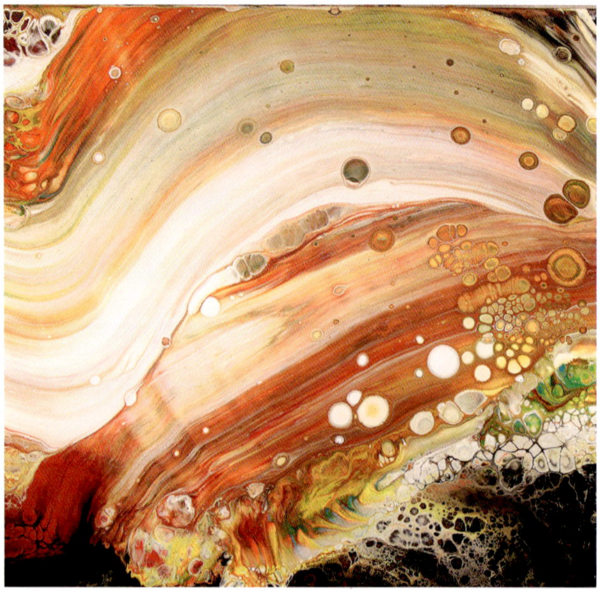

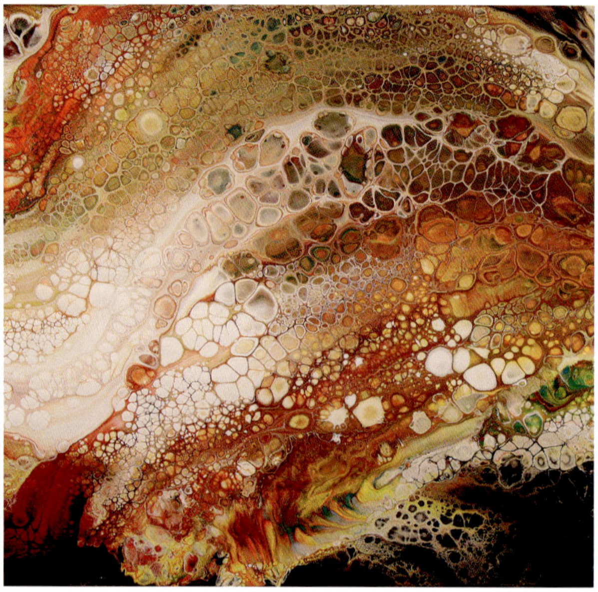

6 Wenn Sie mit Ihrem Bild nicht ganz zufrieden sind, können Sie zusätzlich den Crème-Brûlée-Brenner für eine noch schönere Zellstruktur einsetzen.

7 Wir haben uns in diesem Fall entschieden, das Bild einfach reagieren zu lassen. Das Warten hat sich gelohnt, denn auch ohne unseren bewährten Crème-Brûlée-Brenner haben sich feinste Netzstrukturen gebildet.

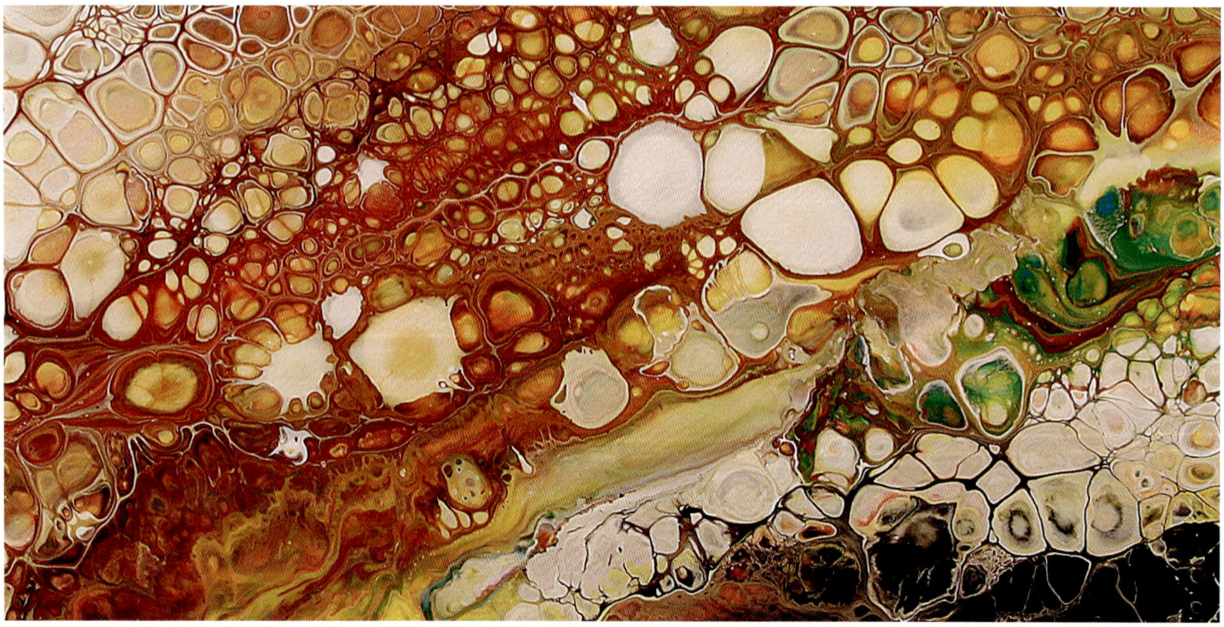

RAINBOW

SWIPE

Da die Grundfarben hier zunächst exakt getrennt bleiben, eignet sich dieses zarte und fast zerbrechlich wirkende Bild ideal zum Einsteigen. Die wunderschönen Zellen entstehen erst durch die Wischtechnik.

MATERIAL

Leinwand 40 cm x 50 cm | Farben: Titanweiß, Indischgelb, Kadmiumgelb, Orange, Karminrot, Pink, Phthaloblau, Königsblau, Türkis | 10 Becher | Rührhölzchen | Silikonöl | Pouring Medium oder Acryllack | destilliertes Wasser oder Tiefgrund | Palettmesser | bei Bedarf 1 Bogen festes Papier oder Kunststofffolie | Crème-Brûlée-Brenner

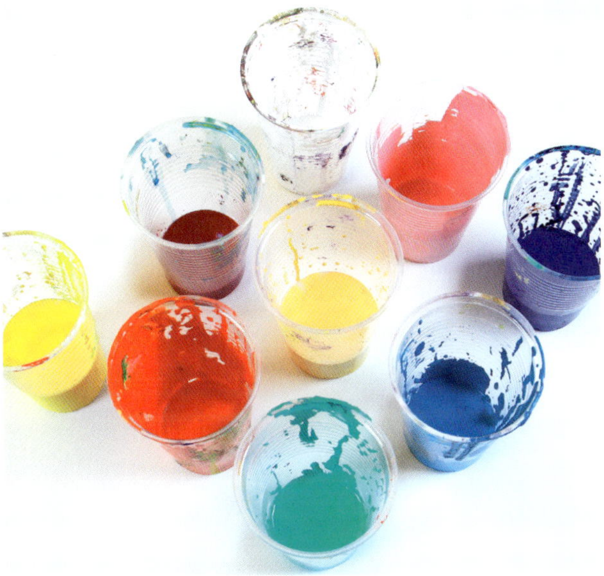

1 Für den Hintergrund einen zarten Mintton aus 80 % Titanweiß, 18 % Kadmiumgelb und ca. 2 % Phthalogrün anmischen. Die Buntfarben mit Pouring Medium im Verhältnis 1:1 verrühren sowie etwas Tiefgrund oder Wasser zum Verdünnen und 2 bis 3 Tropfen Silikonöl hinzufügen. Mischen Sie sich gleich etwas mehr Weiß oder einen anderen beliebigen hellen Ton an, den Sie ebenfalls etwas dünnflüssiger halten können als die anderen Farben. Wir haben hier einen zarten Mintton ausgewählt.

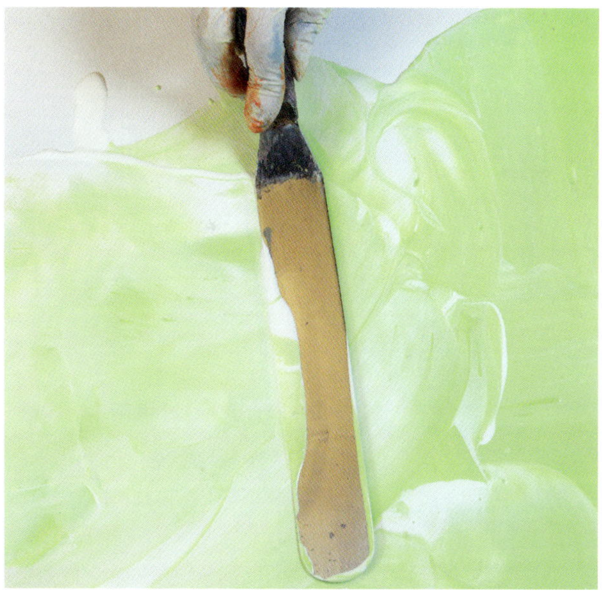

2 Die Hintergrundfarbe auf die Leinwand geben und mit einem Palettmesser über die gesamte Fläche dünn verteilen.

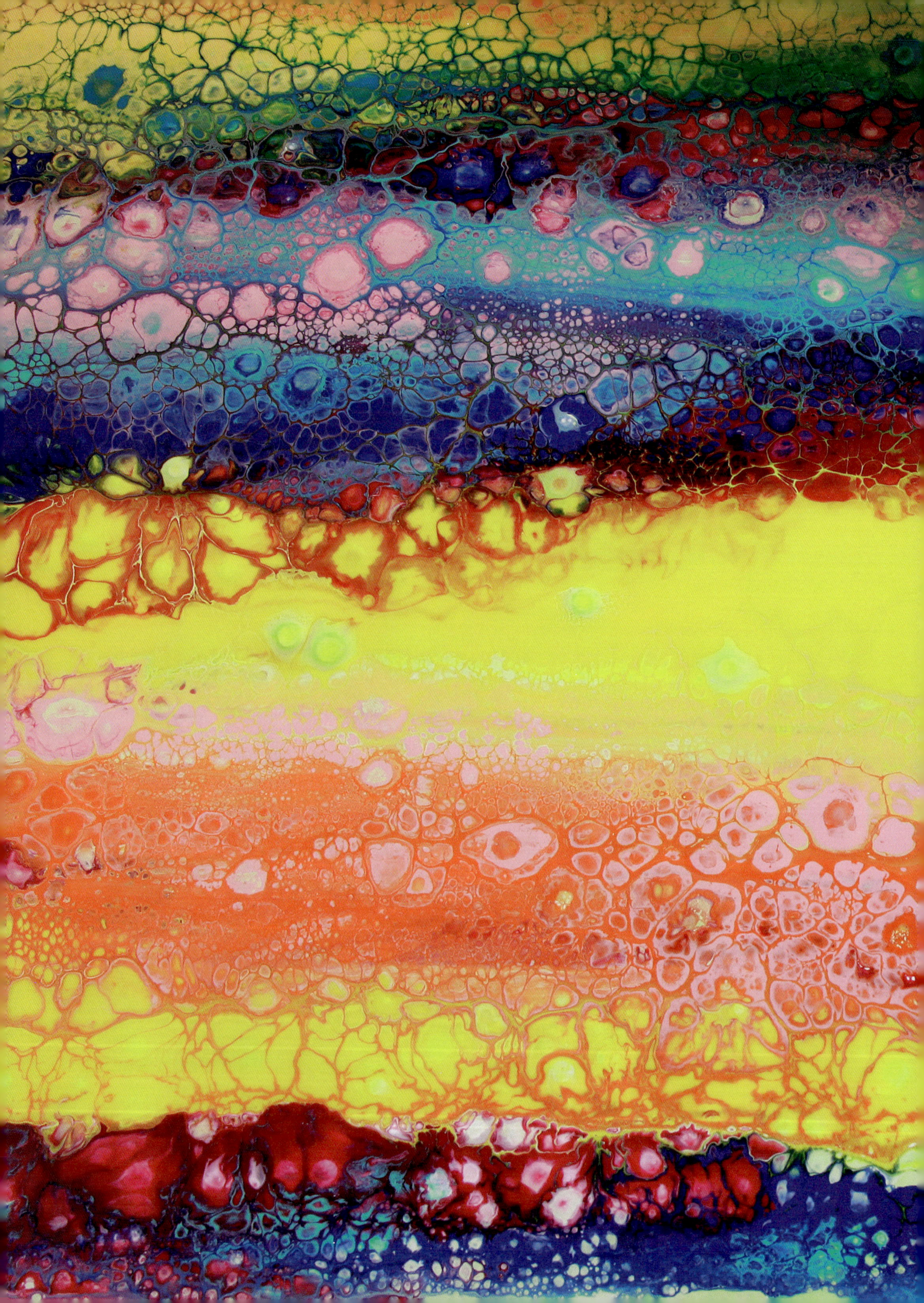

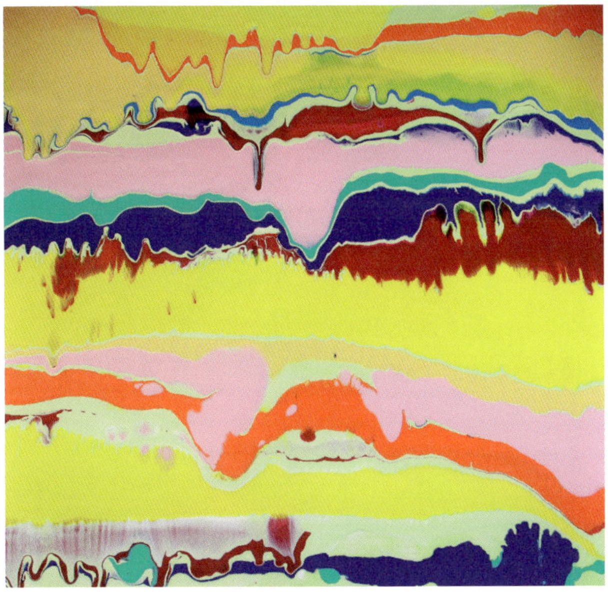

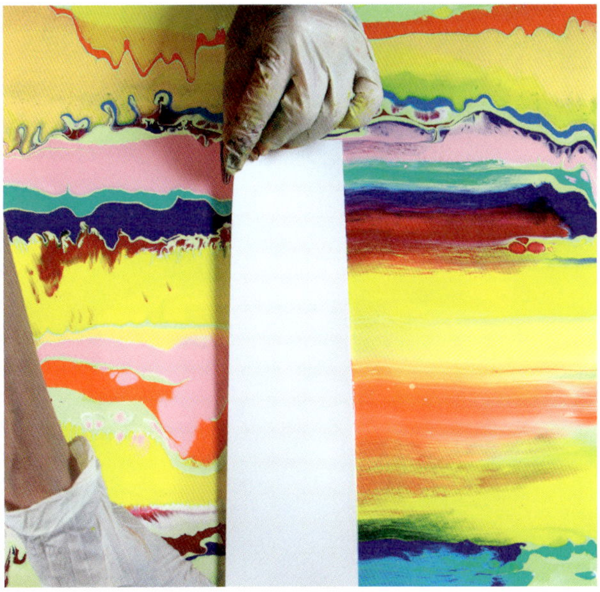

3 Auf die noch feuchte Grundierung lassen Sie nun die angemischten Farben in langen Streifen fließen. Sie können die Leinwand auch etwas kippen, damit sich die Farben an den Grenzen berühren. Das ist jedoch beim Wischen nicht unbedingt erforderlich.

4 Setzen Sie das Palettmesser oder alternativ einen Papierbogen an der Kante der Leinwand auf und ziehen Sie damit leicht über die gesamte Farbfläche. Damit vermischen sich bereits die ersten Farbtöne und Sie erhalten an den Grenzen eine leichte Zellstruktur.

Unser Tipp

Schneiden Sie bereits im Voraus mehrere Streifen aus einem festen Bogen Papier heraus. Dann haben Sie jederzeit genügend Material zur Hand.

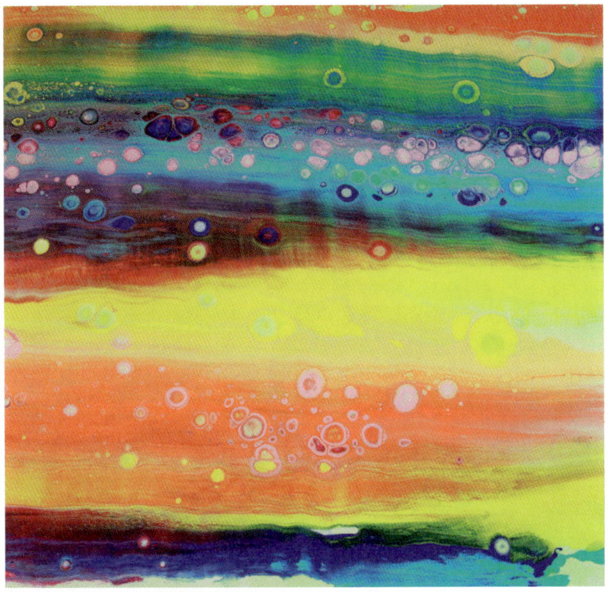

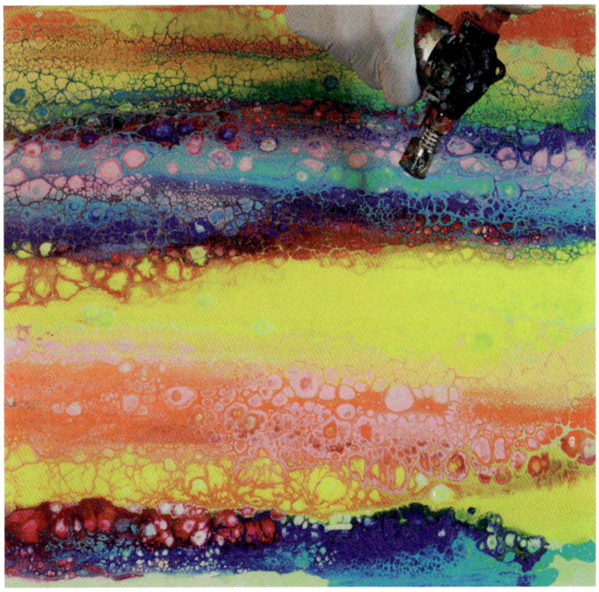

5 Hier können Sie gut erkennen, wie durch die Swipe-Technik schöne Zellstrukturen entstanden sind. Falls Sie dafür mehrmals mit dem Papierbogen über das Bild gehen möchten, verwenden Sie jedes Mal einen neuen Streifen!

6 Abschließend kommt der Crème-Brûlée-Brenner zum Einsatz, um die entstandenen Zellen noch zu erweitern. Durch die zarten Übergänge beim Wischen entstehen feinste Netzstrukturen.
Probieren Sie doch einfach einmal Ihre Lieblingstöne mit dieser Technik aus und lassen sich vom Ergebnis überraschen.

CIRCLE

Hier kombinieren wir noch einmal Streifen mit der Wischtechnik. Dieses Bild hat uns so gut gefallen, dass wir es Ihnen aufgrund seiner Farbenfreude nicht vorenthalten möchten. Und das Schöne daran, es geht kinderleicht!

MATERIAL

Leinwand 30 cm x 30 cm | Farben: Titanweiß, Indischgelb, Neapelgelb, Orange, Karminrot, Pink, Violett, Königsblau | 9 Becher | Rührhölzchen | Silikonöl | Pouring Medium oder Acryllack | destilliertes Wasser oder Tiefgrund | Palettmesser | bei Bedarf 1 Bogen festes Papier oder Kunststofffolie | Crème-Brûlée-Brenner

Unser Tipp

Beim Anmischen von Indischgelb geben Sie etwas Titanweiß dazu, damit die Farbe besser leuchtet!

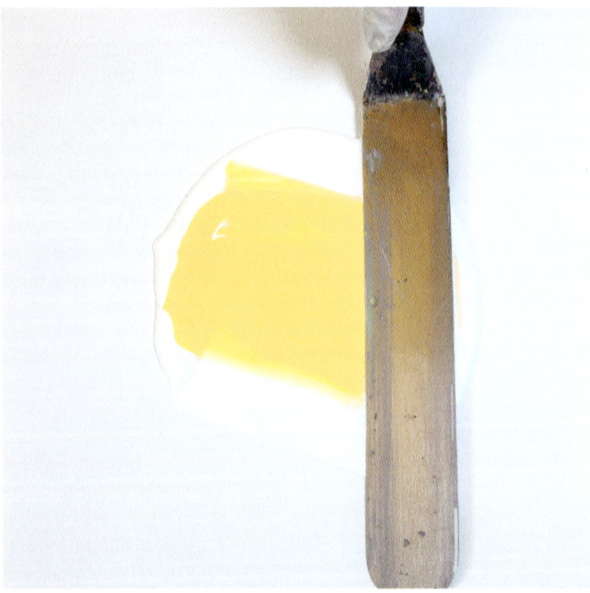

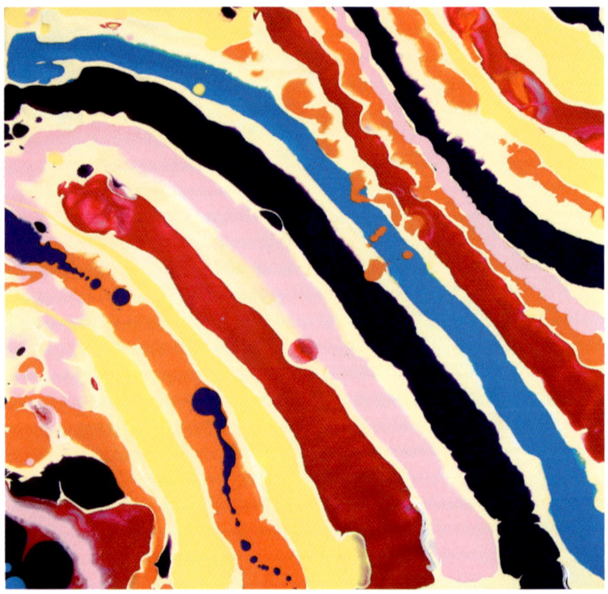

1 Für die Grundierung mischen Sie Neapelgelb und Titanweiß jeweils einzeln mit Pouring Medium im Verhältnis 1:1 an und verdünnen die Farben mit Tiefgrund so, dass sie gut über die Leinwand fließen können. Bringen Sie zuerst Titanweiß und dann Neapelgelb auf die Leinwand auf und verstreichen Sie die beiden Farben gleichmäßig mit dem Palettmesser über die gesamte Leinwand.

2 Die weiteren Buntfarben wie gewohnt jeweils mit Pouring Medium anrühren und 2 bis 3 Tropfen Silikonöl dazugeben. Dann gießen Sie die Farben nacheinander kreisförmig auf die noch feuchte Grundierung. Achten Sie darauf, dass jeder Farbton seine eigene Linie hat.

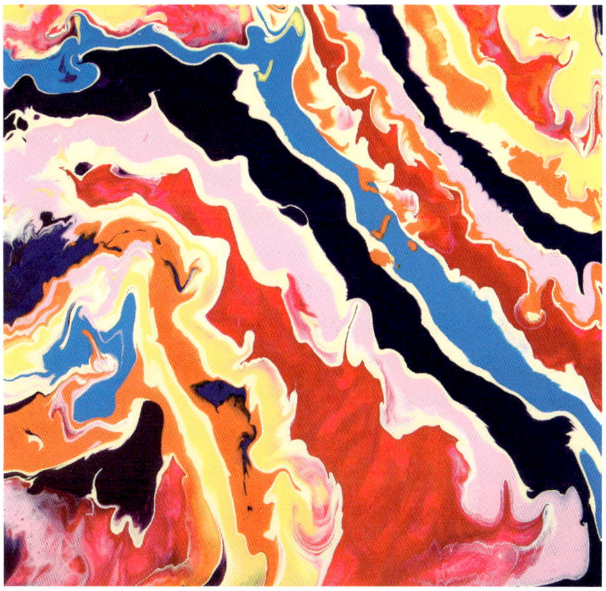

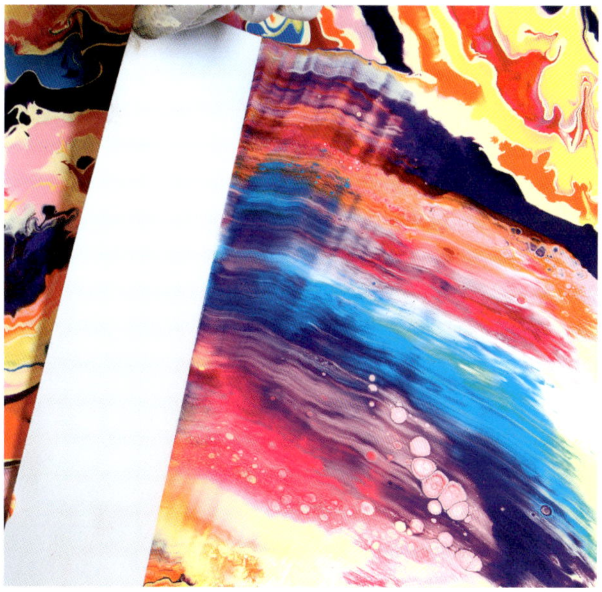

3 Durch leichtes Anheben und Kippen der Leinwand können Sie die Farben bis an die Grenzen zusammenlaufen lassen. Dabei sollten die einzelnen Farblinien immer noch erkennbar sein.

4 Setzen Sie das Palettmesser oder einen Papierstreifen in der Mitte der Leinwand an und ziehen Sie damit im Uhrzeigersinn über die gesamte Farbfläche. Sie können gut erkennen, wie schön sich die einzelnen Farbtöne dabei vermischen.

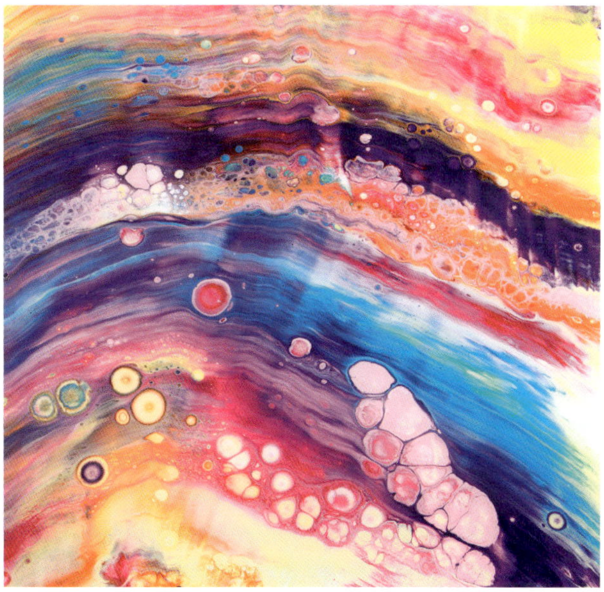

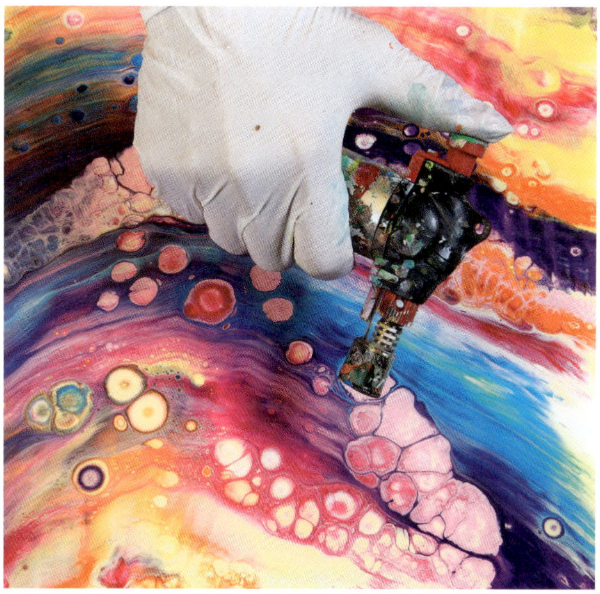

5 Sehr schnell bilden sich erste große Zellen.

6 Mit dem Crème-Brûlée-Brenner erweitern Sie vorsichtig die entstandenen Zellen, damit eine feine Netzstruktur entsteht.

SWIPE

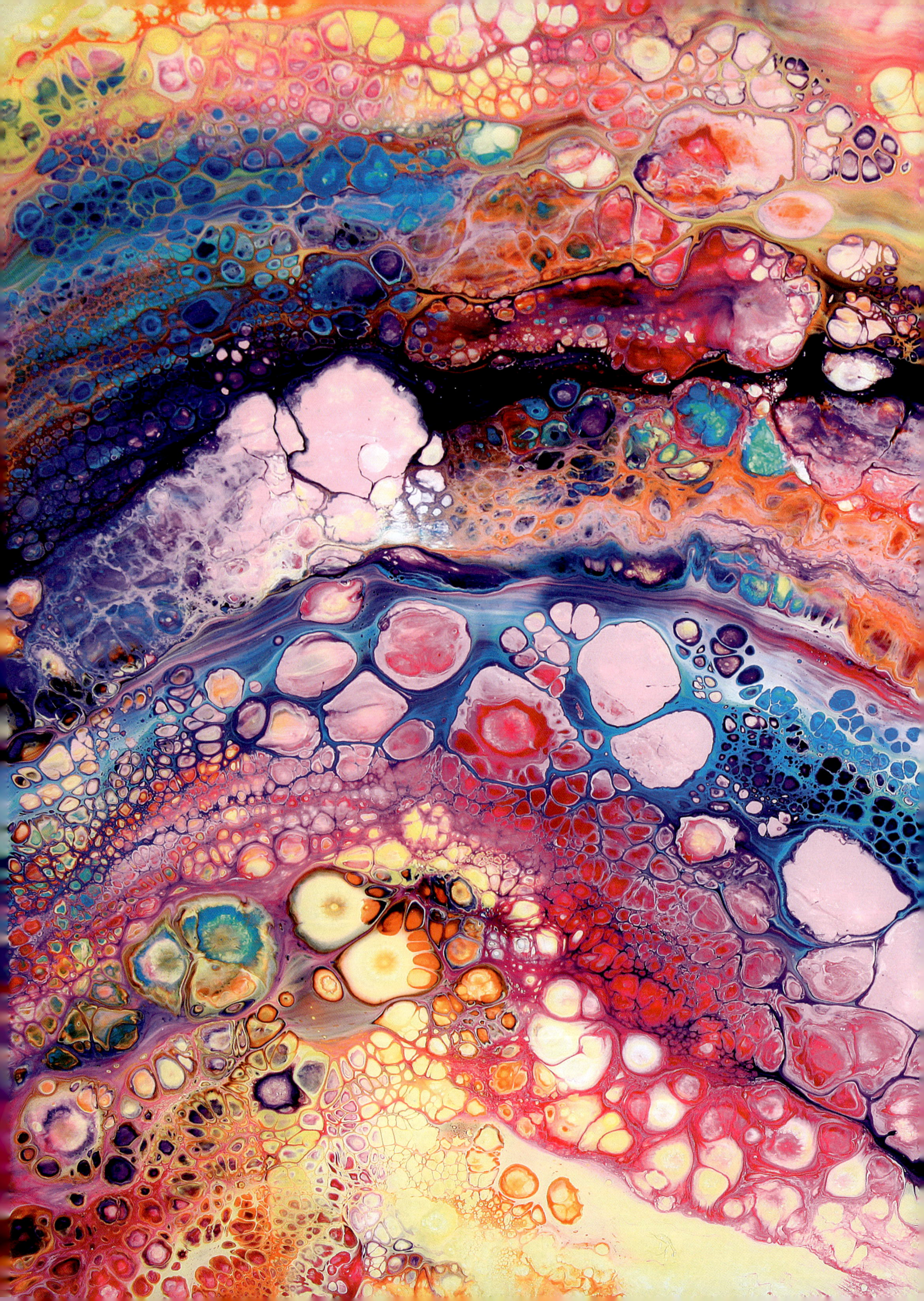

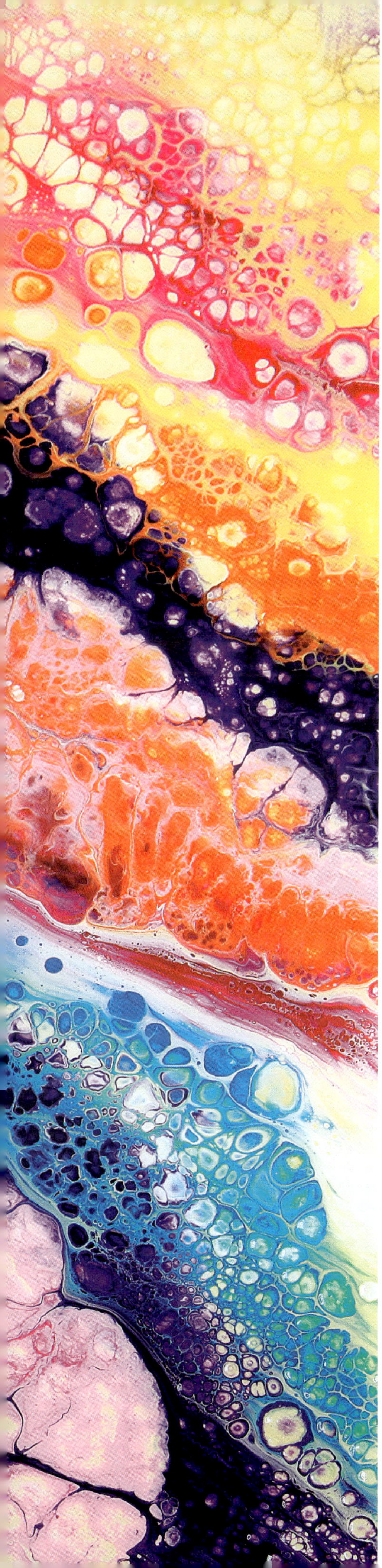

SWIPE

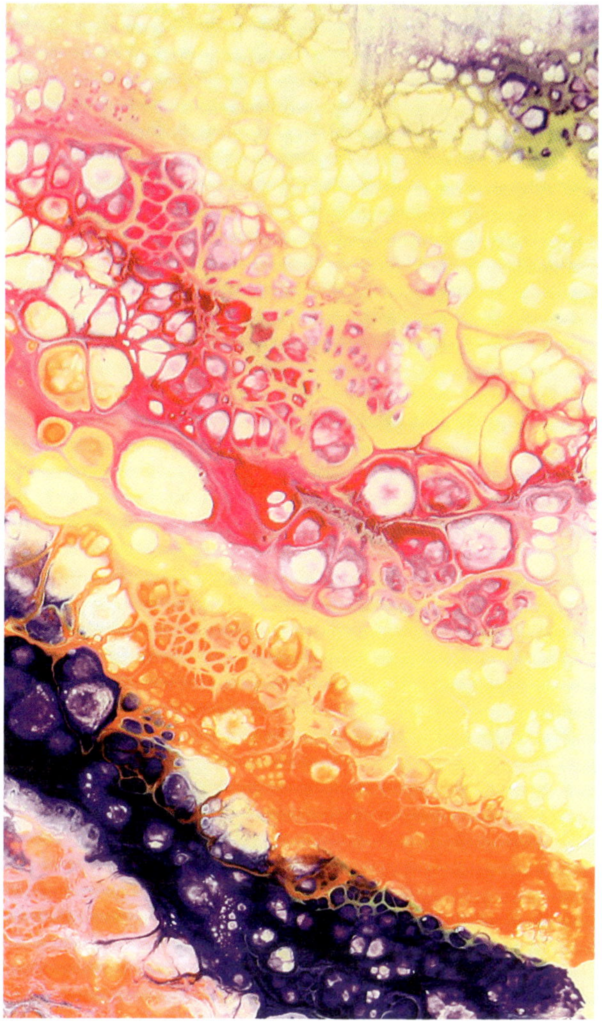

7 Mit dieser Technik können Sie sogar mit Restfarben ein farbenfrohes Fantasiebild schnell und einfach gestalten.

PUDDLE

Der Puddle geht so einfach, dass Sie diese Technik auch wunderbar mit Kindern umsetzen können. Endlich dürfen alle mal Pfützen gießen! Die Kunst besteht darin, die Farben gut zu kombinieren, damit es ein interessantes Ergebnis gibt.

Das Video zum Thema Puddle finden Sie in der Digitalen Bibliothek.

FLOWER-POWER

Probieren Sie einmal Pouring auf einem schwarzen Untergrund aus! Die Puddle-Technik eignet sich dafür prima, wie Sie bei diesem Bild erkennen können. In null Komma nichts entsteht eine faszinierende Arbeit im Flower-Power-Stil der wilden 68er-Jahre. Das Geheimnis: Sie setzen einfach punktuell Farben aufeinander!

MATERIAL

Leinwand 30 cm x 30 cm | Farben: Titanweiß, Gold, Indischgelb, Kadmiumrot, Violett, Königsblau, Schwarz | 8 Becher | Rührhölzchen | Acrylbinder | destilliertes Wasser oder Tiefgrund | Palettmesser

Unser Tipp

Beim Puddle können Sie richtig sparen! Sie brauchen kein Silikonöl und können sogar Dispersionsfarbe verwenden, das ist ideal zum Einsteigen.

PUDDLE

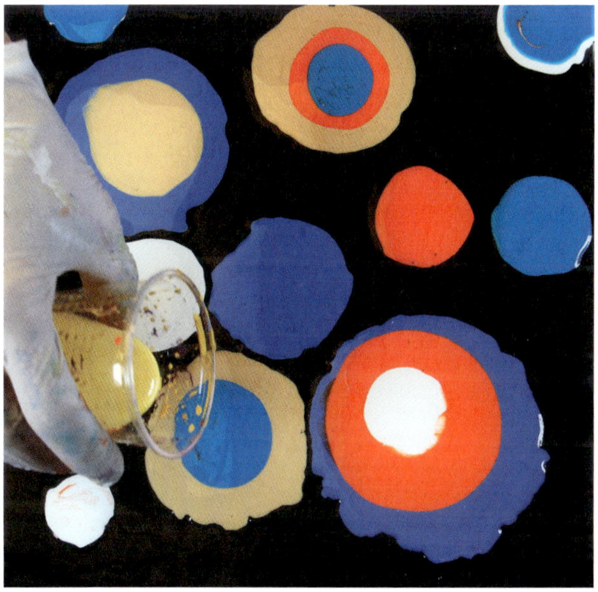

1 Zuerst mischen Sie alle Farben einzeln mit Acrylbinder im Verhältnis 1:1. Da Sie mit Schwarz grundieren, benötigen Sie davon etwas mehr Farbe. Tragen Sie das angemischte Schwarz mit dem Palettmesser auf die Leinwand auf. Anschließend gießen Sie die Bunttöne nach Lust und Laune in kleinen und großen Pfützen auf den feuchten Malgrund. Gießen Sie die weiteren Farben wie abgebildet immer genau in die Mitte der Pfützen.

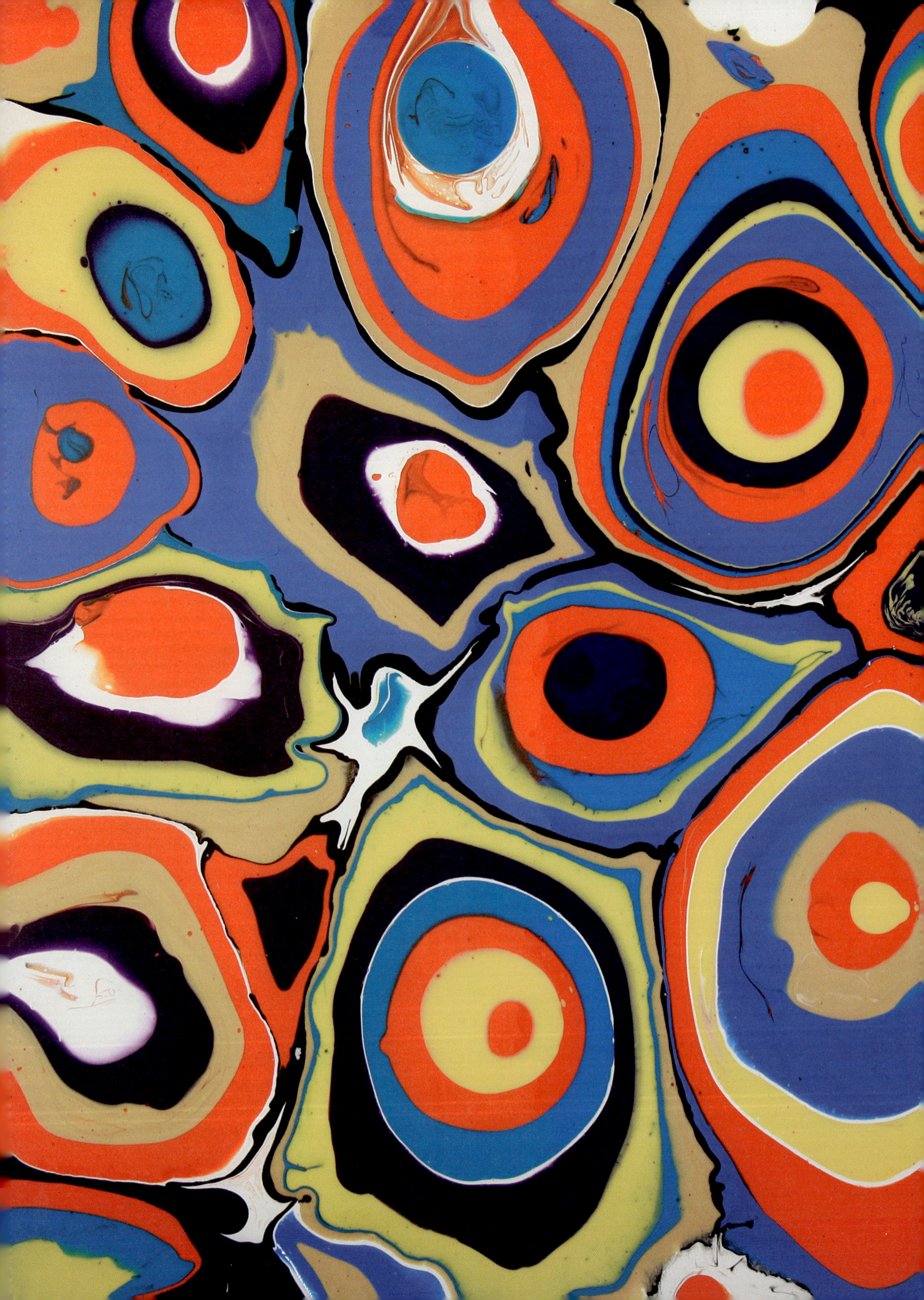

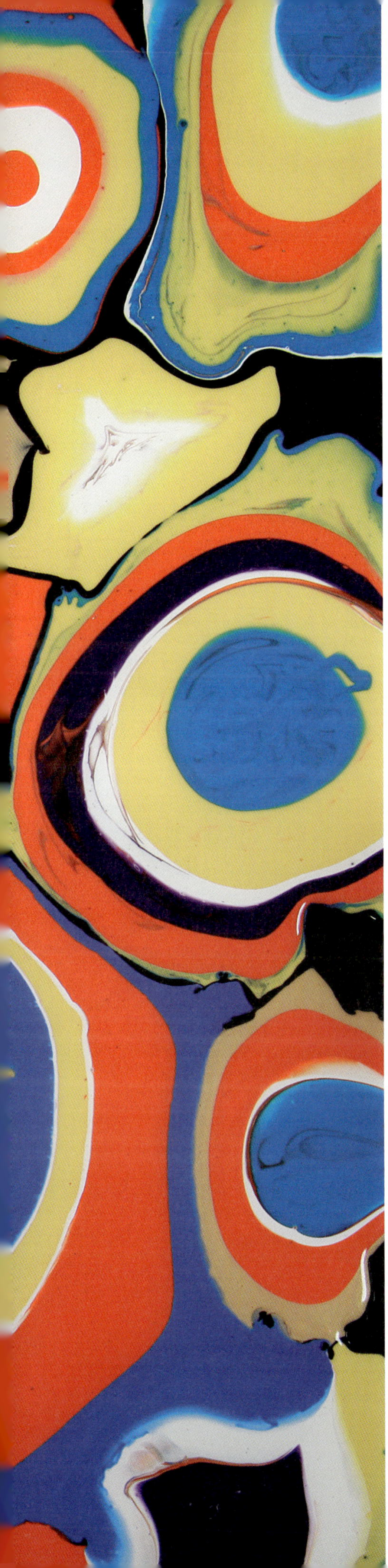

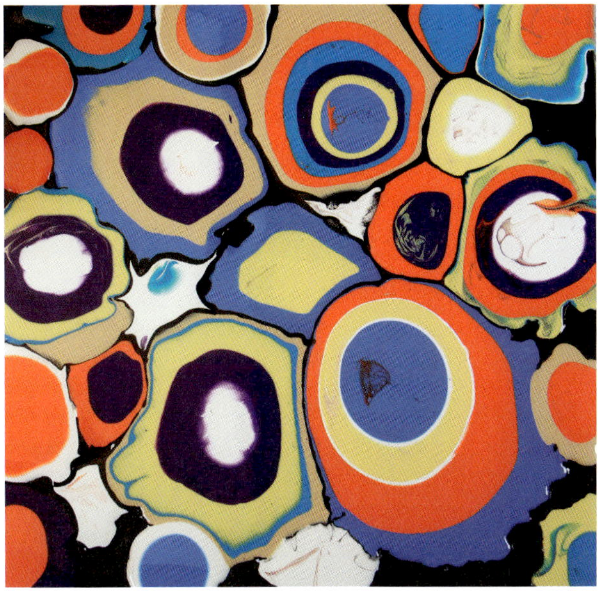

2 Durch den Wechsel der unterschiedlichen Farben entstehen schöne Ringmuster, die sich aufgrund der Farbmenge aneinanderlegen und ausdehnen. Achten Sie darauf, dass Sie Ihre Farben immer im Hell-Dunkel-Kontrast aufbringen, denn dadurch erreichen Sie lebendige Bilder.

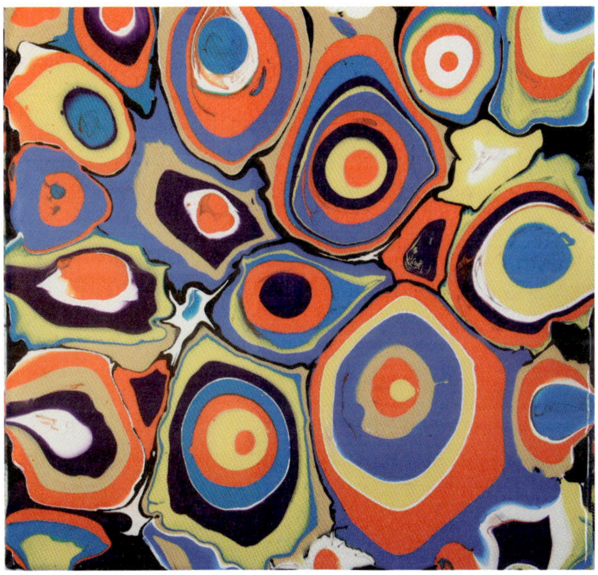

3 Nach einigen Minuten bleibt die Farbe stehen und ergibt ein richtiges Gute-Laune-Bild, das vor dem Aufhängen nur noch gut trocknen muss. Mit dieser Technik können Sie nach Herzenslust experimentieren und ganz individuelle Farbkombinationen auf die Leinwand bannen.

SUNNY SIDE

Der Puddle eignet sich perfekt zum Gießen auf feste Oberflächen. Denn durch die große Farbmenge hängt eine Leinwand schnell durch und die Farbe steht nur noch als eine einzige große Pfütze darauf. Die Faustregel ist ganz einfach: je größer die Leinwand umso schwieriger ist es, dass die Pfützen auf den gewünschten Stellen stehen bleiben. Wir haben daher für dieses Motiv eine Plexiglasscheibe gewählt. Selbstverständlich eignet sich auch eine Holzmaltafel dafür.

MATERIAL

Plexiglasscheibe oder Bastlerglas 50 cm x 50 cm | Farben: Titanweiß, Kadmiumgelb, Indischgelb, Orange, Phthaloblau, Königsblau | 6 Becher | Rührhölzchen | Pouring Medium | destilliertes Wasser oder Tiefgrund | Farbwalze (Baumwolle)

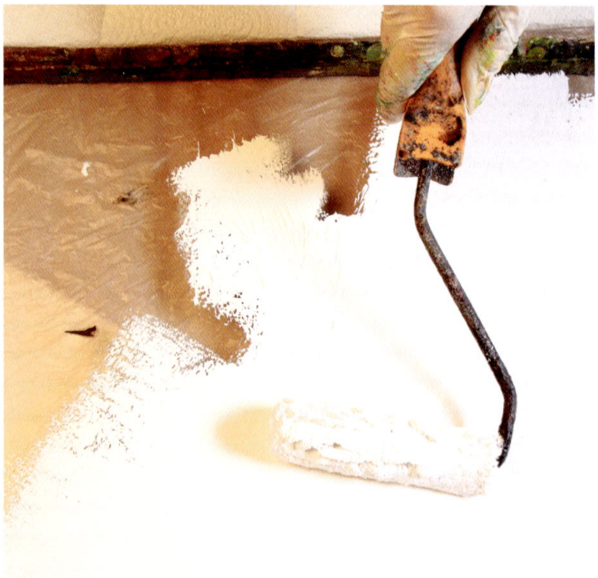

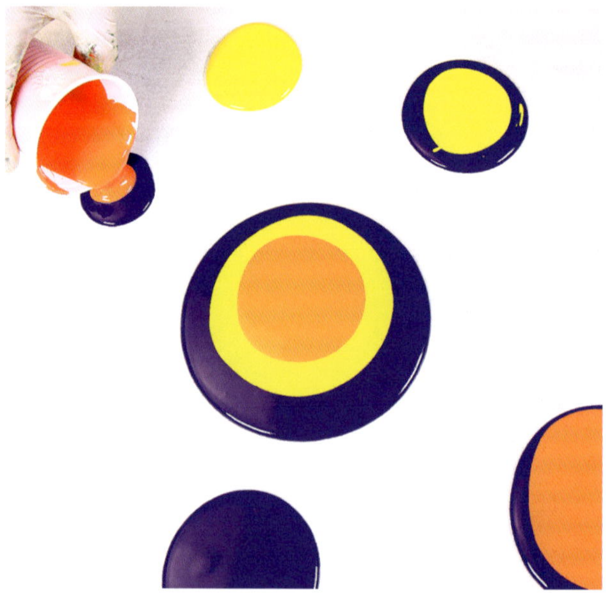

1 Mit der Farbwalze grundieren Sie die Plexiglasscheibe in Titanweiß. Ausnahmsweise wird die Farbe dabei unverdünnt, also ohne weitere Zusätze, aufgetragen.

2 Bereiten Sie wie üblich die verschiedenen Farben jeweils einzeln zum Gießen vor. Mischen Sie dafür die Farben und Pouring Medium im Verhältnis 1:1. Bei Bedarf können Sie etwas Tiefgrund oder Wasser hinzugeben, um die Fließfähigkeit Ihrer Farben zu erhöhen. Allerdings sollten Sie beim Mischen die Farben etwas zäher stehen lassen, damit sie nicht zu sehr ineinanderlaufen können. Gießen Sie wie abgebildet die Farben in großen und kleinen „Pfützen" auf die Scheibe. In die Mitte der Kreise schütten Sie nacheinander die nächsten Farbtöne. Denken Sie dabei daran, dass die Farben nach außen weglaufen und dadurch ihren Radius vergrößern. Dies können Sie so lange wiederholen, bis Sie den gewünschten Effekt erzielt haben. Achten Sie beim Gießen auch auf Kontraste zwischen den Farbtönen, damit hart begrenzte Linien zwischen den Farben entstehen.

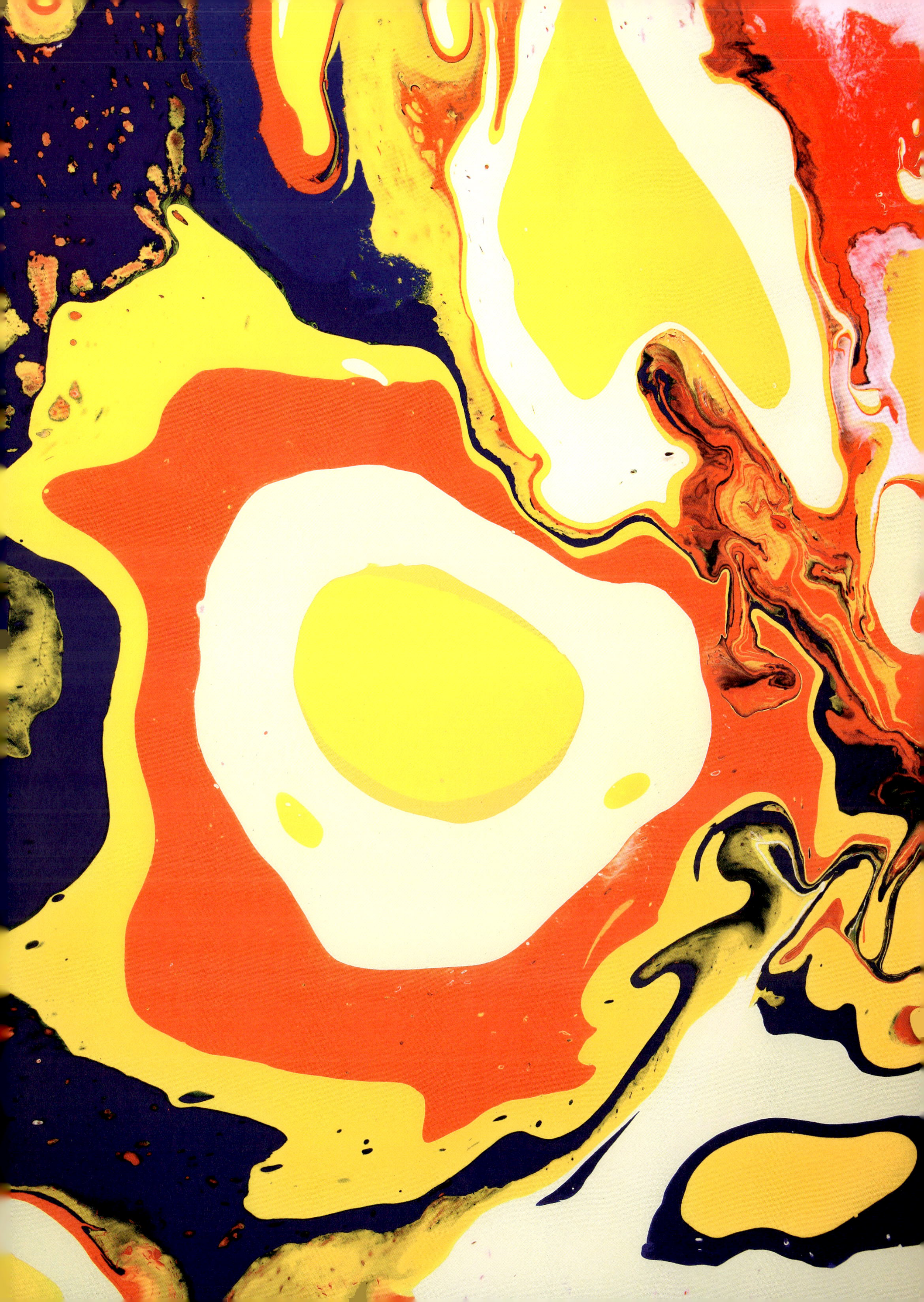

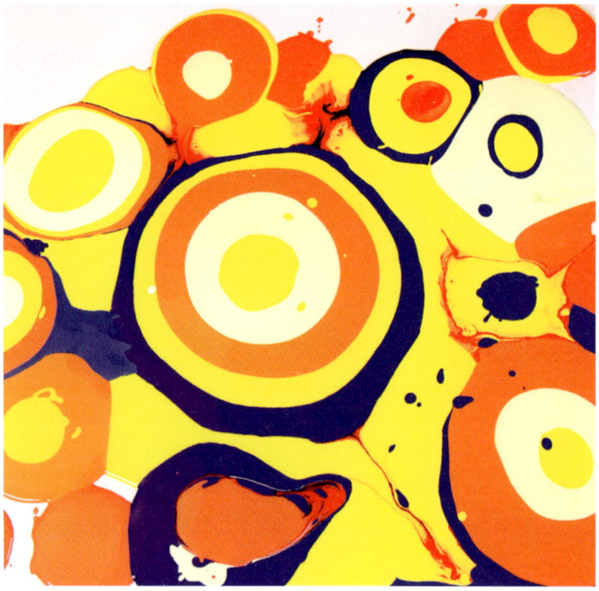

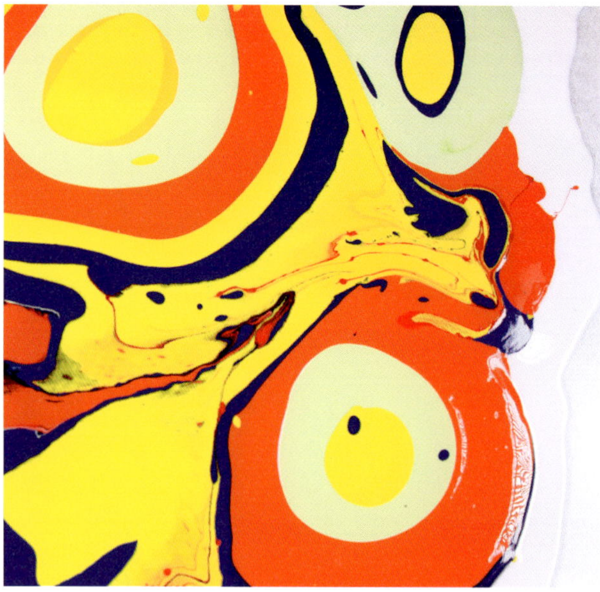

3 Wenn Sie Ihre Farben auf diese Weise aufgebracht haben, geht es an den nächsten Schritt.

4 Tragen Sie auf die freigebliebenen Flächen etwas Pouring Medium als Gleitfilm auf. Durch Kippen der Scheibe können Sie nun die Farben in die gewünschte Richtung laufen lassen.

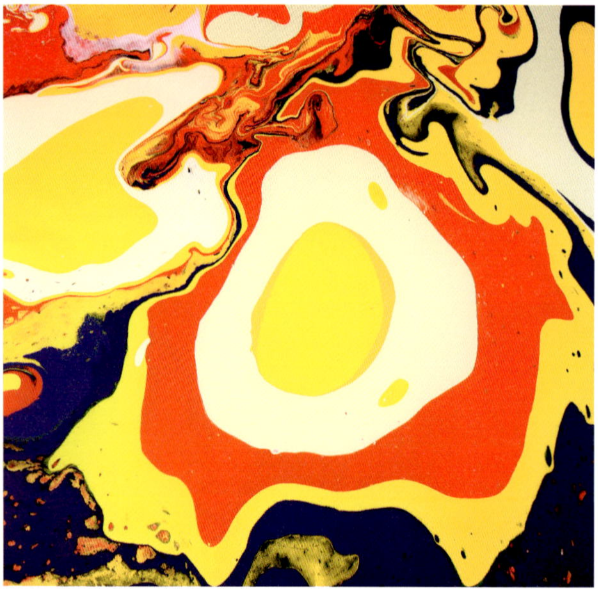

5 Sieht „Sunny Side" nicht zum Anbeißen aus?

Unser Tipp

Wenn Sie bei der Plexiglasscheibe auf die Grundierung verzichten, können Sie das fertige und gut getrocknete Puddle-Fluid-Painting einfach ins Fenster hängen. Ein eindrucksvoller Blickfang!

WILD THING

Für dieses dekorative Bild haben wir bewusst eine kleine Leinwand gewählt. Damit vermeiden wir, dass die Farben ungewollt in die Mitte laufen. Und für den tollen Effekt genügt eine schlichte Plastikgabel! Oder probieren Sie zur Abwechslung einen Kammspachtel oder ein Rührhölzchen zum Verziehen der Farben aus.

MATERIAL

Leinwand 24 cm x 18 cm | Farben: Titanweiß, Lichter Ocker, Kadmiumrot, Türkis, Schwarz | 5 Becher | Rührhölzchen | Acrylbinder oder Bastelkleber | destilliertes Wasser oder Tiefgrund | 1 Plastikgabel

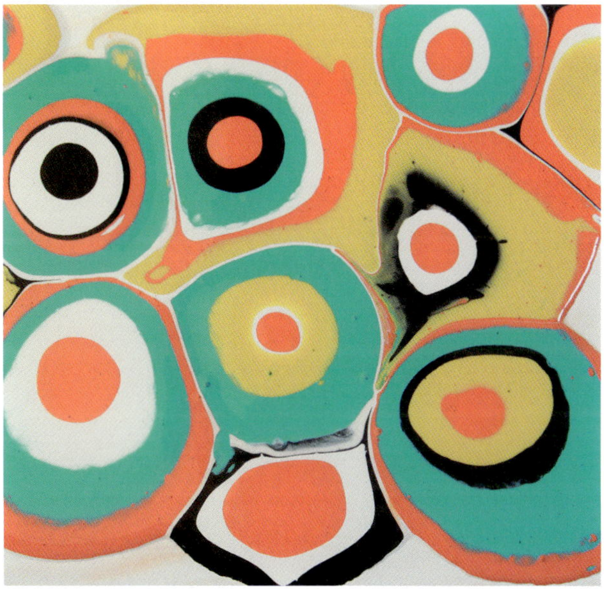

Unser Tipp

Verbringen Sie mit dieser Technik doch mal einen kreativen Nachmittag mit Ihren Kindern oder Enkeln und setzen Sie dabei unterschiedliche Werkzeuge ein!

1 Für die Grundierung tragen Sie Titanweiß ohne einen Zusatz auf. Die Buntfarben bereiten Sie wie üblich einzeln vor und mischen sie mit Acrylbinder im Verhältnis 1:1 sowie mit viel Titanweiß bis zum gewünschten Pastellton.

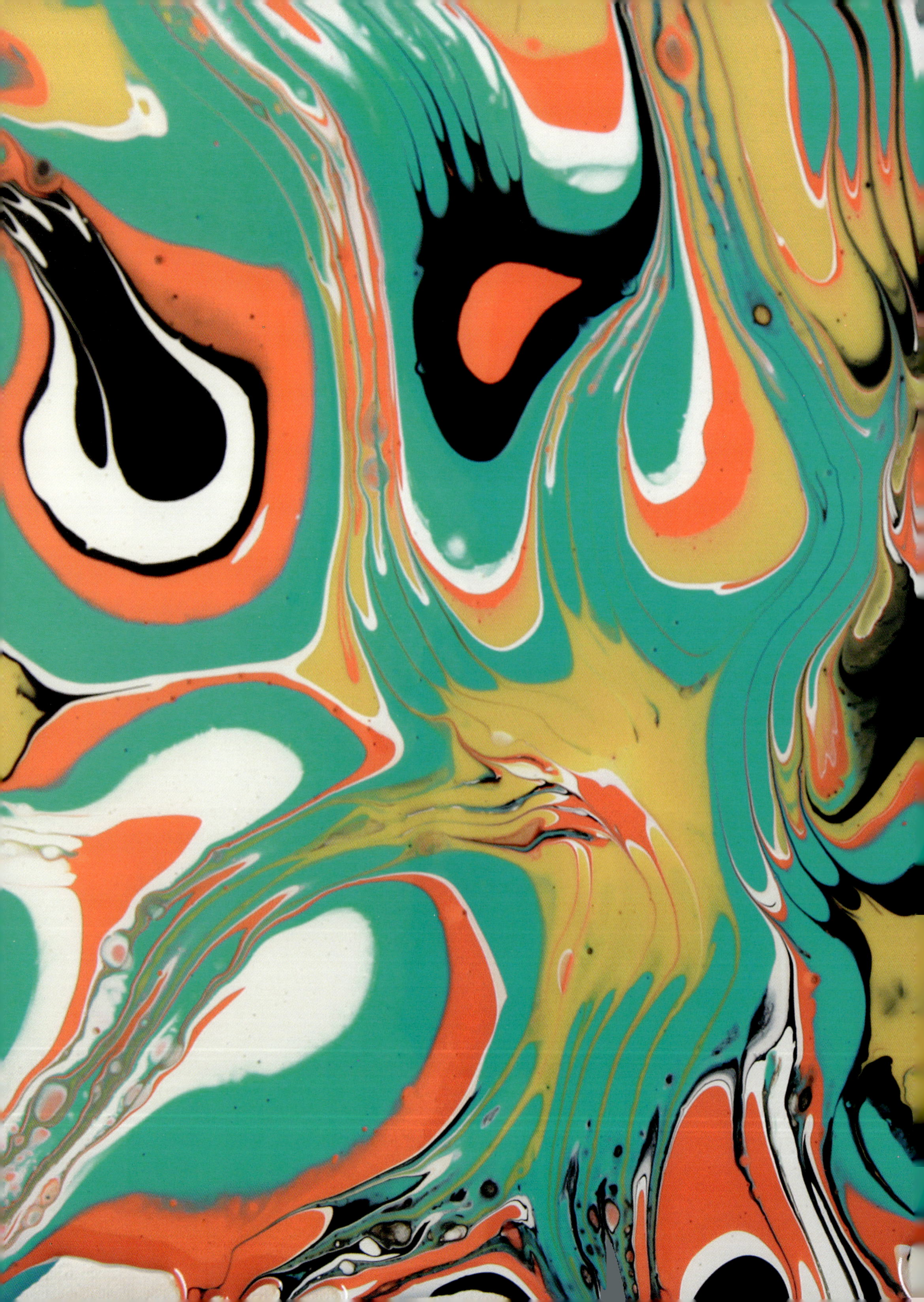

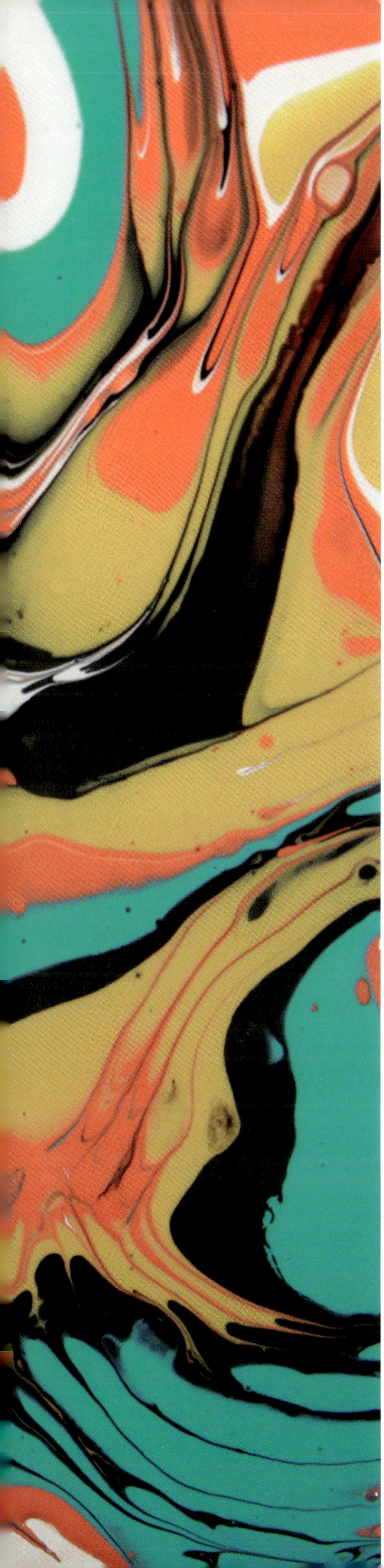

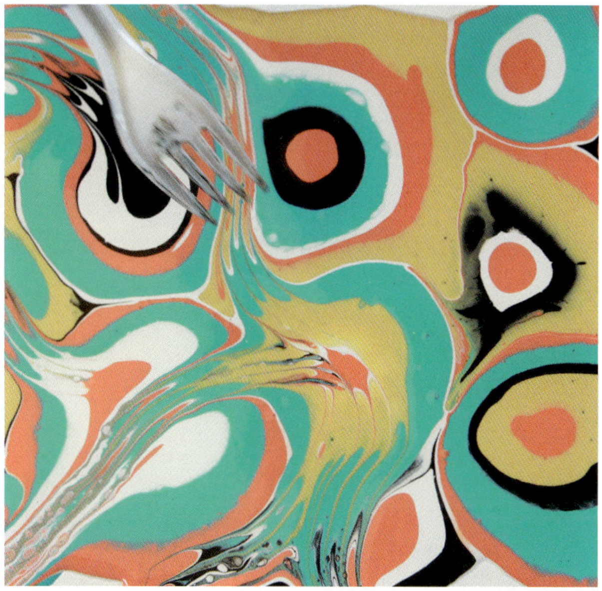

2 Nun schütten Sie die Farben einzeln auf die Leinwand und ziehen die Gabel durch die noch feuchte Farbe. So entstehen die hier abgebildeten unterschiedlich gezackten Farbmuster.

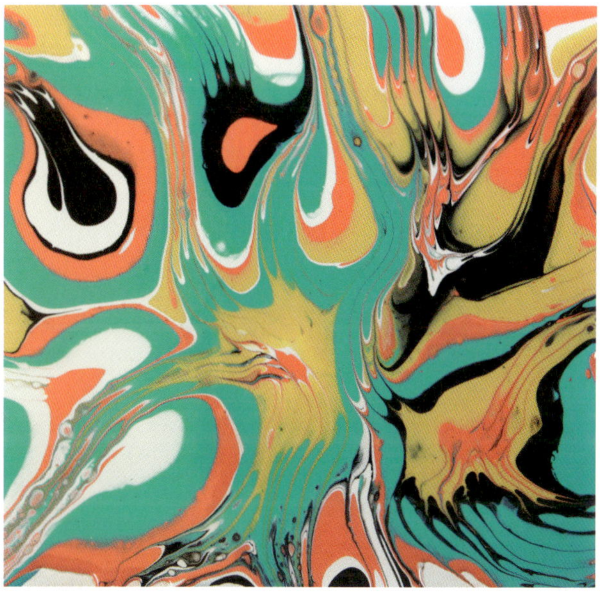

3 Wenn Sie genügend Struktur und Lebendigkeit in das kleine Kunstwerk gebracht haben, lassen Sie es wie immer im Liegen trocknen.

PUDDLE

WAVE

Fallen Ihnen bei diesen Bildern auch Halbedelsteine ein, beispielsweise ein fein gebänderter Achat? Oder erinnern sie Sie eher an grafisch anmutende, digitale Arbeiten? Sogar Einsteiger können die farbenfrohen Formen gut umsetzen. Sie brauchen nur ein bisschen Geschick beim Schütten und natürlich bei der Kombination der Farben.

Das Video zum Thema Wave finden Sie in der Digitalen Bibliothek.

TIME TUNNEL

Dieses Bild zieht den Betrachter magisch an, die Sogwirkung ist fantastisch – und dabei ganz leicht umzusetzen. Sehen Sie selbst! So eine farbig „eingefrorene" Bewegung funktioniert allerdings nur mit der Wave-Technik.

MATERIAL

Leinwand 30 cm x 30 cm | Farben: Titanweiß, Indischgelb, Kadmiumgelb, Orange, Karminrot, Phthaloblau, Königsblau, Phthalogrün, Türkis, Schwarz | 10 Becher | Rührhölzchen | Acrylbinder oder Bastelkleber | destilliertes Wasser oder Tiefgrund | Silikonöl | 1 Plastikmessbecher

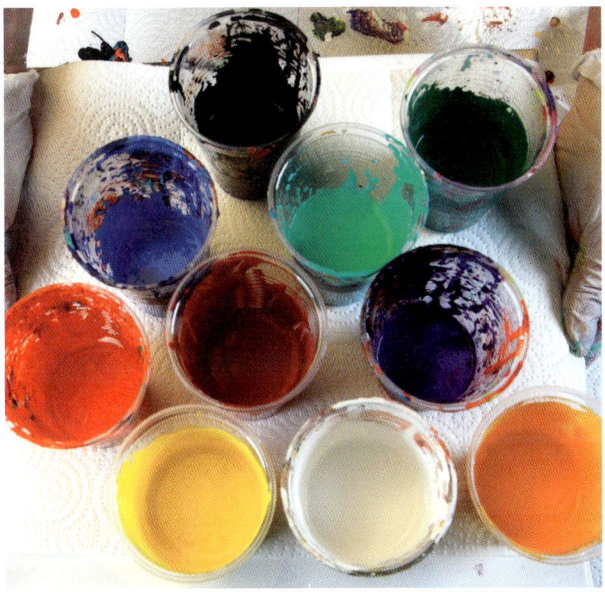

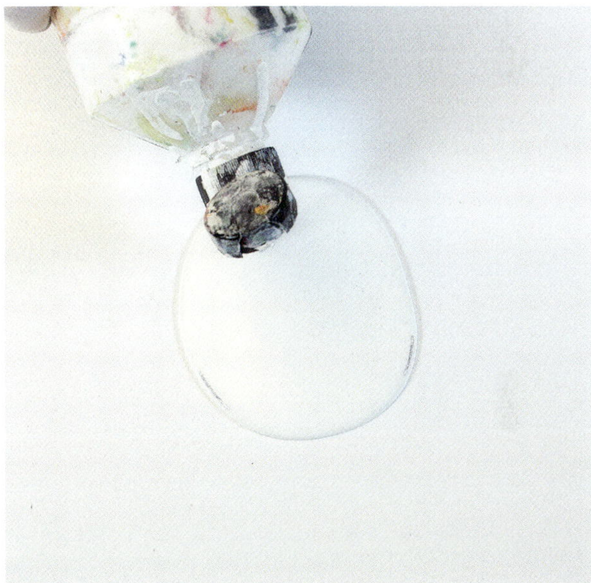

1 Da bei dieser Technik die Farben etwas zähflüssiger sein müssen, verwenden Sie Acrylbinder statt Pouring Medium. Achten Sie darauf, dass der Anteil deckender und transparenter (lasierender) Farbtöne im Gleichgewicht ist. Mischen Sie Farbe und Binder jeweils einzeln im Verhältnis 1:1 und rühren Sie die Mischung mit einem Rührhölzchen um. Dann verdünnen Sie diese Mischung mit Tiefgrund oder destilliertem Wasser, bis sie wie zäher Honig gleichmäßig vom Rührhölzchen fließt. Der Blick in die Becher zeigt, wie viele Farben wir hier einsetzen.

2 Nun grundieren Sie die Leinwand mit einer dünnen Schicht Titanweiß, das Sie mit etwas Acrylbinder verdünnt haben. Auf dieser Grundlage können die Farben gut gleiten.

Unser Tipp

Titanweiß zum Grundieren haben wir immer bereits gemischt in einer Literflasche als Vorrat. Das ist ausgesprochen praktisch, wenn Sie mehrere Bilder planen.

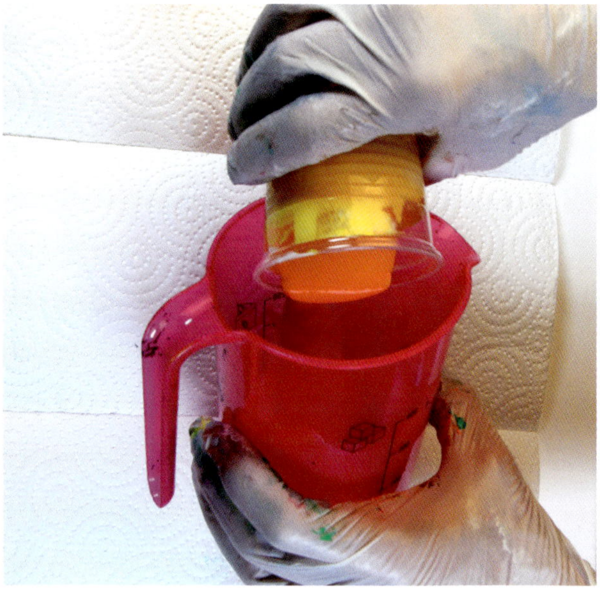

3 Um die Farben besser gießen zu können, füllen Sie sie in einen Messbecher. Diesen beim Einfüllen schräg halten und die einzelnen Farben im Wechsel immer an die gleiche Stelle laufen lassen – bereits im Becher sehen Sie, wie ringförmige Elemente entstehen. Kombinieren Sie die hellen und dunklen Farben so, dass später interessante Kontraste entstehen. Um einen schönen Farbverlauf von hell nach dunkel zu erhalten, müssen Sie die hellen Farben auch zuerst einfüllen.

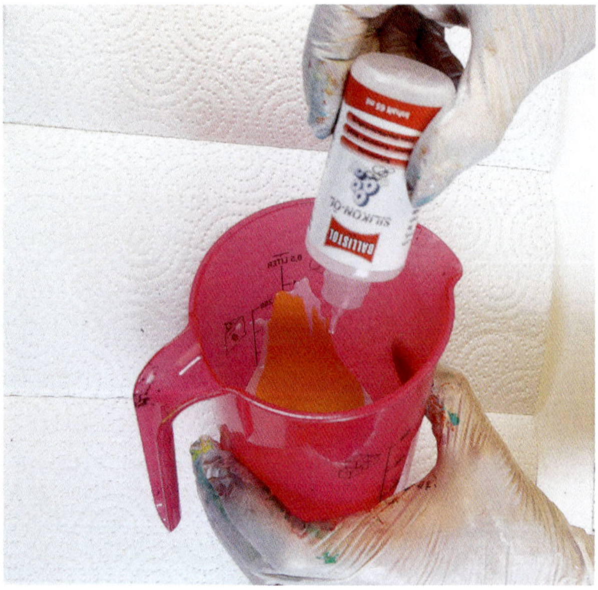

4 Vergessen Sie nicht, zwischen den einzelnen Farben hin und wieder einen Tropfen Silikonöl in den Messbecher zu geben.

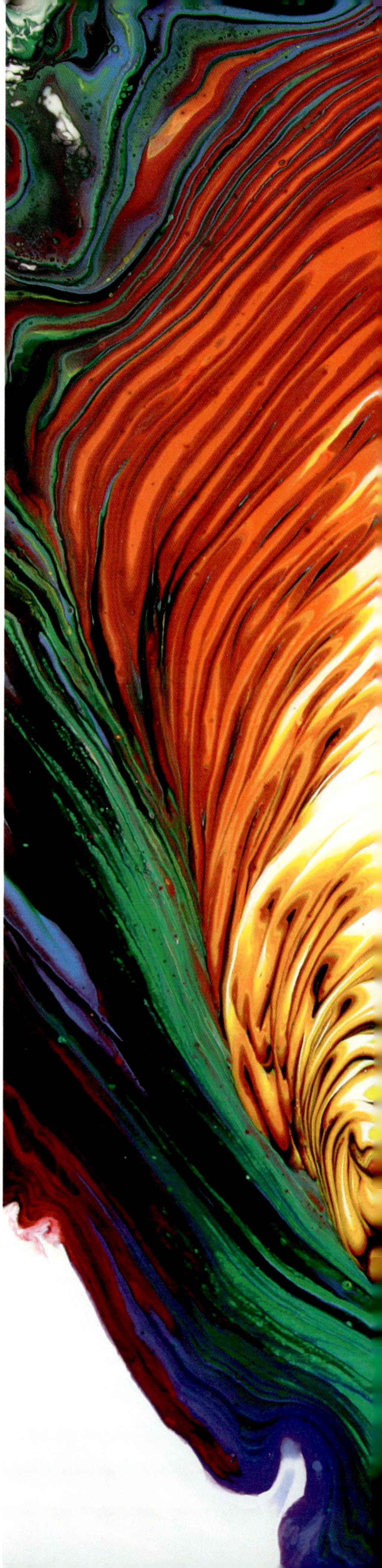

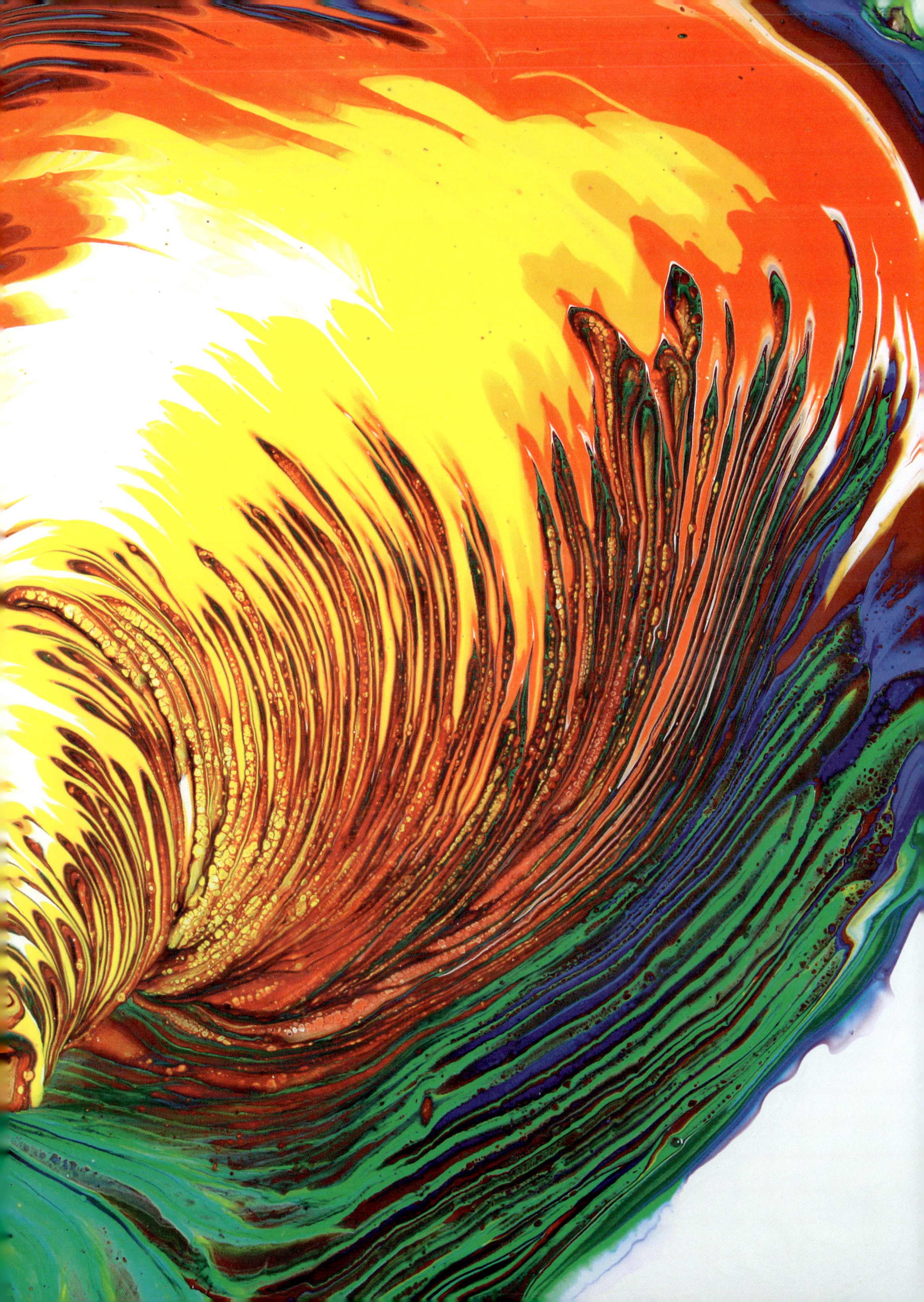

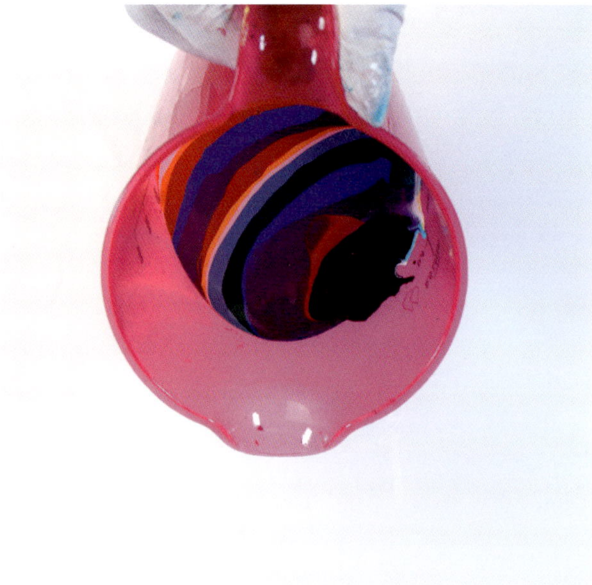

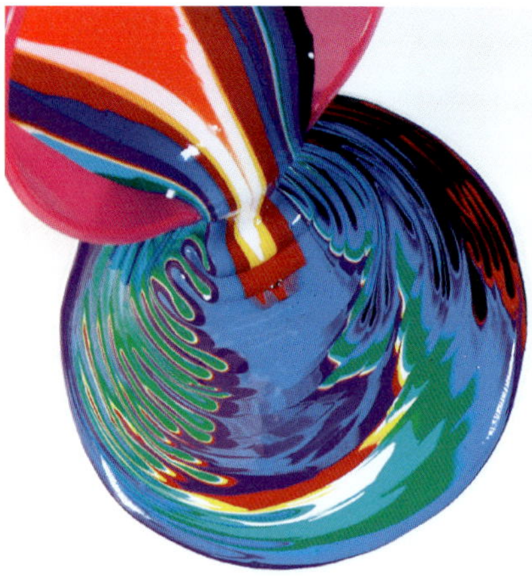

5 Der Blick in den Messbecher zeigt Ihnen, wie schön sich die einzelnen Farben aufgrund der verschiedenen Zusätze trennen.

6 Gießen Sie die Farben nun vorsichtig aus dem Messbecher auf die Leinwand. Dabei können Sie ihn entweder kreisförmig oder im Zickzack bewegen, um die gewünschte Wellenform zu erreichen. Aber bitte nur ganz vorsichtig!

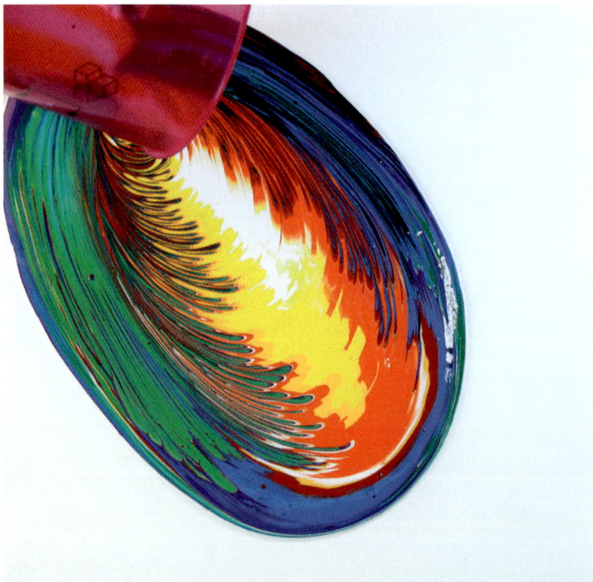

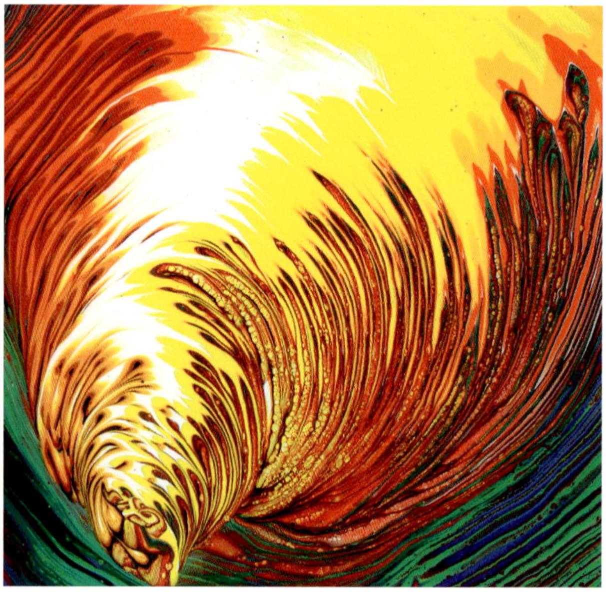

7 Wie geplant kommen gegen Ende des Ausgießens verstärkt die hellen Töne ins Spiel, hier die Orange-, Weiß- und Gelbtöne, die Sie zuerst in den Messbecher gefüllt haben. Durch leichtes Kippen der Leinwand können Sie diesen Regenbogen in die gewünschte Richtung laufen lassen. Dabei werden manche Farbbänder breiter, andere schmäler. Sollte ein Bereich zu sehr gestaucht werden, kippen Sie die Leinwand einfach vorsichtig in die Gegenrichtung.

8 Das Ergebnis ist beeindruckend, es sieht fast wie ein farbiger Wirbelsturm aus. Bitte beachten Sie, dass dieses Bild aufgrund der großen Farb- und Bindermenge mindestens 2 bis 3 Tage trocknen muss.
Probieren Sie zur Abwechslung mal, nur in einer Farbgruppe zu bleiben, verwenden Sie beispielsweise unterschiedliche Rot- oder Blautöne. Oder beschränken Sie sich einfach auf zwei oder drei Farben.

ACHAT

Diesem Bild sieht garantiert keiner an, dass hier lediglich Reste verwertet wurden! Am Anfang wirkt es zwar ganz schön düster, doch warten Sie es ab. Der Crème-Brûlée-Brenner holt fantastische Zellbildungen aus den Farbresten heraus!

MATERIAL

Leinwand 30 cm x 30 cm | Farben: Kadmiumgelb, Orange, Karminrot, Violett, Königsblau, Phthalogrün, Schwarz | 7 Becher | Rührhölzchen | Silikonöl | Pouring Medium oder Acryllack | destilliertes Wasser oder Tiefgrund | Palettmesser | Crème-Brûlée-Brenner | 1 Plastikmessbecher

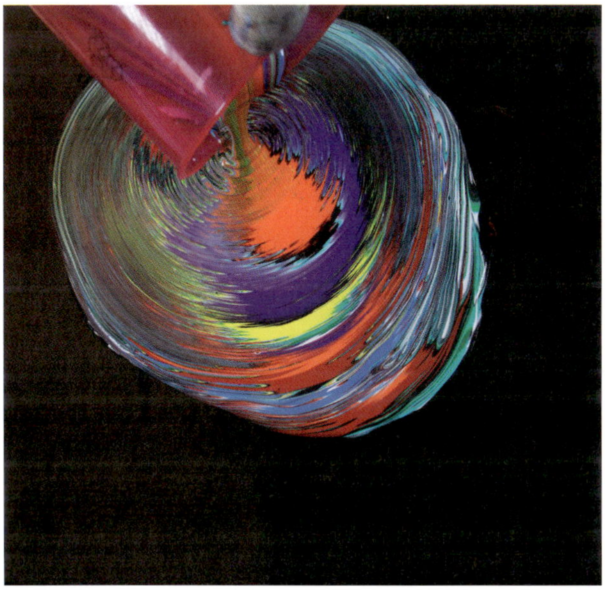

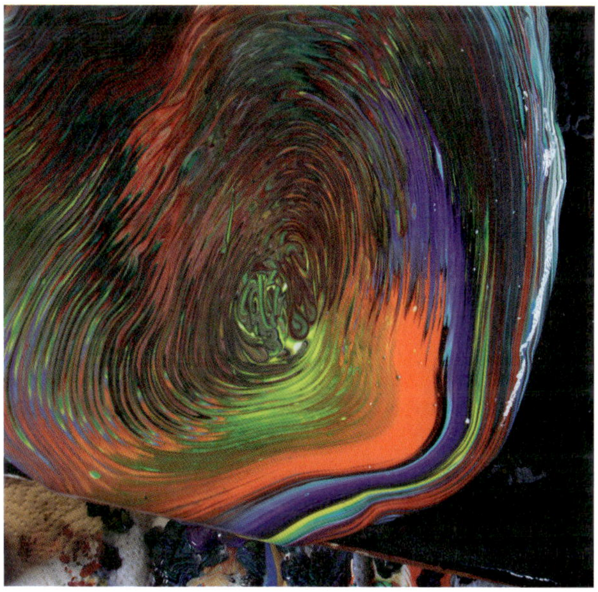

1 Wie so häufig beginnen Sie auch bei dieser Arbeit mit dem Einfärben der Leinwand in Schwarz. Dafür mischen Sie wie gewohnt die Farbe mit Acryllack im Verhältnis 1:1 und verdünnen sie noch etwas mit Wasser. Dann füllen Sie Ihre Restfarben in den Messbecher und gießen sie auf die Leinwand.

2 Kippen Sie die Leinwand nun so, dass die Farben auf dem noch feuchten schwarzen Gleitfilm in die gewünschte Richtung laufen.

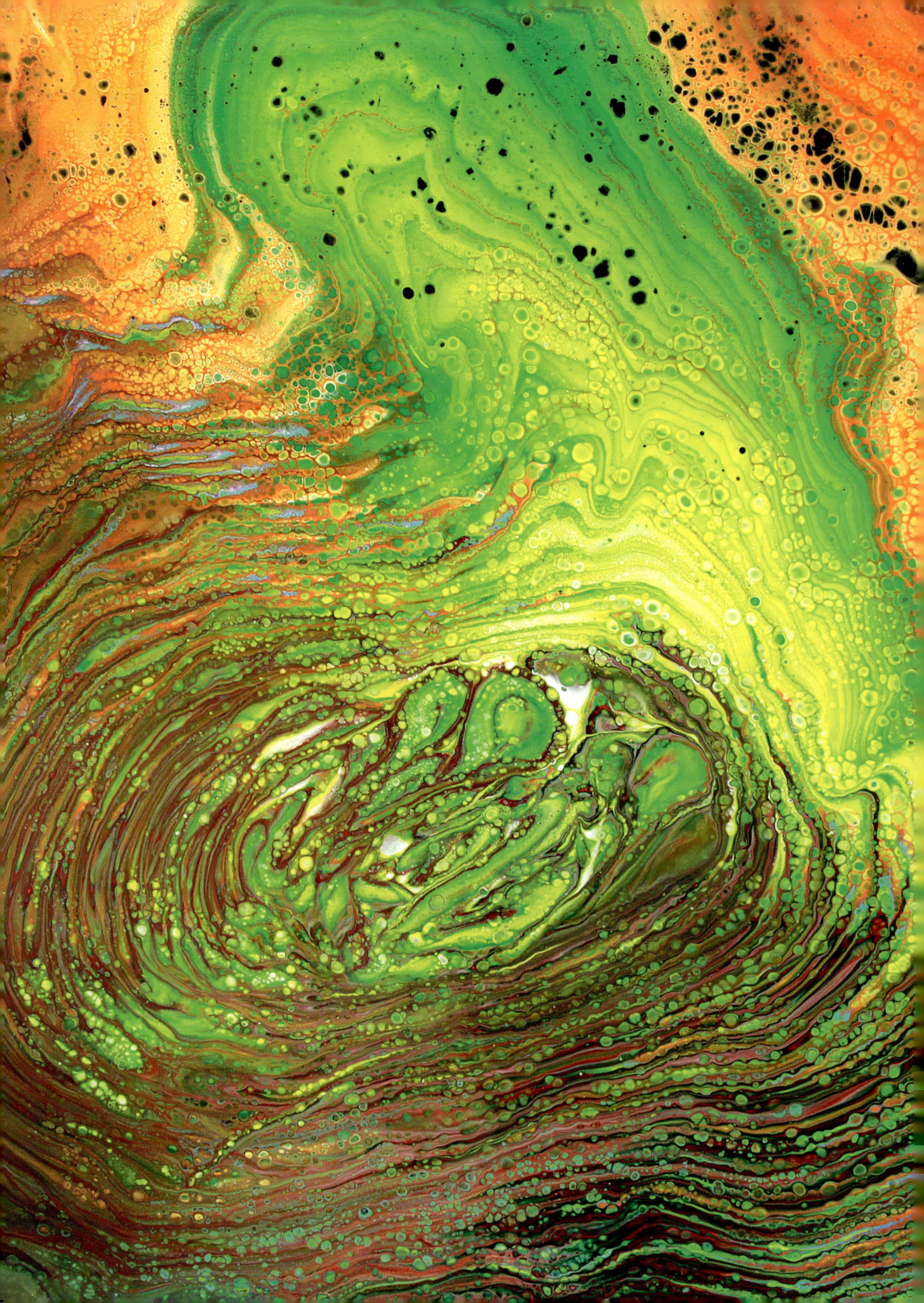

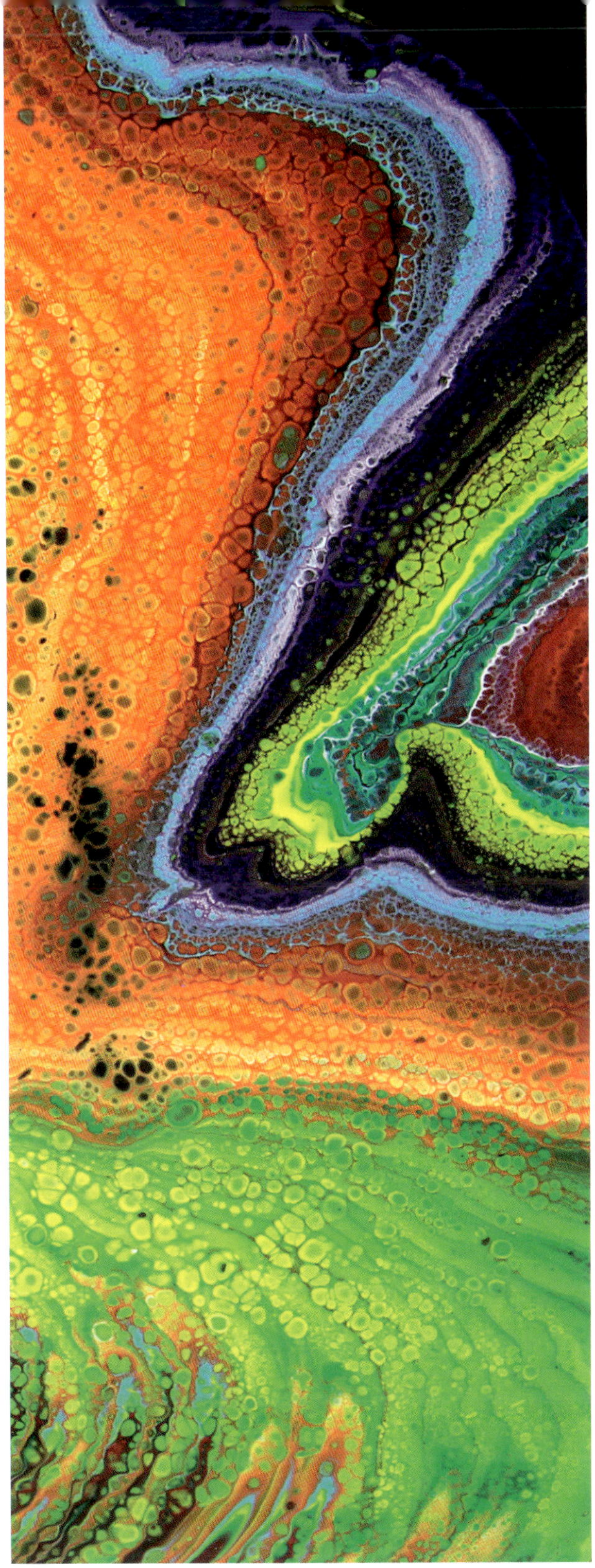

WAVE

3 Die Restfarben enthalten beim einen oder anderen Farbton auch etwas Silikon. Zusammen mit dem Crème-Brûlée-Brenner können Sie selbst kleine Zellbildungen aus dem Bild herausholen.
Unsere Empfehlung für Restfarben lautet: Alles rein in den Messbecher, ausgießen und sich vom Ergebnis überraschen lassen!

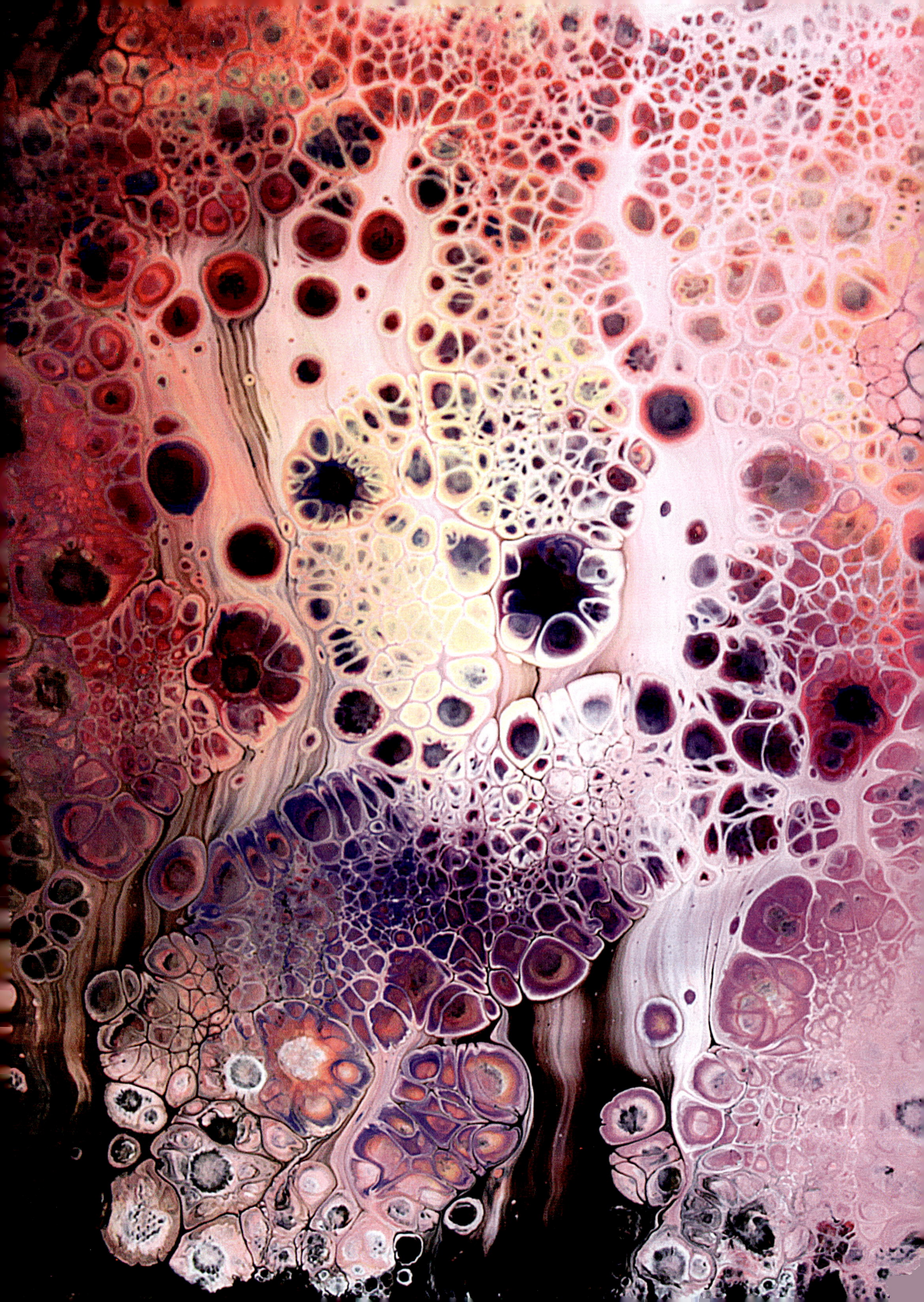

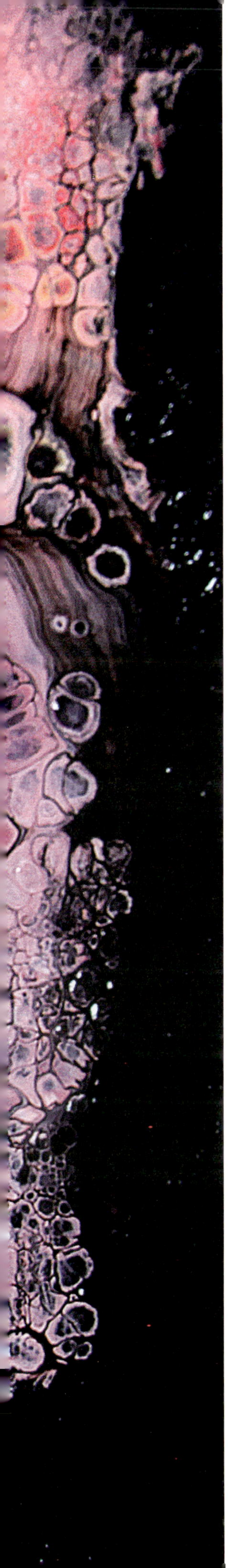

FLAMMENWIRBEL

Aus sehr kräftigen und dunklen Farbtönen zaubern Sie nur mit der Zugabe von Titanweiß und der Kombination der beiden Techniken Swipe und Wave ein filigranes Fluid Painting.

MATERIAL

Leinwand 30 cm x 30 cm | Farben: Titanweiß, Indischgelb, Orange, Karminrot, Violett, Schwarz | 6 Becher | Rührhölzchen | Silikonöl | Acryllack oder -binder | destilliertes Wasser oder Tiefgrund | Palettmesser | 1 Bogen festes Papier oder Pappe | Crème-Brûlée-Brenner | 1 Plastikmessbecher

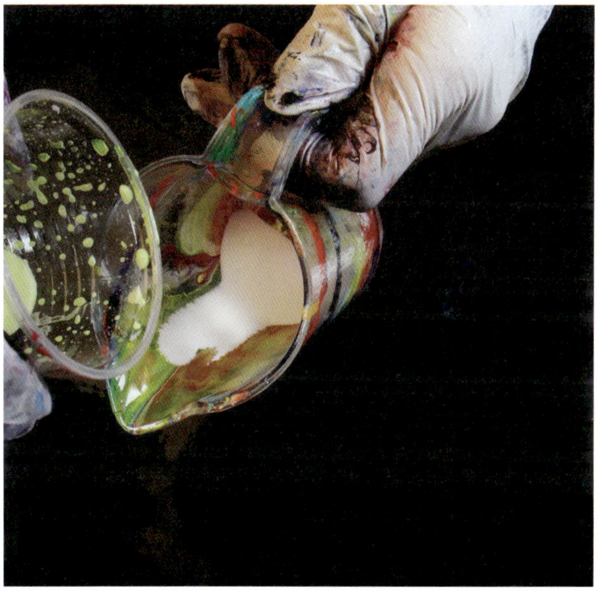

1 Mischen Sie die Buntfarben jeweils mit Acrylbinder im Verhältnis 1:1 und verdünnen sie bei Bedarf mit Tiefgrund oder destilliertem Wasser. Geben Sie jeweils 2 bis 3 Tropfen Silikonöl zu, da Sie bei dieser Arbeit zwei unterschiedliche Techniken kombinieren. Beim Einfüllen in den Messbecher beginnen Sie dann mit Titanweiß.

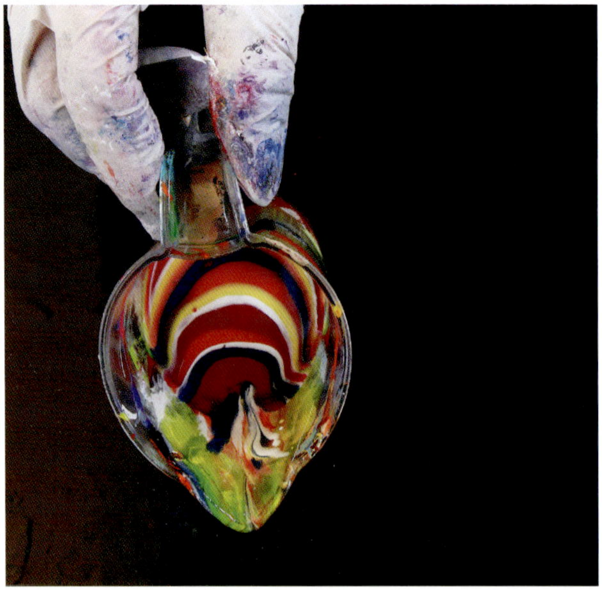

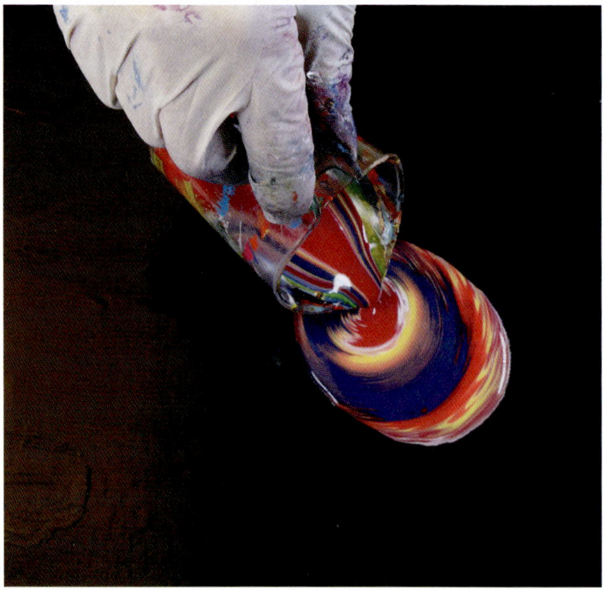

2 Hier können Sie gut die Kontraste zwischen den zuerst eingefüllten hellen Farbtönen und den später eingefüllten dunklen Blau- und Violett-Tönen erkennen.

3 Damit die Farben besser gleiten, grundieren Sie die Leinwand mit einer dünnen Schicht Schwarz, das mit Wasser und etwas Acrylbinder gemischt ist. Dann lassen Sie die gesamte Farbmischung auf einen einzigen Punkt auf dem Malgrund laufen.

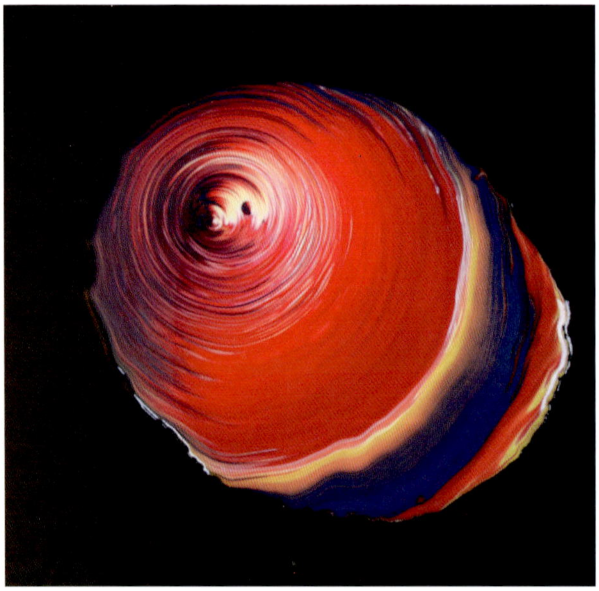

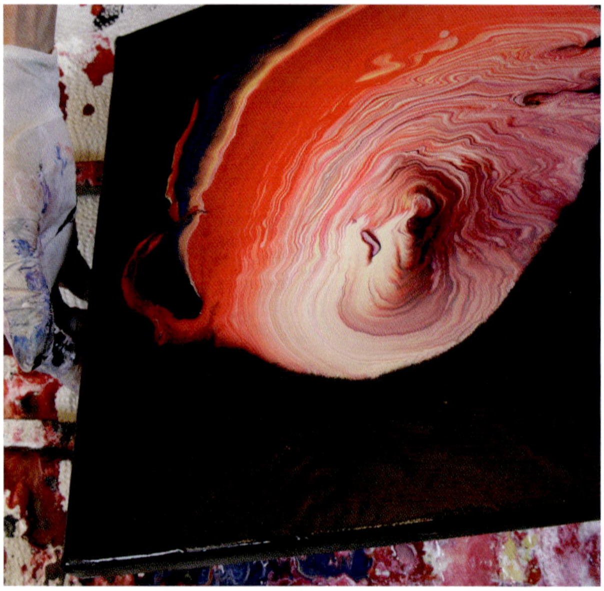

4 Das Bild sieht schon richtig gut aus und man könnte es auch so trocknen lassen und später aufhängen. Aber wir möchten Ihnen ja noch zeigen, wie Sie mit der Swipe-Technik einen zusätzlichen Effekt erzeugen können.

5 Dazu kippen Sie die Leinwand ganz leicht und lassen so die Farbe darüber gleiten.

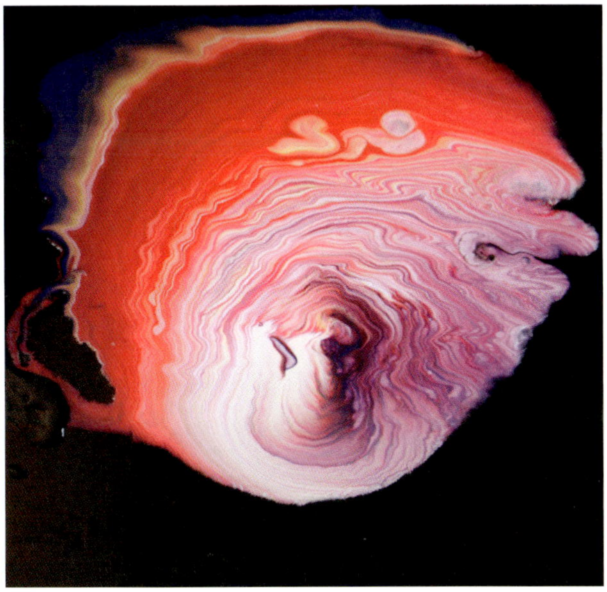

WAVE

6 In diesem Zustand legen Sie die Leinwand flach hin, damit sich die Farbe selbst in Ruhe einen Weg suchen kann.

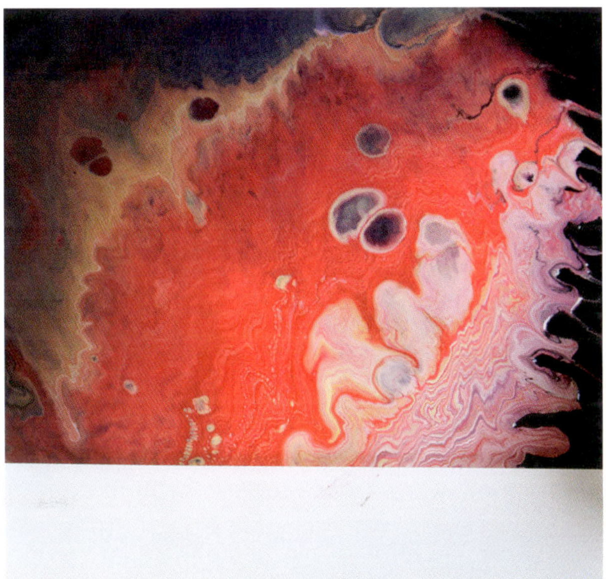

7 Mit einem Stück Pappe oder einem festen Papier wischen Sie jetzt ganz zart über die Oberfläche des gesamten Bildes.

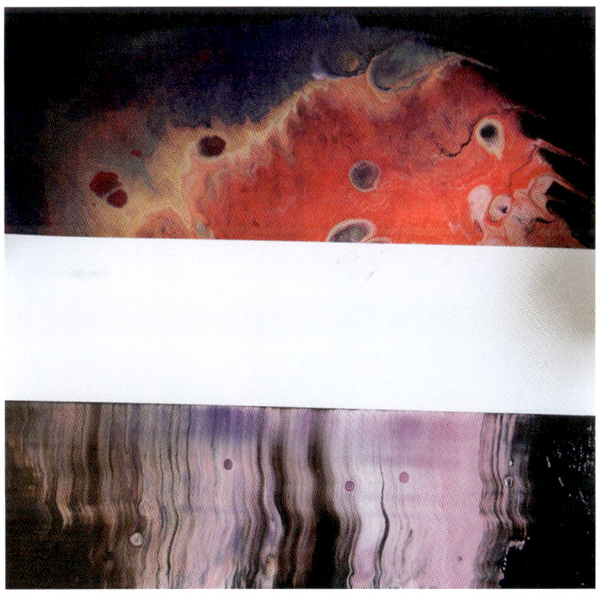

8 Durch das Wischen kommt das Titanweiß wieder zum Vorschein und die Rottöne verschwinden nahezu.

WAVE

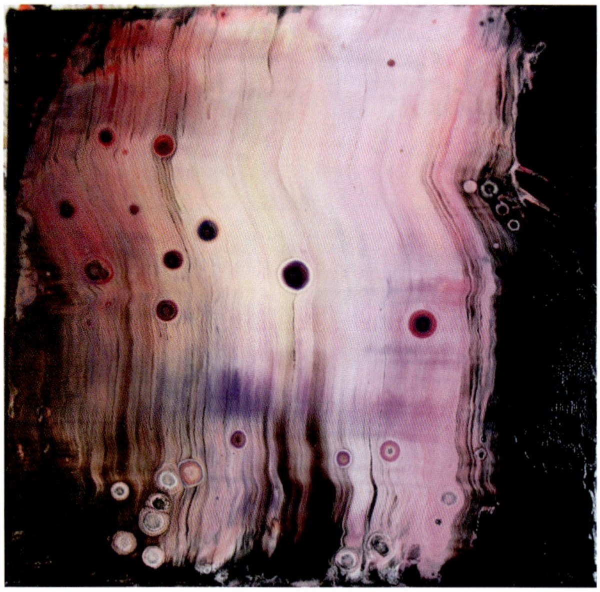

9 Nicht erschrecken! Jetzt kommt eine zart verlaufene Fläche zum Vorschein, auf der sich ein paar große Zellen befinden. Das ist prima, denn nun können Sie mit dem Crème-Brûlée-Brenner Leben und Struktur aus dem Bild herausholen.

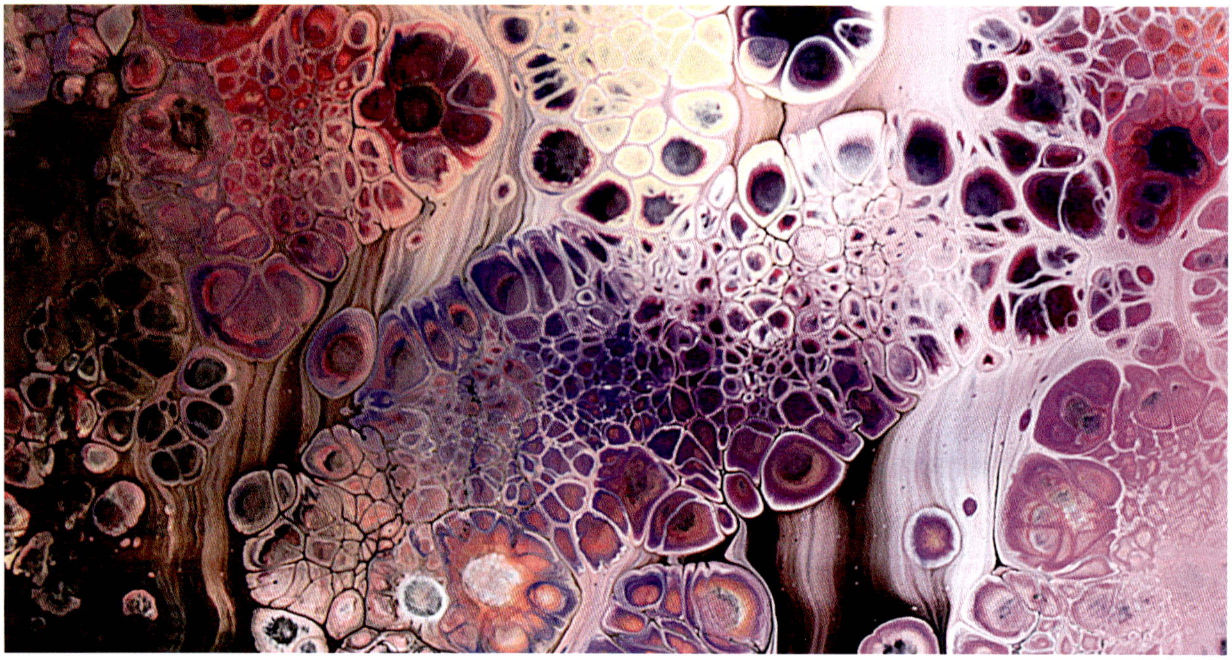

10 Hätten Sie gedacht, dass aus einem so massiven Farbauftrag ein solch filigranes Gebilde entsteht?

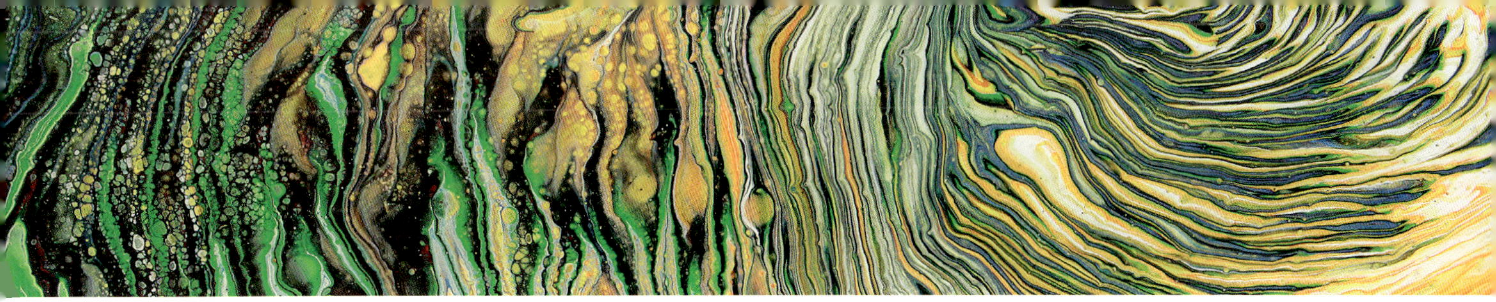

DSCHUNGEL

Das für einen Wave typische Ringmuster wirkt hier durch den Gelb-, Orange- und Weißanteil fast wie ein Tunnel. Der dreidimensionale Effekt zieht den Betrachter förmlich in das Bild.

MATERIAL

Holzmaltafel 24 cm x 30 cm | Farben: Titanweiß, Indischgelb, Kadmiumgelb, Orange, Phthaloblau, Phthalogrün, Permanentgrün, Schwarz | 8 Becher | Rührhölzchen | Silikonöl | Acryllack oder -binder | destilliertes Wasser oder Tiefgrund | Palettmesser | Crème-Brûlée-Brenner | 1 Plastikmessbecher

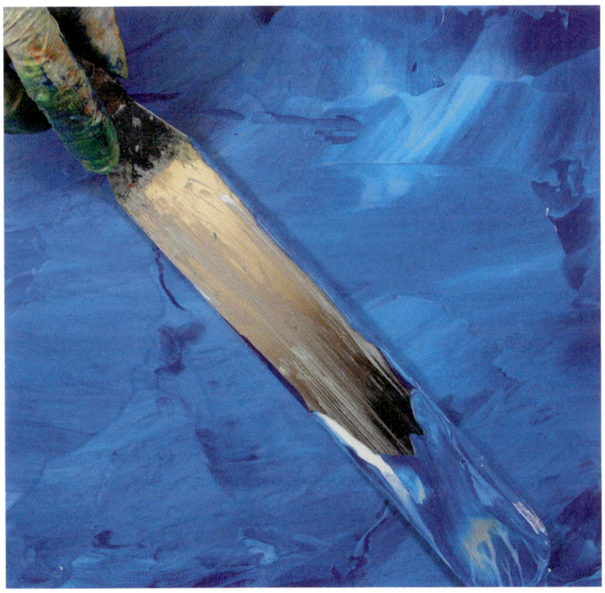

1 Zur Abwechslung verwenden Sie diesmal zum Grundieren eine Mischung aus Phthaloblau und Titanweiß. Verstreichen Sie die Farbe mit dem Palettmesser gleichmäßig auf der gesamten Fläche der Holzmaltafel.

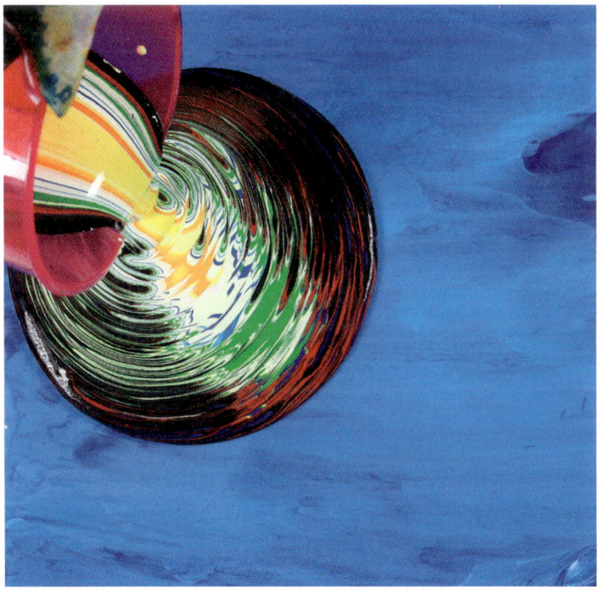

2 Mischen Sie nun die Bunttöne einzeln mit Acrylbinder jeweils im Verhältnis 1:1. Verdünnen Sie die Töne so mit Tiefgrund oder destilliertem Wasser, dass die Mischung gleichmäßig wie zäher Honig vom Rührhölzchen fließt. Anschließend füllen Sie alle Farben nacheinander in den Messbecher, und zwar beginnen Sie wieder mit den hellsten Farbtönen.

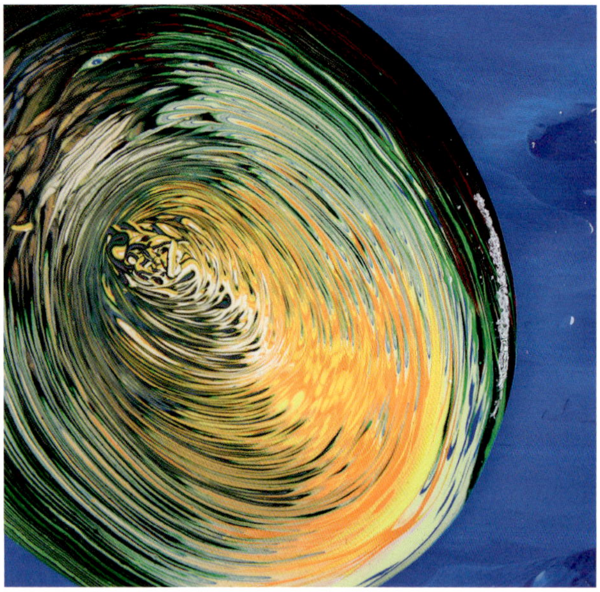

3 Jetzt gießen Sie die Farbmischung langsam und vorsichtig auf einen Punkt auf der Leinwand. Sofort entsteht das für einen Wave charakteristische Ringmuster mit einer faszinierenden Sogwirkung.

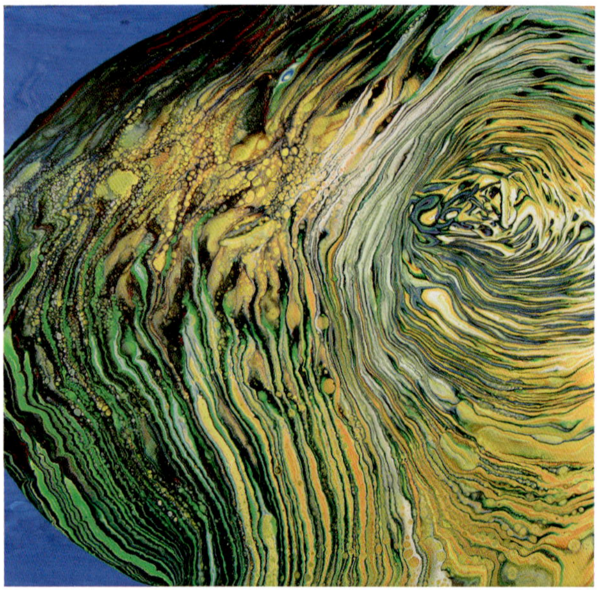

4 Durch leichtes Kippen der Holzmaltafel lassen Sie die Farbe in die gewünschte Richtung fließen. Nun müssen Sie nur noch etwas Geduld aufbringen und das Bild vor dem Aufhängen einige Tage gut durchtrocknen lassen.

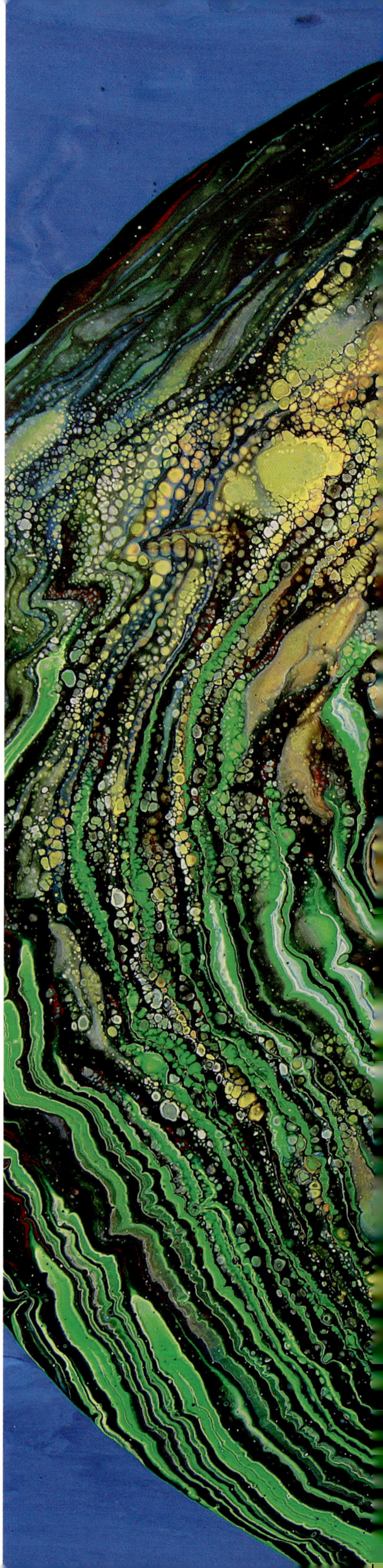

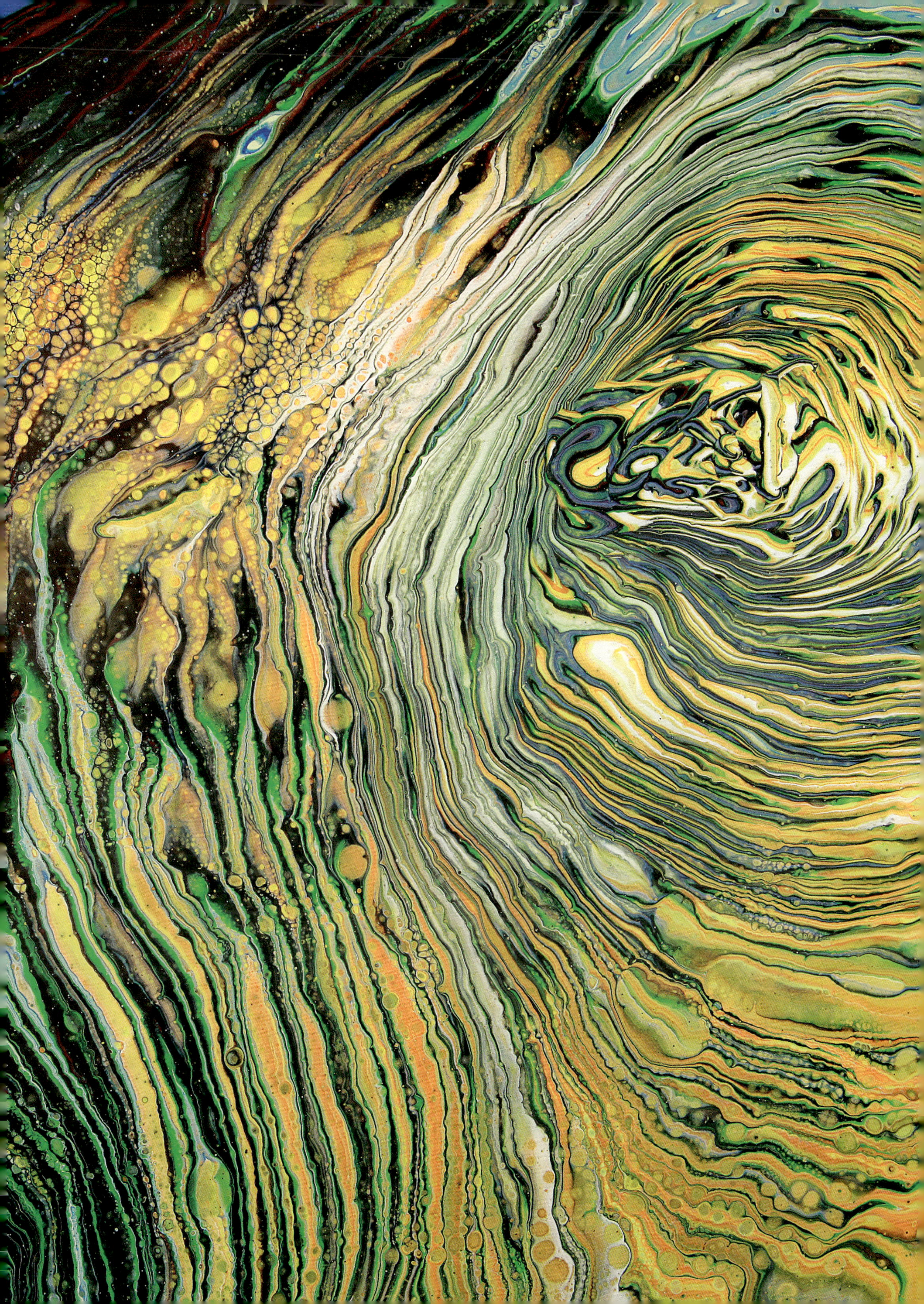

COASTLINE

Fast sieht dieses Bild wie der Querschnitt durch wertvolles Gestein aus. Farbige Adern stehen in einem schönen Kontrast zu erdigen Ocker-, Braun- und Goldtönen. Auch hier kombinieren wir zwei unterschiedliche Techniken. Den Hintergrund gestalten wir mit der Flip Cup-Technik und mit einem Wave bringen wir die Leuchtkraft hinein.

MATERIAL

Leinwand 30 cm x 30 cm | Farben: Titanweiß, Lichter Ocker, Gold, Orange, Umbra Natur, Türkis, Phthaloblau, Ultramarinblau | 8 Becher | Rührhölzchen | Silikonöl | Pouring Medium oder Acryllack | destilliertes Wasser oder Tiefgrund | Palettmesser | Crème-Brûlée-Brenner | 1 Plastikmessbecher

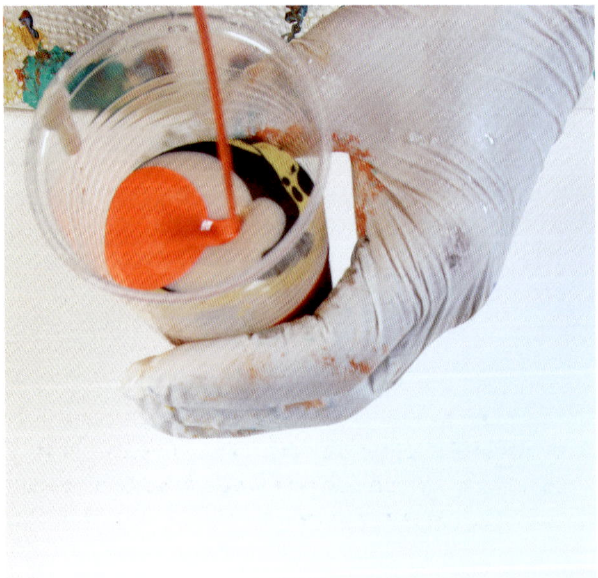

1 Zuerst bereiten Sie die Grundierung für die Leinwand vor. Dazu mischen Sie Phthaloblau und Titanweiß und tragen die Farbe mit dem Palettmesser auf die Leinwand auf. Für den Flip Cup im Hintergrund mischen Sie die erdigen Töne, also Lichter Ocker, Umbra Natur, Orange, Gold und Titanweiß wie üblich einzeln im Verhältnis 1:1 mit Pouring Medium. Außerdem geben Sie jeweils ein paar Tropfen Silikonöl dazu und verdünnen mit Wasser oder Tiefgrund.
Parallel dazu mischen Sie die Türkis-, Phthaloblau-, Ultramarinblau- und Weiß-Töne für den Wave ebenfalls einzeln an und verdünnen die Farben so, dass sie etwas zäher sind als beim Flip Cup.

Unser Tipp

Beginnen Sie beim Einfüllen mit Titanweiß!

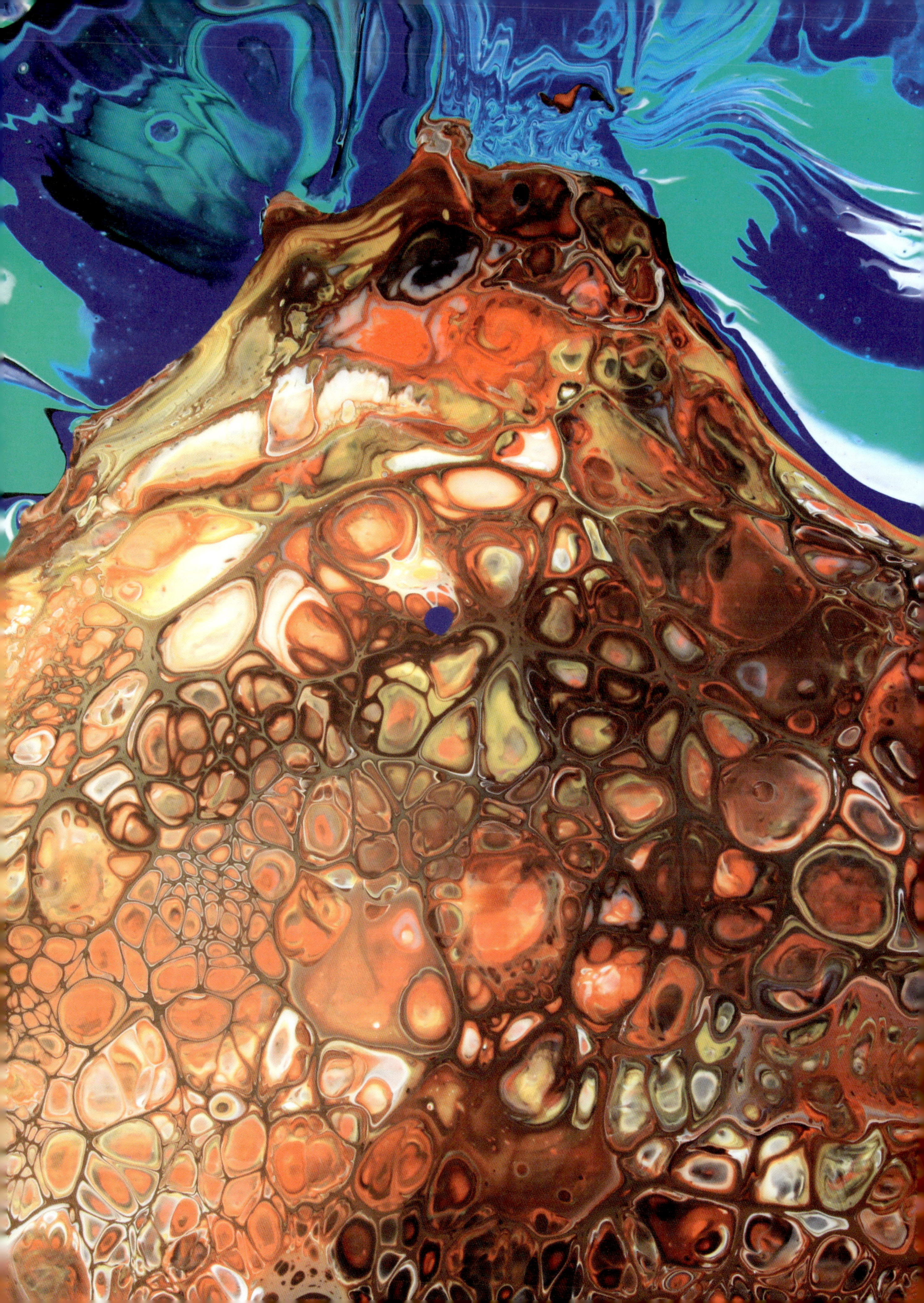

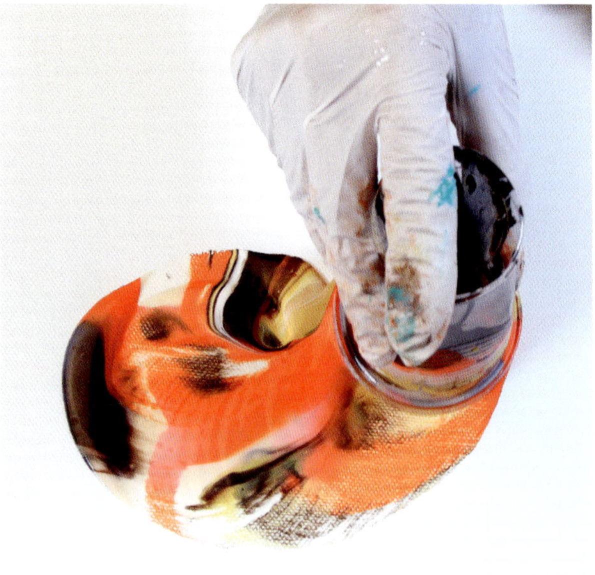

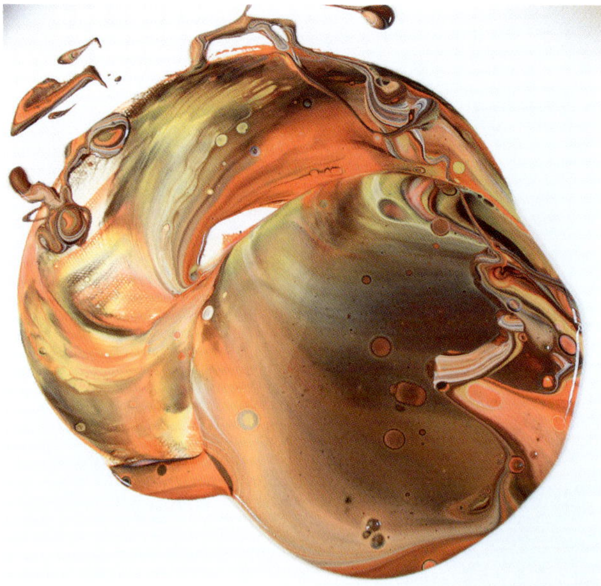

2 Nachdem Sie alle Farben für den Flip Cup eingefüllt haben, gießen Sie den Inhalt wie abgebildet kreisförmig über die Leinwand.

3 Ziehen Sie den Becher nach oben hin weg und lassen Sie der Farbe Zeit, ihren Weg auf der Leinwand zu finden.

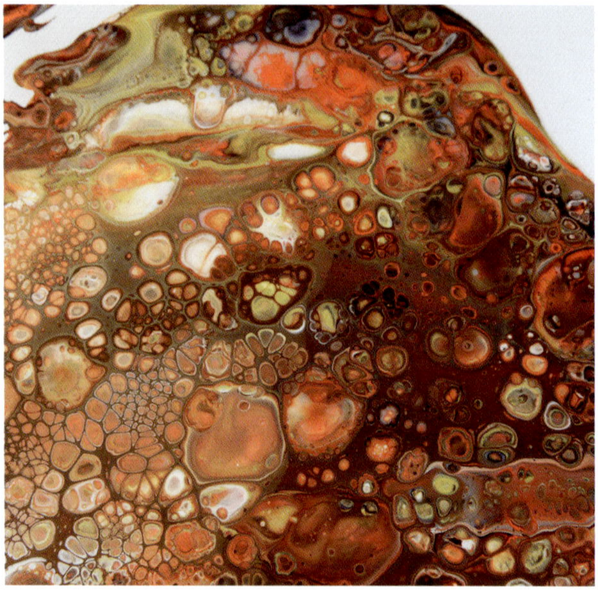

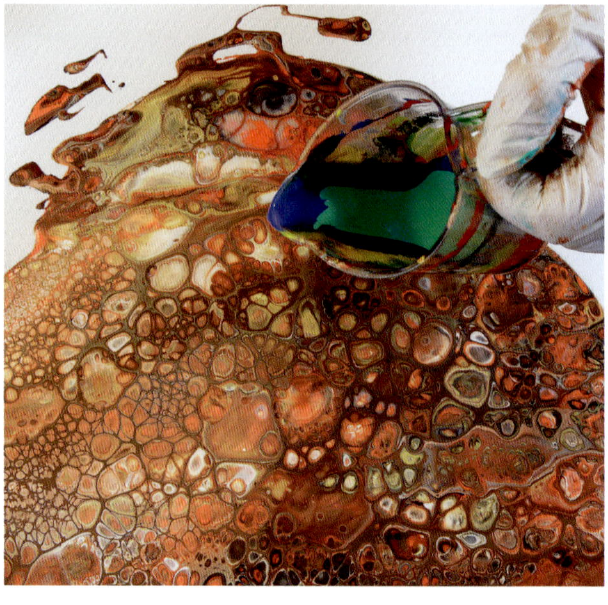

4 Bereits während sich die Farbe über die Leinwand ausbreitet, entstehen die ersten Zellstrukturen in wunderschönen Ocker-, Braun- und Weißnuancen. Bitte kippen und drehen Sie das Bild nicht, da Sie ja gleich eine zweite Technik einsetzen!

5 Nun füllen Sie die vorbereiteten Türkis-, Phthaloblau- und Weißtöne für den Wave in den Messbecher. Keine Sorge, in diesem Fall müssen Sie den Messbecher nicht extra reinigen.

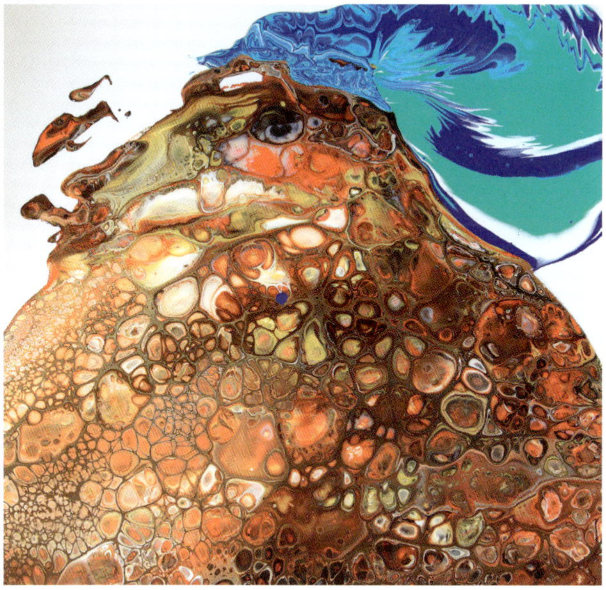

WAVE

6 Diese Farbkombination gießen Sie auf die verbliebene weiße Leinwand, so dass die beiden unterschiedlichen Techniken aneinander stoßen.

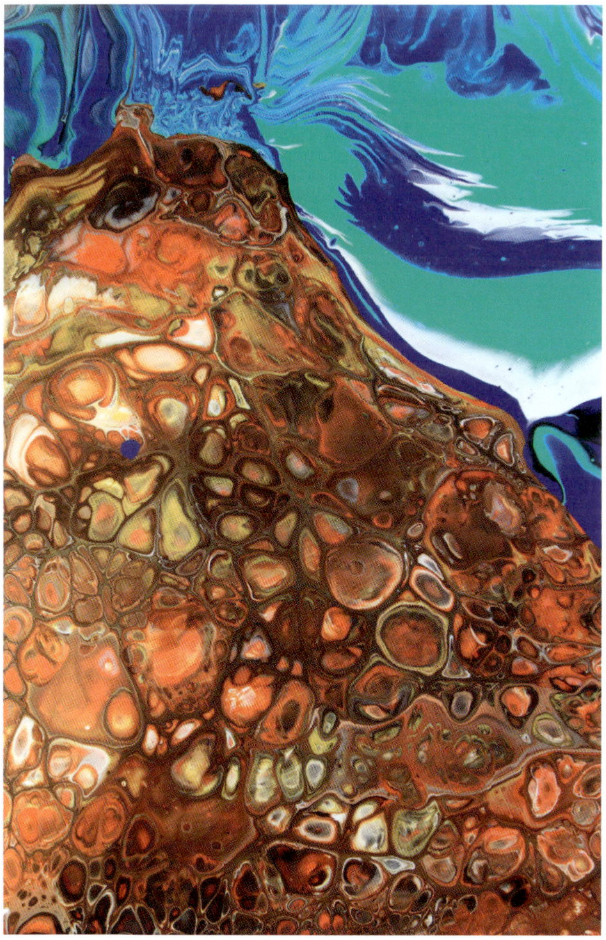

7 So wie hier können Sie auch andere in diesem Buch vorgestellte Techniken miteinander kombinieren, zum Beispiel Flip Cup mit Wave oder Wave mit String oder … Ihrer Fantasie sind keinerlei Grenzen gesetzt. Spielen Sie mit den verschiedenen Möglichkeiten und entdecken Sie Neues. Es macht garantiert viel Freude.

STRING

Keine andere Technik beim Pouring verlangt so viel Disziplin wie der String. Hier geht es nicht um das Gießen, sondern um die nachfolgende Bearbeitung eines Bildes. Trotzdem können Sie mit der String-Technik Fluid Art schaffen, wie Sie an den folgenden Beispielen sehen.

Das Video zum Thema String finden Sie in der Digitalen Bibliothek.

FEDERLEICHT

Mit dem ersten Bild wollen wir Ihnen zeigen, dass auch einfache Motive in dieser Technik absolute Hingucker sein können. Wenn Sie diszipliniert vorgehen, werden Sie mit einem fantastischen Ergebnis belohnt.

MATERIAL

Leinwand 30 cm x 30 cm | Farben: Titanweiß, Schwarz | 2 Becher | Rührhölzchen | Silikonöl | Pouring Medium | destilliertes Wasser oder Tiefgrund | Palettmesser | saugfähige Schnüre oder Wollfäden, ca. 30 cm lang | Crème-Brûlée-Brenner

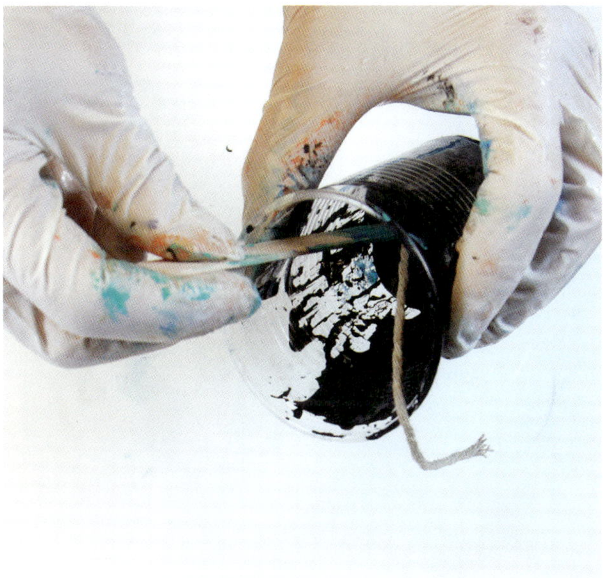

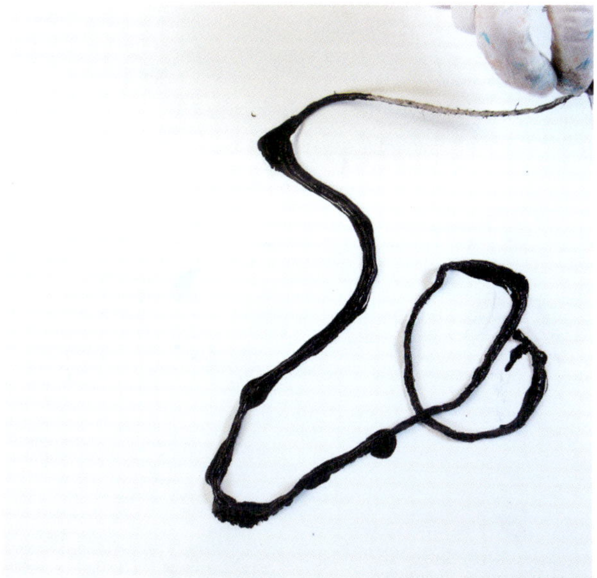

1 Für die Untermalung der Leinwand benötigen Sie eine Mischung aus 30 % Titanweiß und 70 % Pouring Medium. Außerdem mischen Sie in einem zweiten Becher Schwarz und Pouring Medium im gewohnten Verhältnis 1:1. Damit das Schwarz etwas flüssiger wird, verdünnen Sie die Farbmischung mit 10 bis 15 % Tiefgrund oder destilliertem Wasser. Tragen Sie nun Titanweiß mit dem Palettmesser auf die Leinwand auf. Anschließend tränken Sie einen Wollfaden in dem Becher mit der schwarzen Farbmischung.

2 Nehmen Sie den Faden aus dem Becher, lassen ihn etwas abtropfen und legen ihn in Bogen und Wellen auf der Leinwand aus. Dabei sinkt der Faden in das noch flüssige Weiß ein.

Unser Tipp

Achten Sie darauf, dass Sie das letzte Stückchen des Fadens nicht in die Farbe eintauchen, damit Sie ihn später bequem anfassen können.

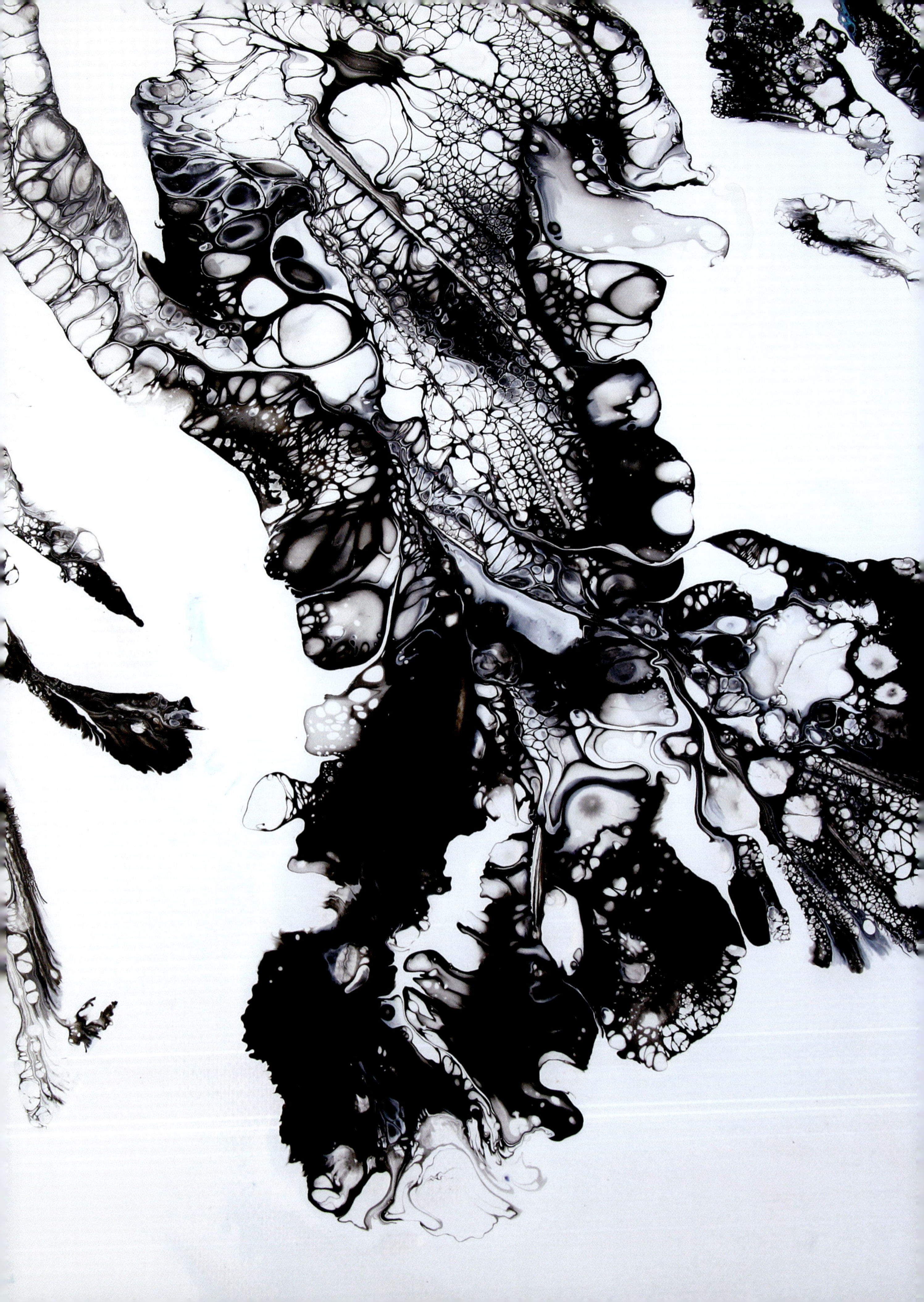

STRING

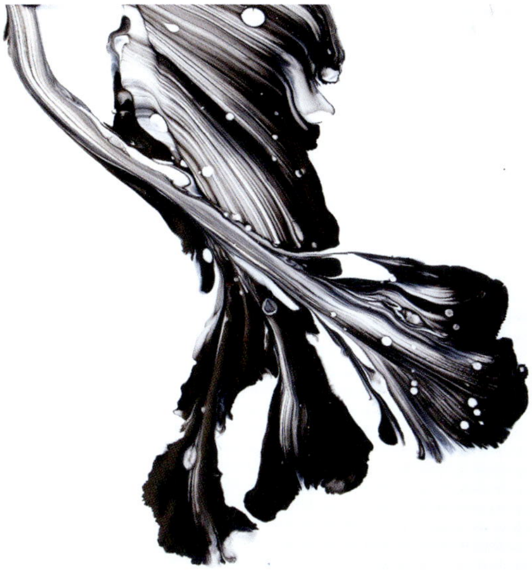

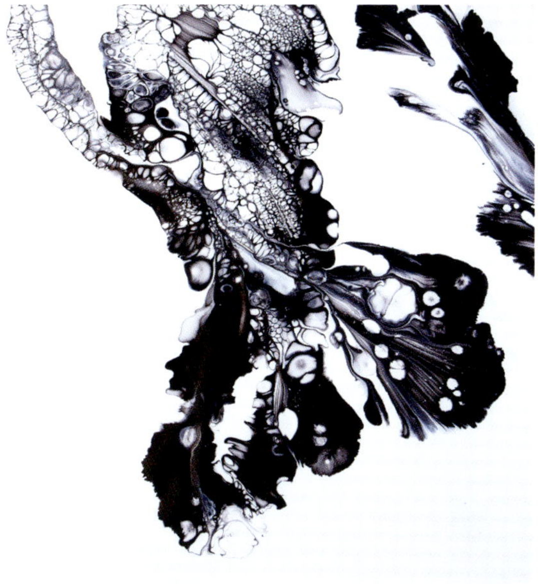

3 Ziehen Sie den Wollfaden von der Leinwand über die Kante ab. Sie können dabei Kurven oder gerade Linien ziehen. Tauchen Sie den Faden erneut ein und wiederholen Sie das Ganze nach Belieben an anderen Stellen.

4 Die beiden Farbtöne reagieren prompt aufeinander und so entstehen zarte federartige Formen auf der Leinwand.

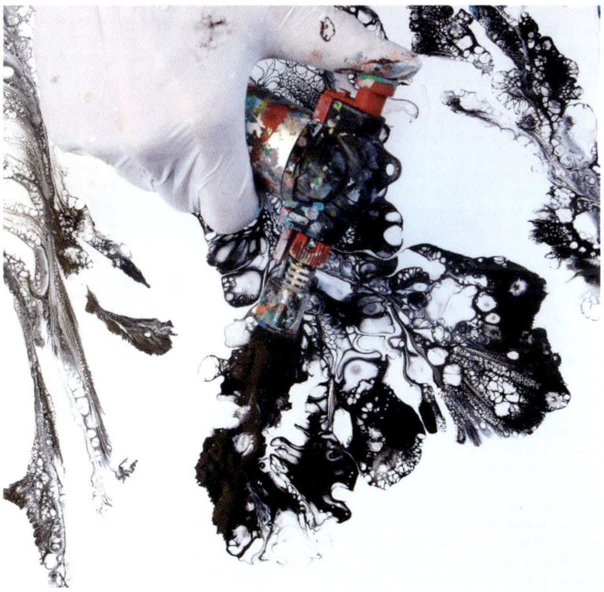

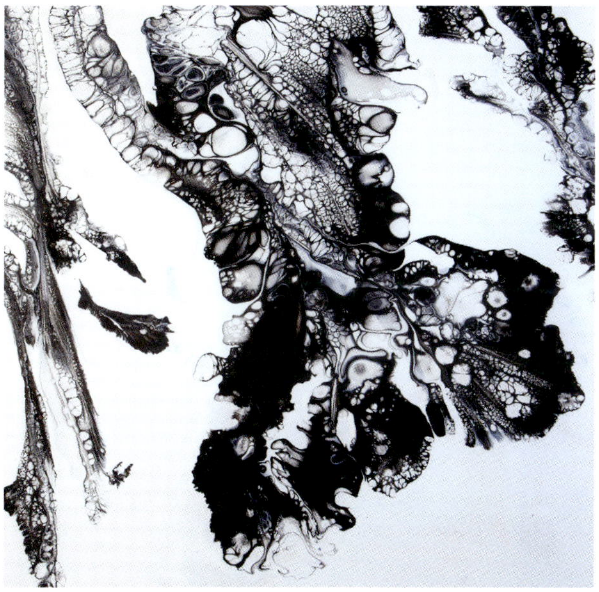

5 Damit noch feinere Netzstrukturen entstehen, gehen Sie mit dem Crème-Brûlée-Brenner leicht über die Oberfläche.

6 So federleicht sollte nun auch Ihr Bild aussehen. Gut zu wissen: Bilder in dieser Technik können Sie auch als Grundlage für malerische Motive einsetzen. Versuchen Sie es mal!

FONTÄNE

Mit zwei bis drei kräftigen Farben können Sie bei der Wahl der richtigen Untermalung zarte Bilder mit leuchtenden Farbnuancen erzielen. Wir haben uns hier für einen wunderschönen hellen Violett-Ton sowie Phthaloblau, Violett und Weiß als Kontrast entschieden.

MATERIAL

Leinwand 30 cm x 30 cm | Farben: Titanweiß, Violett, Phthaloblau | 4 Becher | Rührhölzchen | Silikonöl | Pouring Medium | destilliertes Wasser oder Tiefgrund | Palettmesser | saugfähige Schnüre oder Wollfäden, ca. 30 cm lang | Crème-Brûlée-Brenner

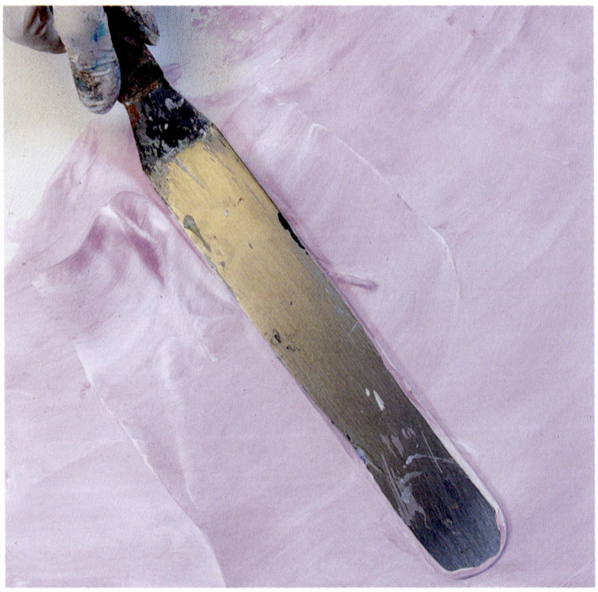

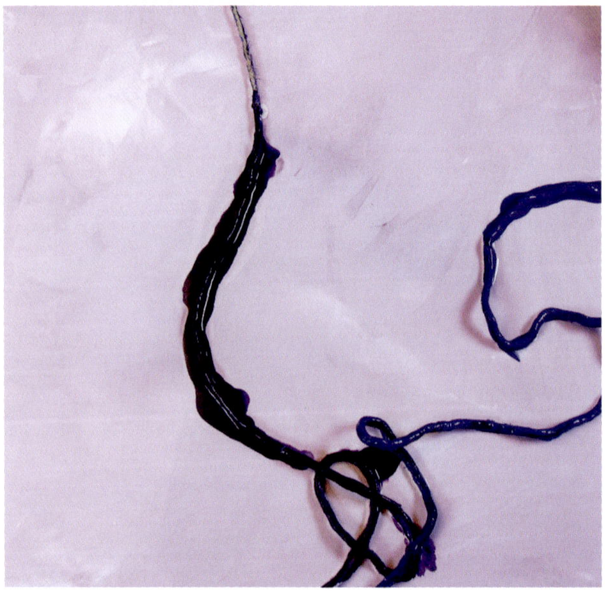

1 Für die Grundierung mischen Sie Violett und Titanweiß zu einem zarten Violett-Ton sowie Pouring Medium im Verhältnis 30 % Prozent Farbe und 70 % Pouring Medium. Bei Bedarf verdünnen Sie die Mischung noch mit etwas Wasser. Mit dem Palettmesser verteilen Sie dann die Farbe auf der gesamten Leinwand.

2 Bereiten Sie nun die weiteren Farben einzeln mit Pouring Medium vor und geben Sie ein paar Tropfen Silikonöl dazu. Dann tauchen Sie jeweils einen Faden pro Farbe in den Farbbecher und lassen ihn einige Minuten Farbe aufnehmen. Anschließend legen Sie die einzelnen Wollfäden wie abgebildet fächerförmig auf der Leinwand aus.

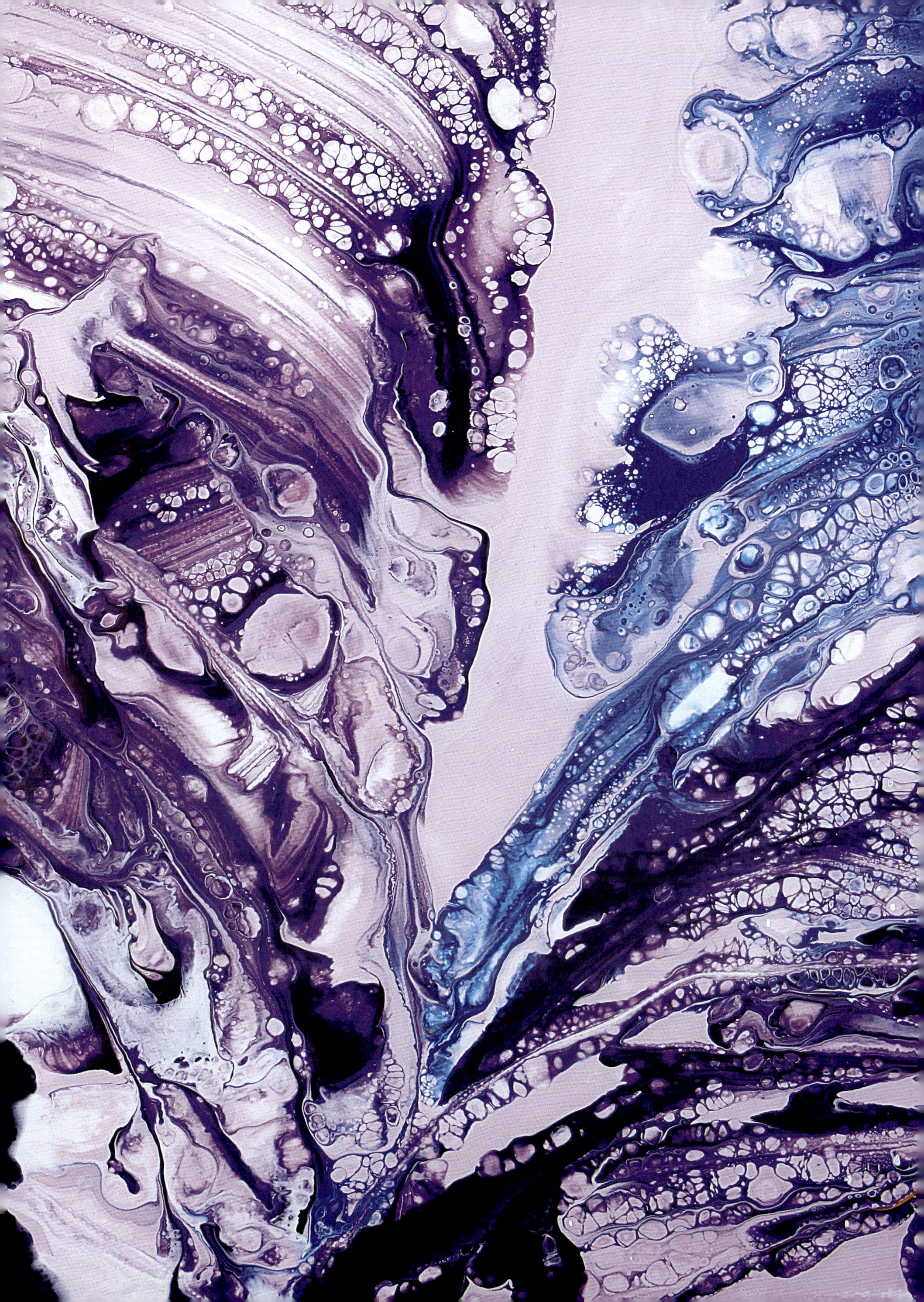

STRING

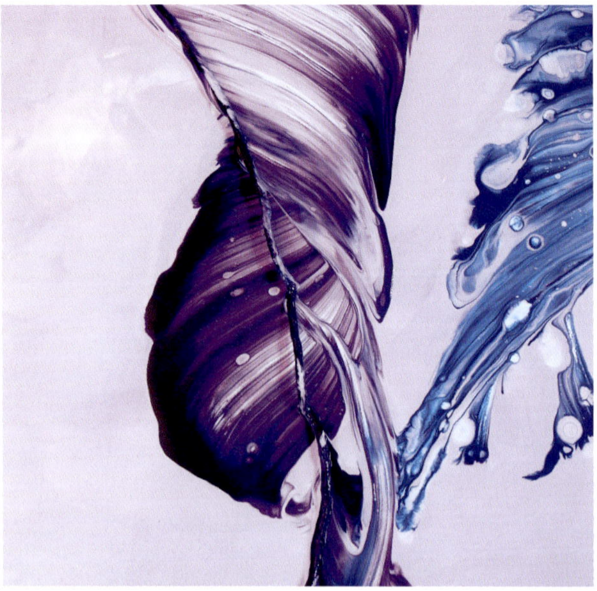

3 Ziehen Sie jetzt vorsichtig den violett gefärbten Faden nach links sowie den blau gefärbten Faden nach rechts über die Leinwand. Bereits beim ersten Wollfaden, den Sie ziehen, entsteht eine wunderbar leicht anmutende Feder. Durch das vorsichtige Ziehen des nächsten Fadens gibt es an den Übergängen ein schönes Farbspiel. Wiederholen Sie diesen Vorgang mit den violetten und den blauen Fäden so oft, bis Sie mit dem Ergebnis zufrieden sind.

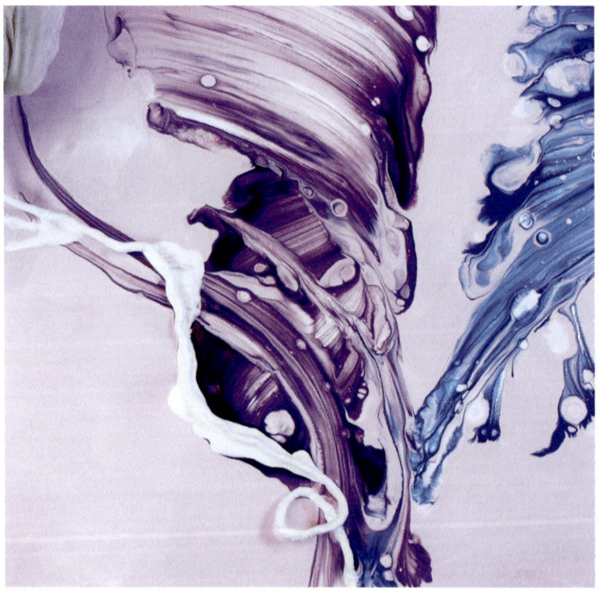

4 Dann setzen Sie den in Titanweiß getränkten Faden ein.

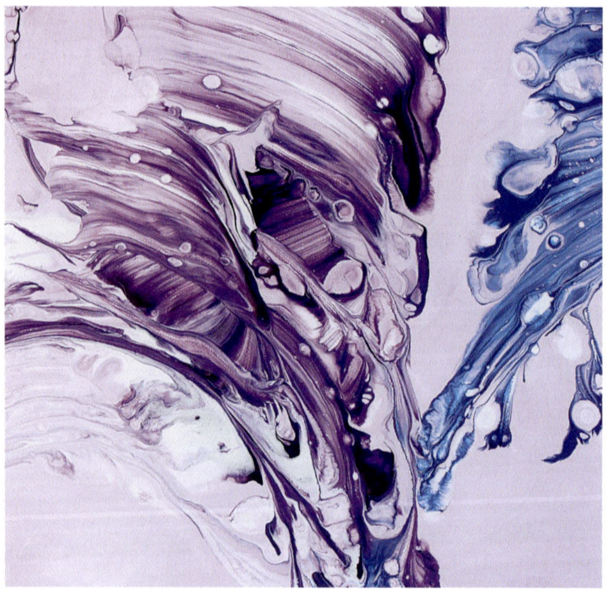

5 Das Zwischenergebnis sieht nun ungefähr so aus. Wie Sie hier gut erkennen können, hat das Silikonöl in den Bunttönen bereits die ersten großen Zellen auf diesem filigranen Bild ausgebildet.

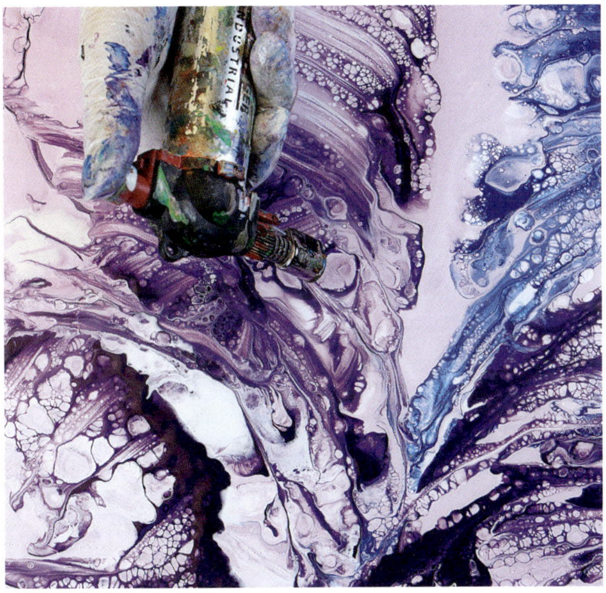

6 Damit noch feinere Netzstrukturen entstehen, gehen Sie zum Abschluss mit dem Crème-Brûlée-Brenner leicht über die Oberfläche.

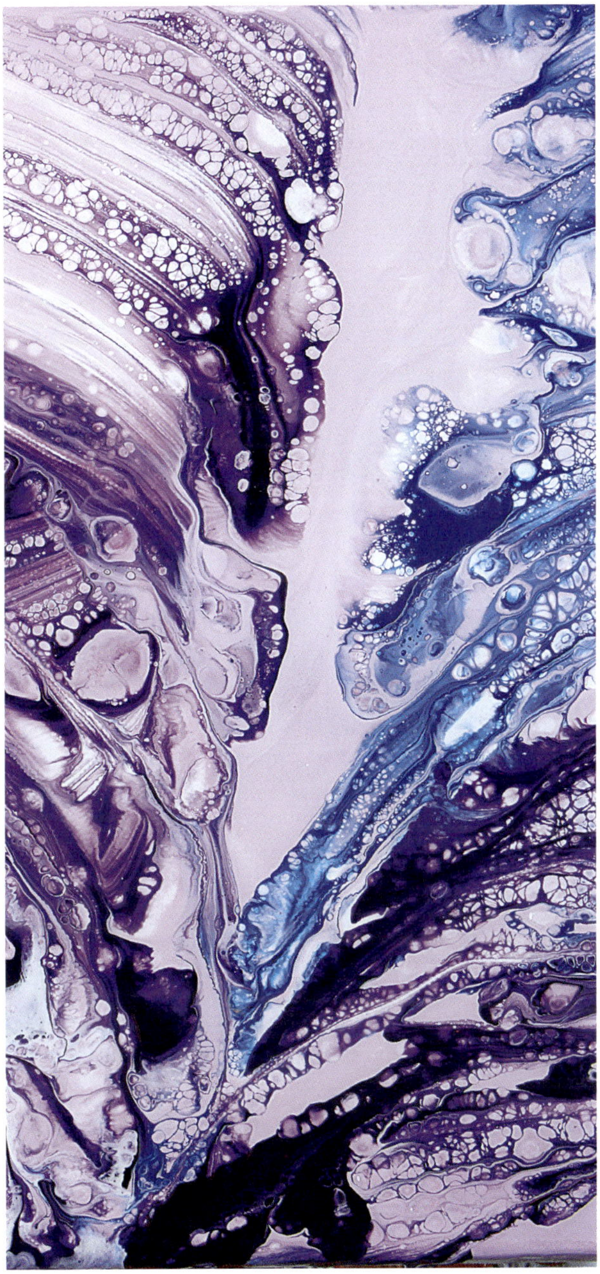

7 Verwenden Sie beim nächsten Mal für dieses Motiv ruhig Ihre Lieblingsfarben. Achten Sie aber unbedingt darauf, dass Sie bei einer dunklen Grundierung helle deckende Töne nehmen, um gute Kontraste zu erzielen.

RED AND BLUE

Die hier vorgestellte Kombination aus String und Flip Cup erfordert etwas Feingefühl, damit man nicht die schönen Zellstrukturen verliert. Dabei ist weniger einfach mehr, wie Sie gleich sehen werden.

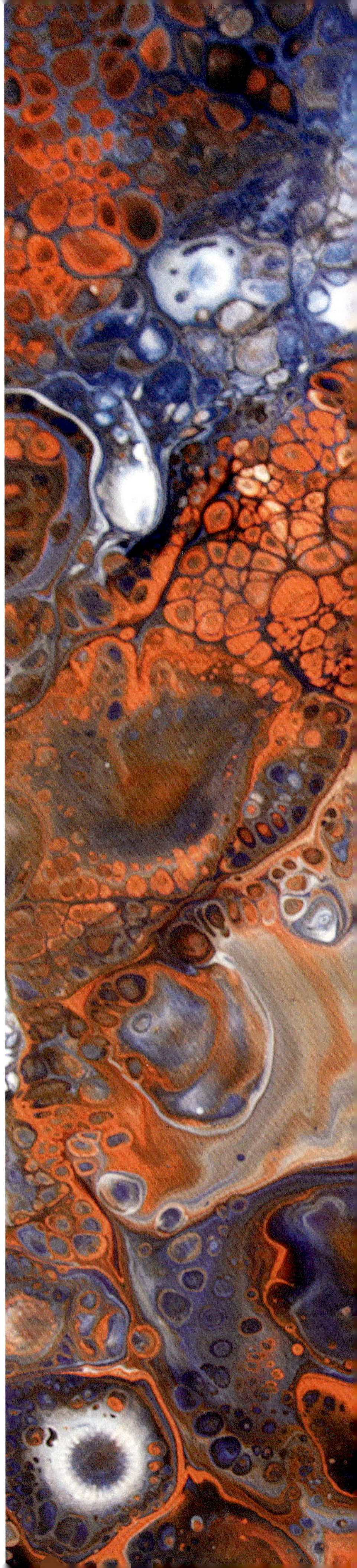

MATERIAL

Leinwand 30 cm x 30 cm | Farben: Titanweiß, Orange, Phthaloblau, Ultramarinblau | 5 Becher | Rührhölzchen | Silikonöl | Pouring Medium | destilliertes Wasser oder Tiefgrund | Palettmesser | saugfähige Schnüre oder Wollfäden, ca. 30 cm lang | Crème-Brûlée-Brenner

1 Für die Grundierung mischen Sie 30 % Titanweiß mit 70 % Pouring Medium und verdünnen diese Mischung so, dass sie leicht über die Leinwand laufen kann.

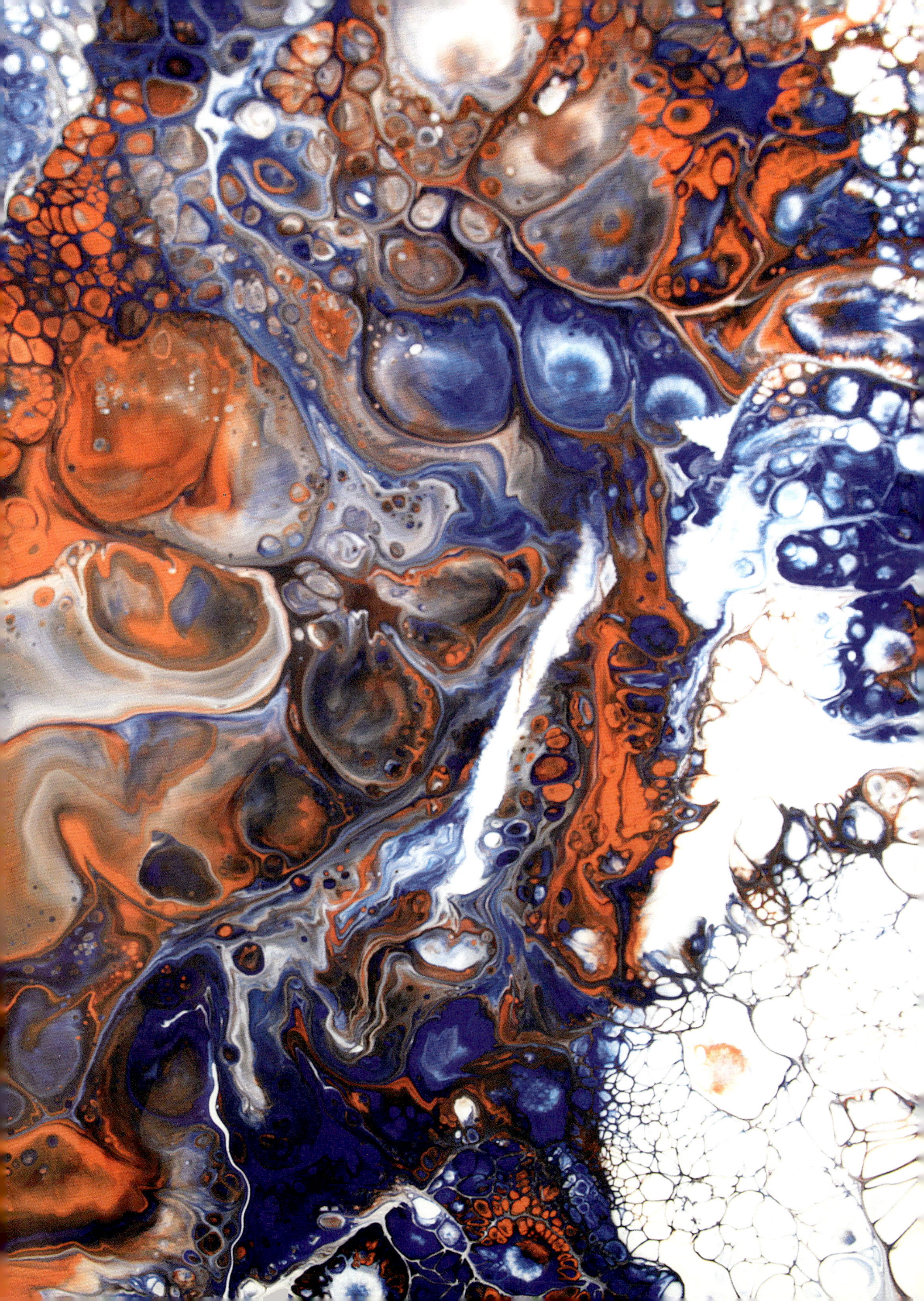

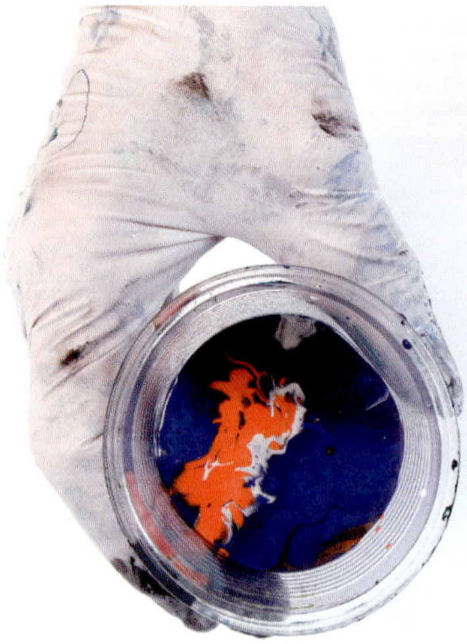

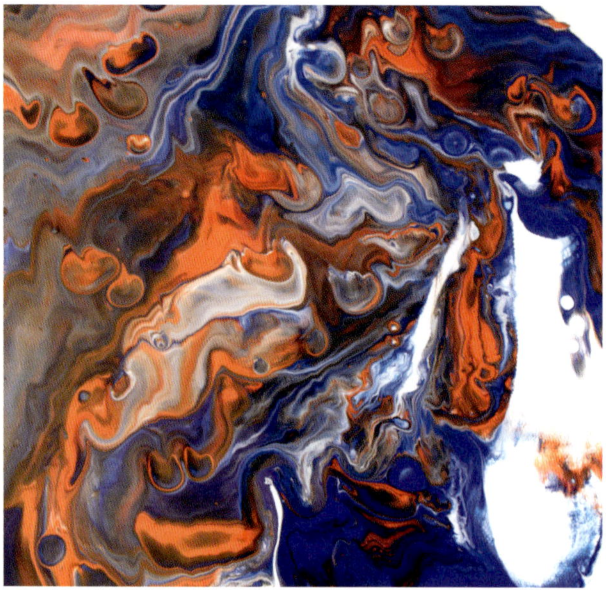

2 Bereiten Sie die drei Buntfarben jeweils wie üblich mit Pouring Medium im Verhältnis 1:1 vor, dazu kommen etwa 10 % Tiefgrund oder destilliertes Wasser zum Verdünnen sowie einige Tropfen Silikonöl. Füllen Sie nun den Schüttbecher im Wechsel mit den drei Farben und stülpen Sie ihn auf die Leinwand.

3 Nach einer kurzen Ruhezeit ziehen Sie den Schüttbecher nach oben ab und können sich am ersten Spiel der Farben erfreuen.

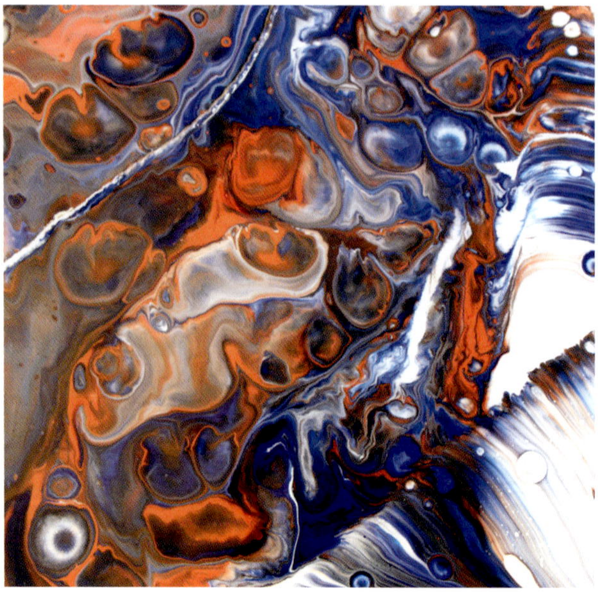

STRING

4 Durch Kippen und Drehen verteilen Sie die Farbe auf der Leinwand. Anschließend legen Sie die in Titanweiß getränkten Fäden auf die Leinwand und ziehen sie zum Bildrand heraus.

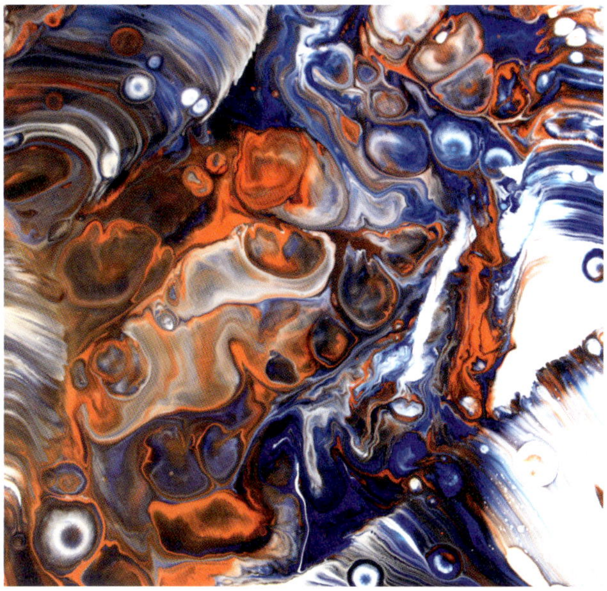

5 Jetzt entstehen schöne kreisrunde Zellen, die sich jedoch nach kurzer Zeit aufgrund der hohen Farbmenge wieder auflösen.

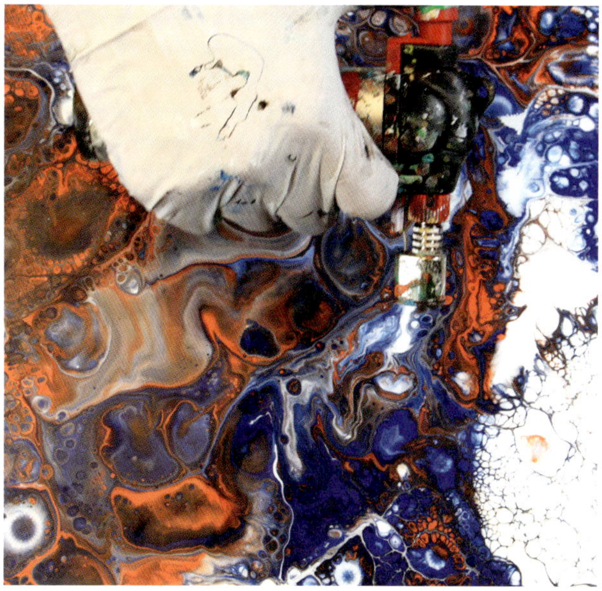

6 Der Crème-Brûlée-Brenner lässt zusätzlich neue Strukturen entstehen, die sich wie feine Spinnennetze über die Leinwand legen.

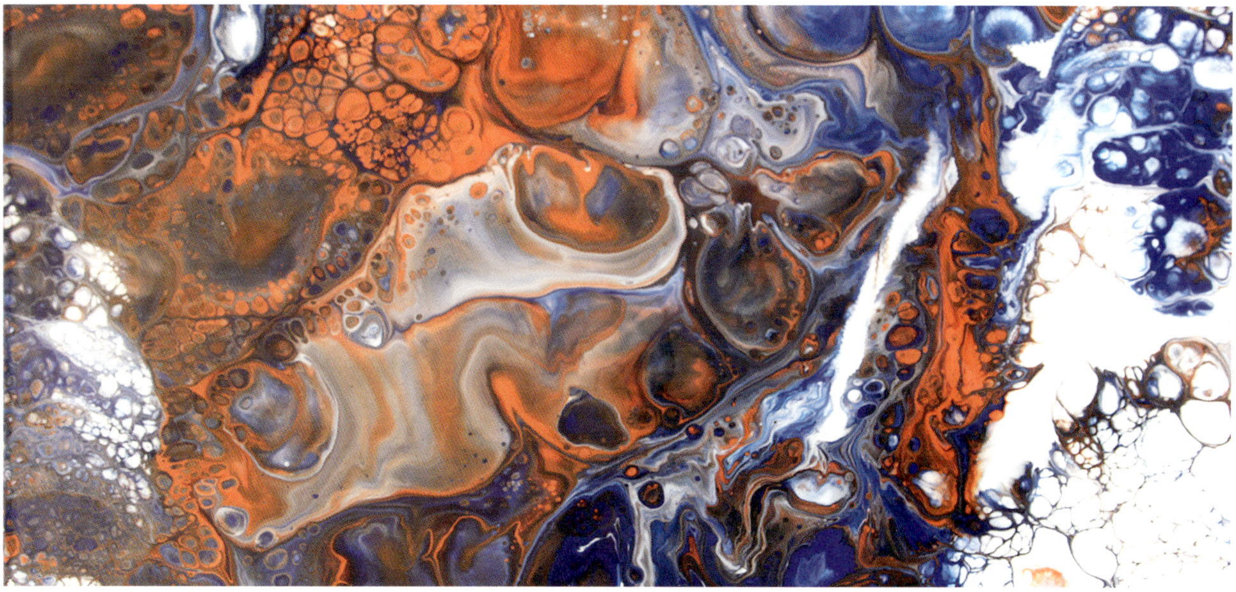

7 Der Beweis ist erbracht: Es muss nicht immer kunterbunt sein! Auch dezent zurückhaltende Bilder können den Betrachter fesseln.

DIE AUTOREN

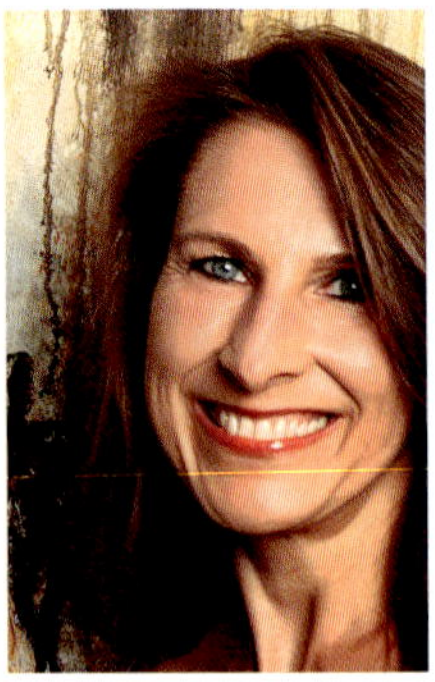

Sylvia Homberg ist in der Nähe von Worpswede aufgewachsen und wurde früh von der berühmten Künstlerkolonie geprägt. Im Jahr 2012 entschloss sie sich, ihren langjährigen Beruf als Direktionsassistentin aufzugeben, um sich fortan mit ihrem Lebensgefährten Martin Thomas ganz der Malerei zu widmen. Viele redaktionelle Beiträge und Berichte folgten in den letzten Jahren sowie zahlreiche Ausstellungen, Malkurse und Messeveranstaltungen. Seit dieser Zeit geht Sylvia Homberg voll in der Kunstszene auf und liebt es, zusammen mit ihrem Partner ständig neue Trends, Materialien und Techniken voranzubringen. Das Thema Pouring bereitet ihr großen Spaß, da sie abstrakte Bilder und das Spiel der Farben liebt.

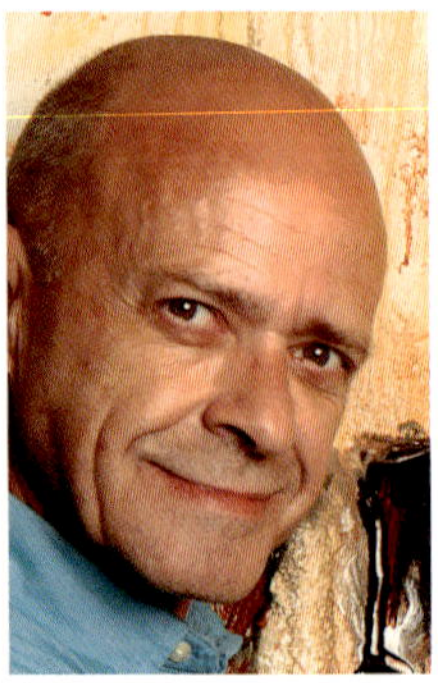

Martin Thomas ist ein Urgestein in der Kunstszene und seit fast 40 Jahren hier tätig. Im Laufe der Zeit hat er sich ein großes Fachwissen angeeignet, das er gerne weitergibt. Viele Produkte tragen inzwischen seinen Namen und er wurde mehrfach international ausgezeichnet, nicht zuletzt als „Kreativer Kopf des Jahres". Mit seiner Buchreihe „Neue Wege zum Acrylbild" brachte er Hunderttausende zum Malen. Mit dem vorliegenden Buch, das er erstmals gemeinsam mit seiner Lebensgefährtin Sylvia Homberg geschrieben hat, möchten die beiden die Welt etwas bunter machen.

Service-Hotline

Haben Sie Fragen oder gibt es ein Problem? Wir helfen Ihnen gern. Rufen Sie uns an oder schreiben Sie eine E-Mail:

Telefon: 0711 / 123 757 20*
*normale Telefongebühren

E-Mail: hilfe@frechverlag.de

Weitere Informationen zum Verlag und zu unserem gesamten Programm finden Sie unter:
www.topp-kreativ.de

Impressum

Der Freischaltcode für die Videos lautet: 17928

FOTOS: Frechverlag GmbH, 70499 Stuttgart; Martin Thomas
PRODUKTMANAGEMENT: Dr. Christiane Voigt
LEKTORAT: Petra-Marion Niethammer, Ludwigsburg
UMSCHLAGGESTALTUNG: Sophia Höpfner
GESTALTUNG UND SATZ: FSM Premedia GmbH & Co. KG, Münster
DRUCK UND BINDUNG: GPS GROUP

8. Auflage 2025

produktsicherheit@frechverlag.de

ISBN 978-3-7724-8347-9 • Best.-Nr. 8347

MIX
Papier | Fördert gute Waldnutzung
FSC® C118234

Penguin Random House Verlagsgruppe
FSC® N001967

HIER SIND SIE TOPP INFORMIERT

www.TOPP-kreativ.de

www.TOPP-kreativ.de/Newsletter

www.Facebook.com/frechverlag

www.YouTube.com/frechverlag

www.Instagram.com/frechverlag

www.Pinterest.com/frechverlag

ONLINE-VIDEO-TUTORIALS

- VIDEO 1
  Flip Cup, Seite 26
- VIDEO 2
  Dirt Cup, Seite 48
- VIDEO 3
  Swipe, Seite 58
- VIDEO 4
  Puddle, Seite 70
- VIDEO 5
  Wave, Seite 80
- VIDEO 6
  String, Seite 100

Die Videos für den perfekten Einstieg finden Sie nach erfolgter Registrierung in Ihrer Digitalen Bibliothek:
www.TOPP-kreativ.de/DigiBib

Den Freischaltcode finden Sie im Impressum.

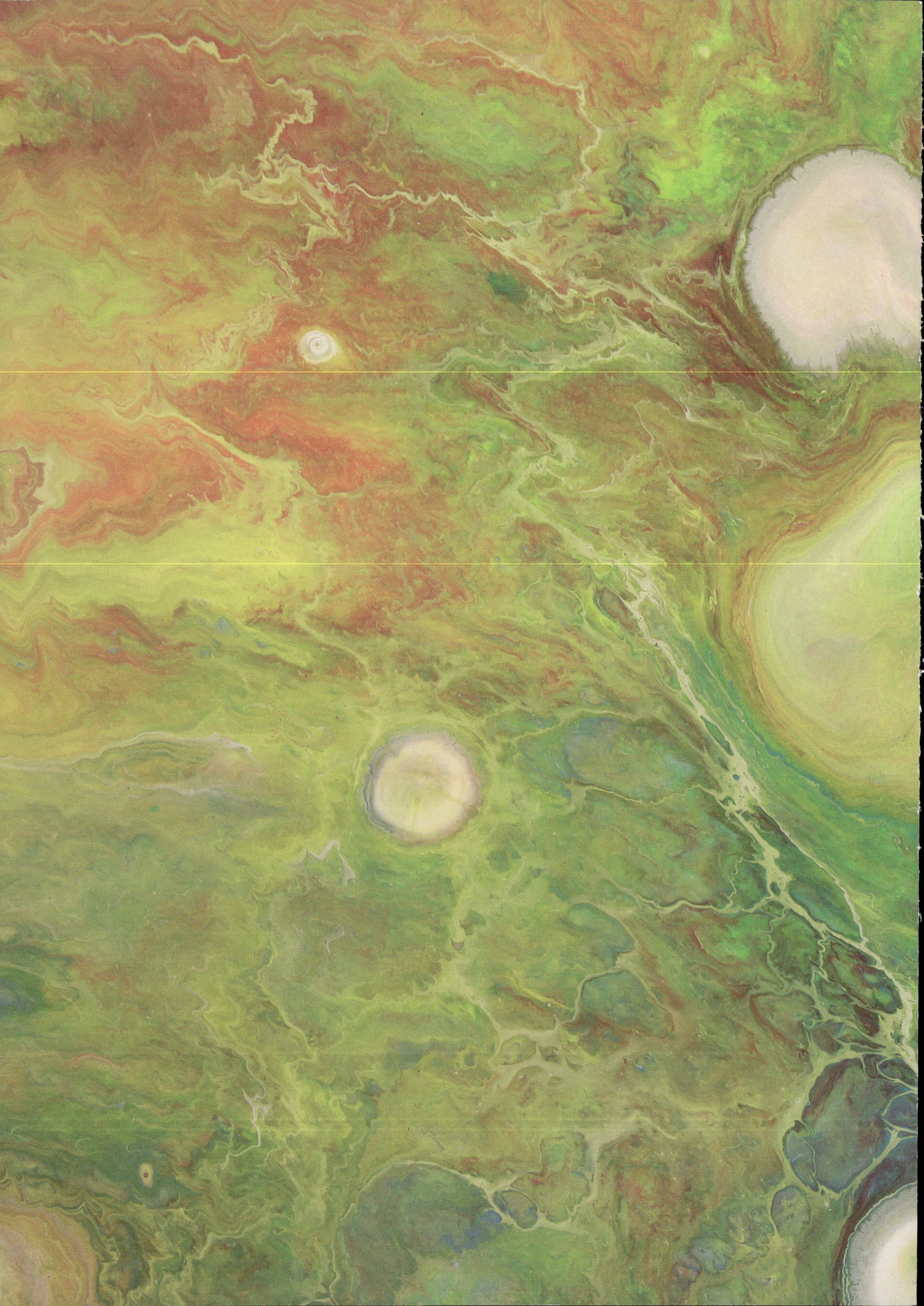